Sebastian Heite

Bezugsrechtsausschluss im Rahmen des genehmigten Kapitals bei personalistisch strukturierten Kapitalgesellschaften – GmbH & KGaA

PL ACADEMIC RESEARCH

Bibliografische Information der Deutschen Nationalbibliothek
Die Deutsche Nationalbibliothek verzeichnet diese Publikation in der Deutschen Nationalbibliografie; detaillierte bibliografische Daten sind im Internet über http://dnb.d-nb.de abrufbar.

Zugl.: Köln, Univ., Diss., 2016

D 38
ISSN 0531-7312
ISBN 978-3-631-69761-0 (Print)
E-ISBN 978-3-631-69762-7 (E-PDF)
E-ISBN 978-3-631-69763-4 (EPUB)
E-ISBN 978-3-631-69764-1 (MOBI)
DOI 10.3726/978-3-631-69762-7

PL Academic Research ist ein Imprint der Peter Lang GmbH.
Peter Lang – Frankfurt am Main · Bern · Bruxelles · New York · Oxford · Warszawa · Wien

Diese Publikation wurde begutachtet.

www.peterlang.com

Bezugsrechtsausschluss im Rahmen des genehmigten Kapitals bei personalistisch strukturierten Kapitalgesellschaften – GmbH & KGaA

Europäische Hochschulschriften

European University Studies

Publications Universitaires Européennes

Reihe II	**Rechtswissenschaft**
Series II	Law
Série II	Droit

Band/Volume **5881**

Vorwort

Die vorliegende Arbeit wurde im Sommersemester 2016 von der Rechtswissenschaftlichen Fakultät der Universität zu Köln unter dem Titel „Bezugsrechtsausschluss im Rahmen des genehmigten Kapitals bei personalistisch strukturierten Kapitalgesellschaften – GmbH & KGaA“ als Dissertation angenommen. Literatur und Rechtsprechung konnten bis Sommer 2016 berücksichtigt werden.

An erster Stelle möchte ich Frau Prof. Dr. Barbara Grunewald für die sehr gute, ausgesprochen zügige und umfassende Betreuung dieser Arbeit danken. Überdies bedanke ich mich bei Herrn Prof. Dr. Joachim Hennrichs für die außerordentlich schnelle Erstellung des Zweitgutachtens.

Mein Dank gilt auch meinen Freunden und Kollegen, die mich auf meinem Weg des Studiums und der Promotion stets treu begleitet haben. Durch sie werde ich meine Promotionszeit in schöner Erinnerung behalten. Mein ganz besonderer Dank gilt meiner Freundin, die durch ausreichend Ablenkung, motivierenden Zuspruch, immerwährende Hilfsbereitschaft, konstruktive Anregungen und sorgfältiges Korrekturlesen in höchstem Maße zum Gelingen dieser Arbeit beigetragen hat.

Mein größter Dank gebührt schließlich meiner Familie, die mich wie auf meinem ganzen bisherigen Lebensweg auch während meines Studiums und meiner Promotion stets vorbehaltlos und geduldig unterstützt, gefordert und gefördert hat. Ohne sie wäre diese Arbeit nicht entstanden.

Inhaltsverzeichnis

Einleitung

Die personalistische Ausgestaltung von Kapitalgesellschaften ist gesetzgeberisch anerkannt und rechtstatsächlich vielfach umgesetzt. Sie führt aufgrund der sich bereits in den Begriffen *personalistisch* und *Kapitalgesellschaft* widerspiegelnden Gegensätze jedoch zu zahlreichen Schwierigkeiten bei Rechtsauslegung und -anwendung. Diese Schwierigkeiten treten insbesondere dann auf, wenn klassische Elemente der Kapitalgesellschaften berührt sind. Zu diesen klassischen Elementen gehört unter anderem die Kapitalerhöhung, die in Gestalt des genehmigten Kapitals Untersuchungsgegenstand der vorliegenden Arbeit ist.

Das Rechtsinstitut des genehmigten Kapitals wurde bereits 1937 in das Aktienrecht eingeführt. Eine Übernahme in das GmbHG erfolgte dagegen erst im Jahre 2008 durch das Gesetz zur Modernisierung des GmbH-Rechts und zur Bekämpfung von Missbräuchen (MoMiG). Die dem genehmigten Kapital bis zu dessen Einführung in das GmbH-Recht entgegengebrachte ablehnende Haltung, die späte Einführung im Gesetzgebungsverfahren sowie das bis heute bestrittene Bedürfnis nach einem genehmigten Kapital im GmbH-Recht zeigen, dass das Rechtsinstitut des genehmigten Kapitals nicht bedenkenlos in das Recht der personalistisch strukturierten Gesellschaft mit beschränkter Haftung passt.

Die zeitliche Verzögerung, mit der das genehmigte Kapital nach seiner Einführung in das Aktienrecht auch in das GmbH-Recht aufgenommen wurde, wirft nahezu zwangsläufig die Frage auf, inwieweit sich die in über 70 Jahren in Literatur und Rechtsprechung gewonnenen Erkenntnisse zum Aktienrecht auf das GmbH-Recht übertragen lassen. Diese Frage ist jedoch nur unter Berücksichtigung der von der Aktiengesellschaft abweichenden personalistischen Struktur der Gesellschaft mit beschränkter Haftung zu beantworten. Ist die Frage der Übertragbarkeit aktienrechtlicher Beurteilungen auf das Recht der Gesellschaft mit beschränkter Haftung beantwortet, liegt die Folgefrage der Behandlung der ebenfalls personalistisch strukturierten Kommanditgesellschaft auf Aktien nahe.

Zielsetzung der vorliegenden Arbeit ist die Beantwortung der Frage, inwiefern das aktienrechtliche Konzept zum Bezugsrechtsausschluss im Rahmen des genehmigten Kapitals auf die Gesellschaft mit beschränkter Haftung bzw. die Kommanditgesellschaft auf Aktien übertragen werden kann. Insoweit eine Übertragung ausscheidet, soll ein schlüssiges Konzept dazu entworfen werden, ob und unter welchen Voraussetzungen im Recht der Gesellschaft mit beschränkter Haftung bzw. der Kommanditgesellschaft auf Aktien ein Ausschluss des Bezugsrechts im Rahmen des genehmigten Kapitals möglich ist.

Um einer vertieften Auseinandersetzung mit dem Bezugsrechtsausschluss im Rahmen des genehmigten Kapitals bei personalistisch strukturierten Kapitalgesellschaften den Weg zu bereiten, erfolgt zunächst die Darstellung einiger Grundlagen. Dazu werden die Gesellschaft mit beschränkter Haftung sowie die Kommanditgesellschaft auf Aktien als personalistisch strukturierte Kapitalgesellschaft eingeordnet. Der Begriff der *personalistisch strukturierten Kapitalgesellschaft* als Typusbegriff erfordert dabei eine Auseinandersetzung mit der Typuslehre, die insbesondere in Österreich und der Schweiz Gegenstand zahlreicher Schriften ist, in der deutschen Rechtsliteratur bisweilen jedoch wenig Aufmerksamkeit erhalten hat.

Im Anschluss erfolgt eine Einführung in das Rechtsinstitut des genehmigten Kapitals sowie den Bezugsrechtsausschluss. Die Darstellung des genehmigten Kapitals konzentriert sich dabei neben dessen Verfahren insbesondere auf dessen Zweck, da die vom genehmigten Kapital beabsichtigte Wirkung der Beschleunigung und Flexibilisierung der Kapitalerhöhung im Laufe der vorliegenden Arbeit stets aufzugreifen sein wird. Die Darstellung der Grundlagen des Bezugsrechtsausschlusses im Rahmen des genehmigten Kapitals erfolgt insbesondere, um die verschiedenen Zeitpunkte, in denen Maßnahmen zum Bezugsrechtsausschluss eingeleitet und durchgeführt werden können, sowie die daraus erwachsenden Konstellationen voneinander abzugrenzen.

Die Ausführungen zum GmbH-Recht beginnen mit einer ausführlichen Begründung der Existenz eines Bezugsrechts der GmbH-Gesellschafter. Schließlich ist im Gegensatz zum Aktienrecht weder das Bezugsrecht selbst noch dessen Ausschluss im GmbH-Recht geregelt. Im Anschluss an die grundsätzliche Anerkennung eines Bezugsrechts sowie eines Bezugsrechtsausschlusses im GmbH-Recht werden die für einen wirksamen Bezugsrechtsausschluss erforderlichen Anforderungen systematisch dargestellt. Diese Darstellung erfolgt separat für jede denkbare Konstellation, je nachdem, zu welchem Zeitpunkt die Gesellschafter ihr Bezugsrecht ausschließen bzw. die Geschäftsführung zum Bezugsrechtsausschluss ermächtigen.

Abschließend werden die Existenz des Bezugsrechts sowie des Bezugsrechtsausschlusses auch im Recht der Kommanditgesellschaft auf Aktien begründet. Wie zuvor für die Gesellschaft mit beschränkter Haftung erfolgt auch für die Kommanditgesellschaft auf Aktien eine systematische Darstellung der für den wirksamen Bezugsrechtsausschluss erforderlichen Voraussetzungen.

A. Begrenzung des Untersuchungsgegenstandes

Untersuchungsgegenstand der vorliegenden Arbeit ist der Bezugsrechtsausschluss im Rahmen des genehmigten Kapitals bei personalistisch strukturierten Kapitalgesellschaften. Dazu ist nachfolgend zunächst die Begrenzung des Untersuchungsgegenstandes in subjektiver Hinsicht auf personalistisch strukturierte Kapitalgesellschaften erforderlich. Nach einer abstrakten Analyse der Begriffe *Kapitalgesellschaften* und *personalistische Struktur* werden die einschlägigen Gesellschaftsformen dem Typus der personalistisch strukturierten Kapitalgesellschaft zugeordnet und auf diesem Wege von der kapitalistisch strukturierten Kapitalgesellschaft abgegrenzt.

Eine sorgsame Darstellung dieser Grundlagen ist nicht nur zum Zweck der Begrenzung des Untersuchungsgegenstandes erforderlich, sondern auch weil auf die strukturellen Unterschiede der Gesellschaftsformen in der weiteren Arbeit regelmäßig Bezug zu nehmen sein wird. Die Einordnung der Gesellschaften als personalistisch bzw. kapitalistisch ist für die Frage des anwendbaren Rechts im Falle gesetzlicher Regelungslücken sowie dessen Auslegung von grundsätzlicher Bedeutung[1] und kann im Falle des Bezugsrechtsausschlusses im Rahmen des genehmigten Kapitals ganz konkret der Entwicklung weiterer Lösungsmöglichkeiten dienen.

Die Klassifizierung der einschlägigen Kapitalgesellschaften als personalistisch strukturierte Kapitalgesellschaften erfordert ein zweistufiges vorgehen. In einem ersten Schritt ist die Einordnung als Kapitalgesellschaft erforderlich. Dabei erfolgt eine Abgrenzung zu Personengesellschaften.[2] In einem zweiten Schritt sind die Kapitalgesellschaften näher zu differenzieren. Dazu erfolgt eine Unterscheidung von personalistisch und kapitalistisch strukturierten Kapitalgesellschaften.[3]

---

1 Michalski/*Michalski*, GmbHG, Syst. Darst. 1 Rn. 8; *Wilhelm*, Kapitalgesellschaftsrecht, Rn. 20; *Friedwald*, S. 120 f. Aufgrund der „beträchtliche[n] Unschärfen" dieser Begriffe als Typusbegriffe zurückhaltender MünchKommGmbHG/*Fleischer* Einl. Rn. 39 m. w. N. Siehe auch A.II.3. Einfluss der typologischen Unterscheidung auf die Rechtsanwendung, S. 34.

2 MünchKommGmbHG/*Fleischer* Einl. Rn. 8.

3 MünchKommGmbHG/*Fleischer* Einl. Rn. 8; *Wilhelm*, Kapitalgesellschaftsrecht, Rn. 20 ff. sowie schon *Wieland*, Erster Band, S. 473 ff. Siehe auch *Unternehmensrechtskommission*, Rn. 619 ff. zur Unterscheidung von *personenbezogenen* und *nicht personenbezogenen*

Der Klarstellung halber sei bereits an dieser Stelle darauf hingewiesen, dass die Klassifizierung der Gesellschaftsformen als Kapitalgesellschaften im Folgenden nach der gesetzlich beabsichtigten Idealstruktur erfolgt.[4] Im Rahmen der Zuordnung als personalistisch bzw. kapitalistisch ist zu berücksichtigen, dass es sich dabei um Typusbegriffe handelt, die einen bestimmten Typ real ausgestalteter Gesellschaften umschreiben. Insofern ist dabei vorwiegend die Realstruktur der Gesellschaften maßgeblich.[5]

I. Kapitalgesellschaften

Eine gesetzliche Definition des Begriffs *Kapitalgesellschaften* findet sich sowohl im Handelsgesetzbuch als auch im Umwandlungsgesetz. Die Überschrift des zweiten Abschnitts des dritten Buches des Handelsgesetzbuches lautet:

> Ergänzende Vorschriften für Kapitalgesellschaften (Aktiengesellschaften, Kommanditgesellschaften auf Aktien und Gesellschaften mit beschränkter Haftung) sowie bestimmte Personenhandelsgesellschaften (§§ 264 – 335b)

§ 3 Abs. 1 Nr. 2 UmwG definiert die Kapitalgesellschaften ebenfalls mittels Aufzählung:

> Kapitalgesellschaften (Gesellschaften mit beschränkter Haftung, Aktiengesellschaften, Kommanditgesellschaften auf Aktien)

Daraus ergibt sich, dass die Aktiengesellschaft, die Kommanditgesellschaft auf Aktien und die Gesellschaft mit beschränkter Haftung Kapitalgesellschaften sind. Nur der Vollständigkeit halber sei erwähnt, dass auch die Societas Europaea (die europäische Gesellschaftsform der Aktiengesellschaft) und die Unternehmergesellschaft (als Rechtsformvariante der Gesellschaft mit beschränkter Haftung) Kapitalgesellschaften darstellen.[6]

Gesellschaften mit beschränkter Haftung sowie die Überlegungen der *Unternehmensrechtskommission*, Rn. 985 ff. für ein künftiges Unternehmensrecht rechtsformunabhängig auf die Unterscheidung zwischen *publikums-* und *personenbezogenen Unternehmen* abzustellen.

4 So auch *Schmidt*, Gesellschaftsrecht, § 3, I., 2., c).

5 MünchKommGmbHG/*Fleischer* Einl. Rn. 8.

6 Henssler/Strohn/*Heidinger*, UmwG, § 3 Rn. 12, 14. Für die Societas Europaea siehe auch *Drygala/Staake/Szalai*, Kapitalgesellschaftsrecht, § 1 Rn. 1. Für die Unternehmergesellschaft, die keine eigene Rechtsform, sondern eine Rechtsformvariante der GmbH darstellt, vgl. auch *Drygala/Staake/Szalai*, Kapitalgesellschaftsrecht, § 5 Rn. 1 sowie *Hirte*, Kapitalgesellschaftsrecht, Rn. 5.45a.

Den Kapitalgesellschaften stehen einerseits die Personengesellschaften[7] sowie andererseits die Vereine, Genossenschaften und Versicherungsvereine auf Gegenseitigkeit gegenüber.[8] Diese Einteilung erfolgt auf Grundlage der gesetzgeberisch festgelegten Idealstruktur, von der die tatsächliche Realstruktur abweichen kann.[9] Die in der Rechtswirklichkeit nicht selten vorkommende personalistische Ausgestaltung von Kapitalgesellschaften hat zu sog. personalistischen Kapitalgesellschaften geführt. Umgekehrt werden Personengesellschaften kapitalistisch ausgestaltet. In diesem Zusammenhang ist dann von kapitalistischen oder körperschaftlich strukturierten Personengesellschaften die Rede.[10] Dies zeigt, dass die Grenzen zwischen Personengesellschaften und Kapitalgesellschaften in der Rechtswirklichkeit zunehmend verschwimmen und sich eine eindeutige Zuordnung jedenfalls auf Grundlage mitgliedschaftlicher Merkmale als schwierig erweist.[11] Folglich lässt sich feststellen, dass zwischen Gesellschaftstyp und Gesellschaftsform eine dahingehende Wechselwirkung besteht, dass sich durch eine für die jeweilige Rechtsform atypische Ausgestaltung der Struktur die Unterschiede zwischen Kapital- und Personengesellschaften relativieren lassen.[12]

Kennzeichen der *Kapital*gesellschaften ist die gesetzliche Verpflichtung, ein Mindestmaß an Kapital aufzubringen.[13] Die Kapitalbeteiligung steht im Vordergrund und lässt die Individualität der Gesellschafter in den Hintergrund

---

7 MünchKommGmbHG/*Fleischer* Einl. Rn. 8; *Hirte*, Kapitalgesellschaftsrecht, Rn. 1.2. Siehe zu den idealtypischen Einzelunterschieden *Wilhelm*, Kapitalgesellschaftsrecht, Rn. 2.

8 *Raiser/Veil*, Kapitalgesellschaftsrecht, § 1 Rn. 1.

9 *Schmidt*, Gesellschaftsrecht, § 3, I., 2., c).

10 *Raiser/Veil*, Kapitalgesellschaftsrecht, § 1 Rn. 4; Saenger/Aderhold/Lenkaitis/Speckmann/*Brück von Oertzen*, Handels- und Gesellschaftsrecht, § 4 Rn. 3. Grundlegend *Boesebeck*, Die „kapitalistische" Kommanditgesellschaft; *Nitschke*, Die körperschaftlich strukturierte Personengesellschaft.

11 *Hirte*, Kapitalgesellschaftsrecht, Rn. 1.15 ff.; *Raiser/Veil*, Kapitalgesellschaftsrecht, § 1 Rn. 4.

12 Saenger/Aderhold/Lenkaitis/Speckmann/*Brück von Oertzen*, Handels- und Gesellschaftsrecht, § 4 Rn. 3.

13 MünchKommGmbHG/*Fleischer* Einl. Rn. 9; *Raiser/Veil*, Kapitalgesellschaftsrecht, § 1 Rn. 2; *Hirte*, Kapitalgesellschaftsrecht, Rn. 1.1; *Drygala/Staake/Szalai*, Kapitalgesellschaftsrecht, § 1 Rn. 1.

rücken.[14] Daraus folgt eine „kapitalistische Prägung der Mitgliedschaft“[15]. Dies zeigt sich insbesondere daran, dass der Anteil an der Gesellschaft als ein Bruchteil des Garantiekapitals verstanden wird (vgl. § 1 Abs. 2 AktG; §§ 3 Abs. 1 Nr. 4, 14 GmbHG) und sich sowohl das Stimmrecht (§ 134 Abs. 1 AktG; § 47 Abs. 2 GmbHG) als auch der Gewinnanteil (§ 60 Abs. 1 AktG; § 29 Abs. 3 GmbHG) nach der Höhe der Kapitalbeteiligung richten.[16] Die Existenz eines Garantiekapitals ist mithin konstituierendes Merkmal der Kapitalgesellschaften.[17]

Die persönliche Haftung der Gesellschafter stellt dagegen kein taugliches Merkmal zur Abgrenzung von Personengesellschaft und Kapitalgesellschaft dar. Nicht selten wird die Existenz einer persönlichen Haftung bei Personengesellschaften und deren Fehlen bei Kapitalgesellschaften[18] zu jeweiligen Charakteristika erklärt.[19] Dabei wird jedoch übersehen, dass die Kommanditgesellschaft auf Aktien trotz einhelliger Zuordnung zu den Kapitalgesellschaften zwingend mindestens einen unbeschränkt persönlich haftenden Gesellschafter (Komplementär) haben muss (§ 278 Abs. 1 AktG).[20] Dieses Beispiel verdeutlicht, dass die Existenz persönlich haftender Gesellschafter weder eine Klassifizierung als Personengesellschaft begründen, noch eine Klassifizierung als Kapitalgesellschaft ausschließen kann.

Eine vom Recht der Aktiengesellschaft bzw. dem der Gesellschaft mit beschränkter Haftung abweichende Regelung im Recht der Kommanditgesellschaft auf Aktien führt dazu, dass auch das Merkmal der Selbst- bzw. Fremd-/Drittorganschaft kein hinreichendes Kriterium für eine Unterscheidung ist.[21] Diese Prinzipien befassen sich mit der gesetzlichen Bindung der Organfunktionen an die Mitgliedschaft.[22] Beispielsweise stehen die organschaftlichen Geschäftsführungs- und Vertretungsbefugnisse einer Gesellschaft bürgerlichen Rechts *ipso iure* den Gesellschaftern zu, vgl. §§ 709 ff. BGB. Dagegen gestattet § 6 Abs. 3 S. 1

---

14 MünchKommGmbHG/*Fleischer* Einl. Rn. 12. Eine sehr eingängige Erläuterung dessen findet sich bei *Fischer*, GmbHR 1953, 131, 132: „[E]s ist nicht wesentlich, wer die Einlage leistet, sondern es ist nur wesentlichen, daß sie geleistet wird“ (Hervorhebung nicht im Original).

15 MünchKommGmbHG/*Fleischer* Einl. Rn. 12; *Raiser/Veil*, Kapitalgesellschaftsrecht, § 1 Rn. 3.

16 Siehe nur *Raiser/Veil*, Kapitalgesellschaftsrecht, § 1 Rn. 3.

17 *Raiser/Veil*, Kapitalgesellschaftsrecht, § 1 Rn. 4.

18 *Drygala/Staake/Szalai*, Kapitalgesellschaftsrecht, § 1 Rn. 8.

19 So z. B. bei *Wilhelm*, Kapitalgesellschaftsrecht, Rn. 2.

20 So auch *Raiser/Veil*, Kapitalgesellschaftsrecht, § 3 Rn. 12.

21 *Drygala/Staake/Szalai*, Kapitalgesellschaftsrecht, § 1 Rn. 7; a. A. offenbar *Wilhelm*, Kapitalgesellschaftsrecht, Rn. 2.

22 *Schmidt*, Gesellschaftsrecht, § 14, II., 2., a).

GmbHG einer Gesellschaft mit beschränkter Haftung ausdrücklich, dass sowohl Gesellschafter als auch Dritte zu Geschäftsführern bestellt werden können, es aber auch für den Gesellschafter-Geschäftsführer eines Bestellungsaktes bedarf. Dies wird dahingehend ausgeweitet, dass das Prinzip der Selbstorganschaft für Personengesellschaften und das Prinzip der Fremd-/Drittorganschaft für Kapitalgesellschaften charakteristisch sei[23] (insoweit auf Aktiengesellschaft und offene Handelsgesellschaft zurecht). Ein dahingehender Gleichlauf wird jedoch von der Kommanditgesellschaft auf Aktien durchbrochen. Gemäß § 278 Abs. 2 AktG i. V. m. §§ 161 Abs. 2, 114, 125, 164, 170 HGB sind ausschließlich und kraft Gesetzes die Komplementäre die Geschäftsführungs- und Vertretungsorgane der Kommanditgesellschaft auf Aktien,[24] sodass – obwohl Kapitalgesellschaft – dieser Gesellschaftsform das Prinzip der Selbstorganschaft zugrunde liegt.[25]

Wie bereits einleitend auf Grundlage der Legaldefinitionen festgestellt, handelt es sich bei den Gesellschaftsformen Aktiengesellschaft, Gesellschaft mit beschränkter Haftung und Kommanditgesellschaft auf Aktien um Kapitalgesellschaften. Dieses Ergebnis lässt sich inhaltlich insbesondere mit dem gemeinsamen Erfordernis eines Garantiekapitals begründen. Soweit zur Begründung der Klassifizierung jedoch auf das Merkmal der kapitalistisch geprägten Mitgliedschaft abgestellt wird, ist Vorsicht geboten. Dieses Merkmal trifft zwar auf Gesellschaften zu, die dem Idealtyp entsprechend ausgestaltet sind, jedoch nicht auf solche, die eine davon abweichende reale Ausgestaltung erfahren haben. Eine Klassifizierung anhand der persönlichen Haftung oder den Prinzipien der Selbst- bzw. Fremd-/Drittorganschaft ist schlicht falsch.

II. Personalistische Struktur

Im Rahmen der Gestaltungsspielräume, die insbesondere im GmbH-Recht weitreichend gegeben sind, werden kapitalbezogene Elemente häufig durch personenbezogene Regelungen ersetzt bzw. von solchen ergänzt.[26] Durch die daraus resultierende große Bandbreite real ausgestalteter Gesellschaften ist das Bedürfnis nach einer weiteren Einteilung der Kapitalgesellschaften, die heute weitestgehend übereinstimmend ihrer Struktur nach in *kapitalistische* und *personalistische*

---

23 *Wilhelm*, Kapitalgesellschaftsrecht, Rn. 2.

24 Siehe nur *Schmidt*, Gesellschaftsrecht, § 32, III., 2., b).

25 Vgl. *Drygala/Staake/Szalai*, Kapitalgesellschaftsrecht, § 1 Rn. 7.

26 MünchKommGmbHG/*Fleischer* Einl. Rn. 14.

Gesellschaften eingeordnet werden, gewachsen.[27] Diese Einteilung erfolgt – anders als die Klassifizierung als Personen- bzw. Kapitalgesellschaft – nicht anhand der Idealstruktur, sondern auf Grundlage der Realstruktur, sprich der konkreten tatsächlichen Ausgestaltung der Gesellschaft.[28] Bereits an dieser Stelle sei jedoch angemerkt, dass ähnlich der Grenze zwischen Kapital- und Personengesellschaften auch die Grenze zwischen kapitalistischer und personalistischer Gesellschaften zunehmend aufweicht und häufig fließende Übergänge bestehen.[29] Dies liegt vor allem an der Eigenschaft dieser Begriffe als Typusbegriffe[30], die eine Zuordnung lediglich in mehr oder weniger hohem Maße zulassen.[31]

Die Umschreibung des Typusbegriffs der personalistischen Kapitalgesellschaft ist erforderlich, um die an den Bezugsrechtsausschluss im Rahmen des genehmigten Kapitals zu stellenden Anforderungen mit Blick auf eben diesen Typus und mithin die typische Gesellschaft mit beschränkter Haftung bzw. die typische Kommanditgesellschaft auf Aktien angemessen und interessengerecht aufzustellen.

1. Kapitalistische und personalistische Kapitalgesellschaften als Gesellschaftstypen

Bei dem Gegensatzpaar kapitalistisch/personalistisch handelt es sich um Typusbegriffe zur Umschreibung verschiedener Gesellschaftstypen.[32] Beide Begriffe beschreiben bestimmte Typen von Gesellschaften, wie sie in der Rechtswirklichkeit vorzufinden sind, sog. faktische Typen.[33] Ein *Typus* zeichnet sich dadurch aus, dass er sich aus zahlreichen Merkmalen zusammensetzt, die abstufbar sind, d. h. bei einer konkreten Gesellschaft in mehr oder weniger hohem Maße vorliegen können,[34] wobei insbesondere die ganzeinheitliche Betrachtung aller Typusmerkmale

---

27 MünchKommGmbHG/*Fleischer* Einl. Rn. 8; *Roth*/Altmeppen, GmbHG, Einleitung Rn. 2; *Wilhelm*, Kapitalgesellschaftsrecht, Rn. 20 ff.; *Raiser/Veil*, Kapitalgesellschaftsrecht, § 1 Rn. 4.

28 MünchKommGmbHG/*Fleischer* Einl. Rn. 8.

29 Münch. Hdb. GesR III/*Grziwotz* § 1 Rn. 30; *Raiser/Veil*, Kapitalgesellschaftsrecht, § 1 Rn. 4.

30 So für die personalistische GmbH auch MünchKommGmbHG/*Fleischer* Einl. Rn. 39.

31 *Ott*, S. 25 f.; *Koller*, S. 25.

32 So für die personalistische GmbH auch MünchKommGmbHG/*Fleischer* Einl. Rn. 39.

33 Siehe *Koller*, S. 51, der die Typen der Rechtspraxis „soziologische" oder „faktische" Typen nennt. Siehe ferner *Immenga*, S. 113, der die personenbezogene GmbH ebenfalls als „faktische[n] Typus" bezeichnet.

34 *Ott*, S. 25 f.; *Koller*, S. 25.

Charakteristikum des Typus ist[35]. Auch der *Begriff* – das Gegenstück zum Typus – setzt sich aus mehreren Merkmalen zusammen. Diese sog. Begriffsmerkmale sind jedoch im Gegensatz zu den Merkmalen eines Typus starr, d. h. sie werden von einer konkreten Gesellschaft entweder erfüllt oder nicht.[36] Hinzuweisen ist darauf, dass ein Merkmal sowohl Begriffs- als auch Typusmerkmal sein kann.[37]

Die Abstufbarkeit der Typusbegriffe führt zu fließenden Übergängen,[38] sodass Typusbegriffen regelmäßig eine gewisse Unschärfe innewohnt.[39] Um diese Unschärfe so gering wie möglich zu halten, soll nachfolgend der Versuch einer möglichst präzisen Umschreibung des Typus der personalistischen Gesellschaft unternommen werden. Damit wird zugleich *Hallsteins* Forderung nach einer Konkretisierung des Begriffs nachgekommen.[40] Methodisch erfolgt die Umschreibung mittels Herausarbeitung, Untersuchung und Zuordnung der Wesensmerkmale, die für den jeweiligen Typus charakteristisch sind.[41]

Die nachfolgende Beschränkung auf den personalistischen Typus rechtfertigt sich mit der Zielsetzung dieser Arbeit. Ebenso gut ist auch eine Umschreibung des kapitalistischen Typus möglich, dem Ziel dieser Arbeit jedoch nicht dienlich und somit zum Zweck der Begrenzung des Umfangs entbehrlich.

2. Typusmerkmale personalistischer Kapitalgesellschaften

Ausgangspunkt der Überlegungen zu den Typusmerkmalen personalistischer Kapitalgesellschaften ist zunächst der Begriff *personalistisch* selbst. Diesem lässt sich bereits entnehmen, dass das maßgebliche Kriterium die personalistische Ausgestaltung der Gesellschaft, sprich der Gesellschafterkreis, ist.

Einen weiteren Anhaltspunkt für Typusmerkmale personalistischer Kapitalgesellschaften bietet die Legaldefinition des § 5 Abs. 4 der zweiten Verordnung

---

35 *Koller*, S. 19; *Westermann*, S. 100. Insofern überrascht es nicht, dass die *Unternehmensrechtskommission*, Rn. 1025 ff. kein allein maßgebliches Merkmal, sondern ebenfalls eine Kombination mehrerer Merkmale herausgearbeitet hat.

36 *Ott*, S. 24 f.; *Koller*, S. 25.

37 *Ott*, S. 26; *Koller*, S. 25.

38 *Ott*, S. 26; *Koller*, S. 25.

39 MünchKommGmbHG/*Fleischer* Einl. Rn. 39.

40 *Hallstein*, RabelsZ 12, 341, 371 wendet gegen die Formulierung ein, „daß sie für die juristische Betrachtung ohne Konkretisierung unbrauchbar ist. [...] Denn der Begriff der personalistischen (oder kapitalistischen) Struktur schillert: er bedeutet je nach dem Blickpunkt, von dem aus die Betrachtung stattfindet, etwas anderes."

41 Den methodisch gleichen Ansatz nutzt *Westermann*, S. 133 ff. im Rahmen der Personengesellschaften.

zur Durchführung der Dividendenabgabeverordnung vom 5. Mai 1942. Der Verordnung zufolge sind personenbezogene Kapitalgesellschaften

> 1. Kapitalgesellschaften, deren Satzung bestimmt, dass die Anteilseigner einem Kreis von Personen angehören müssen, die miteinander durch Ehe, Verwandtschaft, Schwägerschaft oder Annahme an Kindes Statt verbunden sind. Mindestens eine der Personen dieses Kreises muss hauptberuflich als gesetzlicher Vertreter der Kapitalgesellschaft tätig sein.
> 2. Kapitalgesellschaften mit nicht mehr als fünf Anteilseignern (einschließlich Einmanngesellschaften), wenn die Anteilseigner natürliche Personen sind und mindestens ein Anteilseigner hauptberuflich als gesetzlicher Vertreter der Kapitalgesellschaft tätig ist. Die hauptberuflich für die Gesellschaft tätigen Anteilseigner müssen mindestens 60 vom Hundert des Gesellschaftskapitals besitzen.[42]

Wenn diese Definition im Ergebnis auch zu eng sein wird, lässt sich ihr dennoch einiges entnehmen. Über die bereits gewonnene Erkenntnis hinaus, dass der Gesellschafterkreis das maßgebliche Kriterium für die Einordnung als personalistische Kapitalgesellschaft ist, beschreibt vorgenannte Legaldefinition weiter, welche konkreten Anforderungen an den Gesellschafterkreis zu stellen sind. Dabei werden zwei unterschiedliche Anknüpfungspunkte gewählt: zum einen die Beziehung zwischen den Gesellschaftern, zum anderen die Anzahl der Gesellschafter. Für beide Anknüpfungspunkte wird zusätzlich gefordert, dass mindestens ein Anteilseigner gesetzlicher Vertreter der Gesellschaft ist. Mithin wird eine gewisse Tätigkeit der Gesellschafter in der Gesellschaft verlangt. Daraus lassen sich die drei maßgeblichen Wesensmerkmale der personalistischen Kapitalgesellschaft ableiten: die Gesellschafteranzahl, die Gesellschafterbeziehung und die Tätigkeit der Gesellschafter.

Ein ähnlicher Definitionsversuch wurde im Rahmen der (letztendlich nicht umgesetzten) GmbH-Rechtsreform Anfang der siebziger Jahre vorgenommen. *Geßler* unterbreitete folgenden Vorschlag für eine aufzunehmende Vorschrift:

> Lückenausfüllung
> (1) Hat eine Gesellschaft nur natürliche Personen und nur fünf Personen als Gesellschafter oder ist bei mehr natürlichen Gesellschaftern die Mehrzahl der Gesellschafter in der Gesellschaft tätig (personenbezogene Gesellschaft mit beschränkter Haftung), so ist, wenn sich aus Gesetz und Gesellschaftsvertrag keine Regelung entnehmen läßt, eine Lücke unter Heranziehung des Rechts der Offenen Handelsgesellschaft und der Kommanditgesellschaft zu schließen. Das Gleiche gilt, wenn eine Gesellschaft nur natürliche Personen als Gesellschafter hat, die untereinander im Sinne von § 10 Nr. 2–5 des Steueranpassungsgesetzes vom 16.10.1934 (RGBl. I S. 925) verwandt oder verschwägert sind.

42 Reichsgesetzblatt, Teil I, 1942, S. 261, 262.

(2) Ist an einer Gesellschaft eine juristische Person als Gesellschafterin beteiligt (kapitalistische Gesellschaft mit beschränkter Haftung), so ist in den in Absatz 1 genannten Fällen das Recht der Aktiengesellschaft heranzuziehen.[43]

Hinsichtlich der für den Personenbezug maßgeblichen Wesensmerkmale (Anzahl der Gesellschafter, Beziehung zwischen den Gesellschaftern, Tätigkeit der Gesellschafter in der Gesellschaft) decken sich die zwei vorgenannten Definitionen. Unterschiede ergeben sich jedoch im Hinblick auf Gewichtung und Wechselwirkung der Kriterien.

In der Literatur haben sich darüber hinaus zahlreiche weitere Wesensmerkmale herausgebildet, welche die Klassifizierung einer Gesellschaft als personalistisch mitbestimmen. Dazu zählen unter anderem der Gleichrang der Gesellschafterrechte, das Fehlen eines Mehrheitsgesellschafters und die satzungsmäßige Vinkulierung der Anteilsübertragung, d. h. die grundsätzlich freie Übertragbarkeit des Geschäftsanteils wird durch Gesellschaftsvertrag an weitere Voraussetzungen geknüpft.[44] Auch die Kapitalausstattung einer Gesellschaft kann ein Indiz für deren personalistischen Charakter sein.[45] Im Folgenden sollen die maßgeblichsten Wesensmerkmale personalistischer Kapitalgesellschaften näher untersucht werden. Eine bloße Aufzählung der typenbildenden Merkmale ist nämlich nicht ausreichend,[46] vielmehr müssen im Rahmen der einzelnen Merkmale konkrete Bedingungen angegeben werden, mittels derer die Zuordnung einer konkret zu beurteilenden Gesellschaft zu dem einen oder anderen Typus ermöglicht wird.[47]

a) Anzahl der Gesellschafter

Beide vorgenannte Definitionen beziffern die Anzahl der für eine personenbezogene Kapitalgesellschaft grundsätzlich zulässigen natürlichen Gesellschafter auf fünf.[48] Zweitgenannte Definition ist insofern über die erstgenannte hinausgehend, als ihr zufolge auch Gesellschaften mit mehr als fünf natürlichen Gesellschaftern als personenbezogen anzusehen sind, sofern die Mehrzahl der Gesellschafter in

---

43 *Geßler*, BB 1971, 665, 666.

44 Siehe nur Ulmer/*Ulmer*, GmbHG, Einl. A. Rn. A 8 sowie zur Vinkulierung im Einzelnen A.II.2.d) Beschränkte Möglichkeit der Anteilsübertragung, S. 31.

45 *Dorscheid*, S. 15 ff. Siehe dazu auch A.II.2.e) Kapitalisierung, S. 33.

46 *Ott*, S. 54 f.

47 *Ott*, S. 39.

48 Siehe zur weiten Verbreitung der Zahl fünf Michalski/*Michalski*, GmbHG, Syst. Darst. 1 Rn. 7; Ulmer/*Ulmer*, GmbHG, Einl. A. Rn. A 8; MünchKommGmbHG/*Fleischer* Einl. Rn. 37; *Immenga*, S. 19; *Dorscheid*, S. 11. Kritisch dagegen *Wohlmann*, S. 134 „ohne Begründung [...] Zahl fünf".

der Gesellschaft tätig ist. Im Rahmen der erstgenannten Definition besteht diese konkrete Möglichkeit nicht. Jedoch können auch ihr zufolge Gesellschaften mit mehr als fünf Gesellschaftern als personenbezogen angesehen werden, wenn die Gesellschafter in näher aufgeführter persönlicher Beziehung zueinander stehen.

Zunächst ist die Ausweitung der ersten Definition auf Gesellschaften mit mehr als fünf Gesellschaftern für den Fall, dass diese in besonderer persönlicher Beziehung zueinander stehen zu befürworten. Schließlich ist nicht ersichtlich, warum eine Gesellschaft mit fünf sich unbekannten Gesellschaftern als personenbezogen gelten soll, während eine Gesellschaft mit sechs oder unwesentlich mehr sich vertrauten Gesellschaftern nicht als personenbezogen einzustufen sein soll.[49] Insofern ist dem Kriterium der engen persönlichen Verbundenheit der Gesellschafter ein höherer Stellenwert beizumessen als einer starr festgelegten Gesellschafteranzahl.[50]

Weiterhin ist auch die Ausweitung der zweiten Definition auf Gesellschaften mit mehr als fünf Personen für den Fall überwiegender Tätigkeit der Gesellschafter in der Gesellschaft begrüßenswert. Die Schaffung einer starren zahlenmäßigen Beschränkung wurde mit vorgenanntem Beispiel bereits generell ad absurdum geführt. Ob als ausgleichendes Kriterium nun das der persönlichen Verbundenheit oder das der Tätigkeit in der Gesellschaft herangezogen wird kann keinen Unterschied machen, da beide Kriterien wesentliche Merkmale einer personalistisch strukturierten Gesellschaft sind.[51]

Beide Definitionen sehen im Ergebnis Ausnahmen für Gesellschaften mit mehr als fünf Gesellschaftern vor.[52] Eine im Fall besonderer persönlicher Beziehungen der Gesellschafter, die andere für den Fall der Tätigkeit der Gesellschafter in der Gesellschaft. Daraus lässt sich schlussfolgern, dass das Kriterium der Anzahl der Gesellschafter zwar ein erstes Anzeichen für eine personalistische Struktur ist, jedoch keinesfalls eine abschließende Beurteilung zulässt.[53] Demnach rückt das starre Kriterium der Anzahl der Gesellschafter in den Hintergrund, wenn es durch andere Kriterien ausgeglichen wird.

---

49 Dahingehend auch *Wohlmann*, S. 134.

50 So auch *Friedewald*, S. 16.

51 Siehe bereits A.II.2. Typusmerkmale personalistischer Kapitalgesellschaften, S. 21 sowie im Detail A.II.2.b) Beziehung der Gesellschafter, S. 26 und A.II.2.c) Tätigkeit in der Gesellschaft, S. 28.

52 *Saenger*/Inhester, GmbHG, Einf. Rn. 17 bewertet eine Gesellschafterzahl von zwei bis fünf ebenfalls nicht als zwingendes Charakteristikum personalistisch ausgestalteter Gesellschaften mit beschränkter Haftung.

53 Ebenfalls als Indiz einstufend *Martens*, S. 150.

Weiterhin darf nicht vergessen werden, dass es sich bei der personalistischen Gesellschaft um einen Typus handelt, der eine Vielzahl von Gesellschaften mit ähnlichen Wesensmerkmalen umfasst. Eine genaue Zahlenangabe ist unter Berücksichtigung des Charakters als Typusbegriff nicht möglich.[54] Den Typusmerkmalen wohnt gerade inne, dass sie nicht ganz oder gar nicht vorliegen, sondern auch in mehr oder weniger hohem Maße erfüllt sein können.[55] Diese Möglichkeit besteht auch und gerade ohne konkrete Zahlenangabe, indem eine geringere Gesellschafteranzahl in höherem Maße und eine höhere Gesellschafteranzahl in geringerem Maße für eine personalistische Struktur sprechen. Damit sind für dieses Wesensmerkmal zugleich die erforderlichen Bedingungen genannt, die eine konkret zu beurteilende Gesellschaft eher dem einen bzw. eher dem anderen Typus zuordnen.

Neben der Anzahl der Gesellschafter ist ferner die Auswirkung der Beteiligung einer juristischen Person an einer Gesellschaft fraglich. Sowohl die Definition des § 5 Abs. 4 der zweiten Verordnung zur Durchführung der Dividendenabgabeverordnung[56] als auch der Definitionsvorschlag *Geßlers*[57] lassen für personalistische Gesellschaften ausschließlich natürliche Personen als Gesellschafter zu.[58] Dies verdeutlicht *Geßler* weiterhin durch seine Definition einer kapitalistischen Gesellschaft mit beschränkter Haftung. Dieser Definition zufolge ist eine kapitalistische Gesellschaft mit beschränkter Haftung eine Gesellschaft, an der eine juristische Person als Gesellschafterin beteiligt ist.[59] Eine derart kategorische Zuordnung ist jedoch als zu starr und demnach wenig sachdienlich abzulehnen. Vielmehr bietet sich eine Differenzierung nach der Struktur der juristischen Person, die ihrerseits Gesellschafterin ist, an. Ist diese juristische Person personalistisch strukturiert, so steht der Klassifizierung der in Frage stehenden Gesellschaft als personalistisch nichts entgegen. Ist die Gesellschafterin dagegen kapitalistisch

---

54 Ebenfalls gegen die Angabe einer konkreten Höchstzahl *Friedewald*, S. 16 und *Wohlmann*, S. 134. A. A. *Paulick*, S. 64 f. in der dortigen Fn. 145, der eine zahlenmäßige Beschränkung auf fünf Gesellschafter vorschlägt sowie *Dorscheid*, S. 11, dem zufolge die Gesellschafterzahl „in der Regel kaum über drei bis fünf Gesellschafter betragen dürfte". Siehe zu den unterschiedlichen Ansichten über das Erfordernis der Angabe einer Höchstzahl auch *Unternehmensrechtskommission*, Rn. 997 ff.

55 Siehe dazu bereits A.II.1. Kapitalistische und personalistische Kapitalgesellschaften als Gesellschaftstypen, S. 20 sowie *Ott*, S. 24 ff. und *Koller*, S. 25.

56 Reichsgesetzblatt, Teil I, 1942, S. 261, 262.

57 *Geßler*, BB 1971, 665, 666.

58 So auch *Paulick*, S. 64 f. in der dortigen Fn. 145 sowie einige Mitglieder der *Unternehmensrechtskommission*, Rn. 1000.

59 *Geßler*, BB 1971, 665, 666.

ausgestaltet, so ist dies wiederum als starkes Indiz gegen eine personalistische Struktur der zu beurteilenden Gesellschaft zu werten.[60]

Abschließend lässt sich demnach festhalten, dass die Anzahl der Gesellschafter einer Gesellschaft zwar ein wichtiges Indiz für den personalistischen Charakter derselben ist, für die Klassifizierung jedoch weder eine starre Höchstanzahl an Gesellschaftern beziffert noch eine starre Zulässigkeit lediglich natürlicher Gesellschafter aufgestellt werden kann.

b) Beziehung der Gesellschafter

Im Gegensatz zu dem Kriterium der Anzahl der Gesellschafter ist das Merkmal der engen persönlichen Bindung der Gesellschafter schwierig zu greifen. Eine klare Grenze ließe sich lediglich dann ziehen, wenn – wie in den genannten Definitionsvorschlägen – gesetzlich klar definierte Rechtsbegriffe (z. B. Ehe, Verwandtschaft, Schwägerschaft oder Annahme an Kindes Statt) verwendet würden.[61] Eine solche Grenzziehung ist jedoch zu eng.[62] Einerseits können enge persönliche Bindungen auch über Familiengrenzen hinweg bestehen, andererseits können die Beziehungen auch innerhalb einer Familie weniger vertraut und eng sein. Nichtsdestotrotz ist das Vorliegen einer der genannten Rechtsbeziehungen grundsätzlich ein Indiz für ein enges persönliches Vertrauensverhältnis[63] und somit im Ergebnis auch für den personalistischen Charakter einer Gesellschaft.

Darüber hinaus sind aber auch außerfamiliäre Bindungen als ausreichend anzusehen, um einer Gesellschaft einen personalistischen Charakter zu verleihen.[64] Diese können sowohl auf persönlichen als auch geschäftlichen Verbindungen beruhen. Ein Beispiel für eine rein geschäftliche Beziehung ist die klassische Compagnon-Beziehung.[65] So können ein Kaufman und ein Techniker zur gemeinsamen Durchsetzung einer Erfindung eine Gesellschaft gründen, die – obwohl rein geschäftlicher Natur – je nach Ausgestaltung einen personalistischen Charakter haben kann.[66]

---

60 *Wohlmann*, S. 134 sieht in der Beteiligung einer juristischen Person dagegen ohne weitergehende Differenzierung stets ein starkes Indiz gegen eine personalistische Struktur. *Friedewald*, S. 16 f. spricht der Beteiligung einer juristischen Person schlicht jedwede Relevanz für den Typus einer Gesellschaft ab.

61 Diesen Ansatz wählt *Paulick*, S. 64 f. in der dortigen Fn. 145.

62 Vgl. auch *Friedewald*, S. 16; *Dorscheid*, S. 11; *Wohlmann*, S. 136.

63 So auch *Wohlmann*, S. 136.

64 *Wohlmann*, S. 136.

65 *Dorscheid*, S. 11.

66 Beispiel aus *Immenga*, S. 1 f.

Der einzige Ansatz einer abstrakteren, von klar definierten Rechtsbegriffen losgelösten, Annäherung an dieses Typusmerkmal findet sich bei *Martens*, der dieses Merkmal bereits begrifflich weiter versteht und es als „außergesellschaftliche Verbundenheit der Gesellschafter“[67] bezeichnet. Maßgeblich sei demnach, dass ein Gemeinschaftsverhältnis oder eine wirtschaftlich gleichartige Stellung der Gesellschafter unabhängig von dem die Gesellschafter verbindenden Gesellschafterverband besteht und nicht erst durch diesen begründet wird.[68] Folglich wird weniger auf die Qualität der die Gesellschafter verbindenden Beziehung abgestellt als auf die außerhalb der Gesellschaft liegende Sphäre dieser Verbundenheit.

Die geringe Anzahl an Versuchen dieses Typusmerkmal näher zu konkretisieren und die Beschränkung der Mehrzahl der Versuche auf klar definierte Rechtsbeziehungen deuten bereits auf die Schwierigkeit einer zielführenden Konkretisierung dieses Merkmals hin. Dies zeigt sich ferner daran, dass die trotz der Schwierigkeiten unternommenen Versuche vielfach als zu eng kritisiert wurden, ohne jedoch im Gegenzug Vorschläge für eine weitere Grenzziehung zu unterbreiten. Das liegt wohl daran, dass dieses Merkmal zugleich im engeren Sinne ein Typusmerkmal des personalistischen Charakters unter vielen ist, als auch im weiteren Sinne Umschreibung des personalistischen Charakters als Ganzes. Wie eingangs bereits erörtert, ist der personalistische Charakter einer Gesellschaft in besonderem Maße durch die enge Bindung der Gesellschafter gekennzeichnet. Insofern ist die besondere persönliche Beziehung der Gesellschafter nicht lediglich ein Typusmerkmal, sondern eine alternative Formulierung für den Typusbegriff der *personalistischen Kapitalgesellschaft*. Folglich ist die Beziehung der Gesellschafter einerseits Typusmerkmal des personalistischen Charakters einer Gesellschaft, während andererseits einige der in diesem Abschnitt behandelten Wesensmerkmale ihrerseits Charakteristika ebendieser besonderen Beziehung der Gesellschafter sind.

Das Vorliegen der besonderen Beziehung der Gesellschafter im engeren Sinne als Wesensmerkmal des Typusbegriffs der *personalistischen Kapitalgesellschaft* lässt sich abgestuft folgendermaßen prüfen: Besteht zumindest zwischen der Mehrzahl der Gesellschafter eine Beziehung in Form der Ehe, Verwandtschaft, Schwägerschaft oder Annahme an Kindes Statt, ist dies ein sehr starkes Indiz für eine enge persönliche Beziehung der Gesellschafter. Liegt eine derartige Rechtsbeziehung zwischen den Gesellschaftern nicht vor, sind mit *Martens* andere außergesellschaftliche Beziehungen zu berücksichtigen, die jedenfalls auch ein Indiz für eine enge Beziehung der Gesellschafter darstellen können.

---

67 *Martens*, S. 149.

68 *Martens*, S. 150.

c) *Tätigkeit in der Gesellschaft*

Ein weiteres wesentliches Kriterium zur Klassifizierung einer Gesellschaft als personalistisch ist die Mitarbeit der Gesellschafter in der Gesellschaft.[69] Durch eine derartige Mitarbeit verschiebt sich der Kern der Gesellschaft von einer Vermögensgemeinschaft zu einer „Tätigkeitsgemeinschaft"[70] bzw. „Arbeitsgemeinschaft"[71].

Eine Tätigkeit der Gesellschafter in der Gesellschaft ist aufgrund des für Kapitalgesellschaften grundsätzlich[72] geltenden Prinzips der Fremd- bzw. Drittorganschaft nicht zwingend, in personalistisch strukturierten Kapitalgesellschaften jedoch regelmäßig der Fall[73]. Grundsätzlich ermöglicht das Prinzip der Fremd- oder Drittorganschaft den Kapitalgesellschaften die Übertragung organschaftlicher Geschäftsführungs- und Vertretungsbefugnisse auf Dritte, sprich Personen, die nicht zugleich Gesellschafter der jeweiligen Gesellschaft sind.[74] Dieses Prinzip ist ein maßgebliches kapitalistisches Element.[75] Umso wichtiger ist dessen Umkehrung bzw. der Nichtgebrauch von dieser Möglichkeit und somit die Mitarbeit der Gesellschafter in der Gesellschaft für die personalistische Ausgestaltung. Diese wird regelmäßig dadurch erreicht, dass die Gesellschafter an der Vertretung der Gesellschaft in Geschäftsführung oder Vorstand mitwirken,[76] sodass das Prinzip der Fremd- bzw. Drittorganschaft durch das Prinzip der Selbstorganschaft „ersetzt" wird[77]. Es besteht jedoch ein nicht zu vernachlässigender – wenn auch lediglich dogmatischer – Unterschied zur Selbstorganschaft im Rahmen der Personengesellschaften. Die Gesellschafter einer Personengesellschaft sind „geborene" Organe, d. h. *ipso iure* aufgrund ihrer Gesellschafterstellung zur Geschäftsführung berufen (vgl. § 709 BGB; § 114 HGB).[78] Dagegen sind die Geschäftsführer einer Gesellschaft mit beschränkter Haftung und der Vorstand einer Aktiengesellschaft

---

69 *Wohlmann*, S. 138; *Friedewald*, S. 17; *Dorscheid*, S. 14; *Martens*, S. 148 f.; *Immenga*, S. 16; *Paulick*, S. 64 f. in der dortigen Rn. 145.

70 MünchKommGmbHG/*Fleischer* Einl. Rn. 37; *Immenga*, S. 69, 93.

71 *Martens*, S. 149.

72 Zur Ausnahme der KGaA siehe bereits A.I. Kapitalgesellschaften, S. 16.

73 *Dorscheid*, S. 14; *Wohlmann*, S. 138.

74 *Schmidt*, Gesellschaftsrecht, § 14, II., 2., a). Siehe dazu auch bereits A.I. Kapitalgesellschaften, S. 16.

75 *Immenga*, S. 69 f.

76 *Wohlmann*, S. 138; *Paulick*, S. 65.

77 *Friedewald*, S. 16. Vgl. auch *Wohlmann*, S. 138.

78 *Schmidt*, Gesellschaftsrecht, § 14, III., 1., b).

– auch bei Personenidentität mit den Gesellschaftern – „gekorene", d. h. durch notwendige Bestellung berufene Organe.[79]

Die im allgemeinen Teil dargestellten Definitionen personalistisch strukturierter Gesellschaften stellen teilweise konkrete Anforderungen an die erforderliche Anzahl der in der Gesellschaft tätigen Gesellschafter. So lässt die Legaldefinition der zweiten Verordnung zur Durchführung der Dividendenabgabeverordnung bereits die hauptberufliche Tätigkeit eines einzelnen Gesellschafters als gesetzlicher Vertreter ausreichen. Als Ausgleich für die geringe Anzahl der tätigen Gesellschafter erfordert sie jedoch, dass diese einen Kapitalanteil von mindestens 60 % halten.[80] Der von *Geßler* aufgestellte Definitionsvorschlag erfordert bei Gesellschaften mit fünf oder weniger Gesellschaftern überhaupt keine tätige Mitarbeit. Bei Gesellschaften mit mehr als fünf Gesellschaftern wird eine Tätigkeit der Mehrheit der Gesellschafter gefordert.[81] Die von *Paulick* aufgestellten Voraussetzungen gleichen der Definition der zweiten Verordnung zur Durchführung der Dividendenabgabeverordnung und erfordern ebenfalls immer eine Tätigkeit mindestens eines Gesellschafters als gesetzlicher Vertreter. Sie weichen jedoch insofern ab, als dem Kapitalanteil der tätigen Gesellschafter nur Bedeutung beigemessen wird, wenn der Kreis der Gesellschafter zahlenmäßig (auf fünf oder weniger Gesellschafter) begrenzt wird. Für diesen Fall muss der Kapitalanteil der mitarbeitenden Gesellschafter mindestens 60 % des Gesellschaftskapitals betragen. Erfolgt die satzungsmäßige Begrenzung des Gesellschafterkreises durch Beschränkung auf Familienmitglieder und nicht zahlenmäßig, reicht die Tätigkeit mindestens eines Gesellschafters aus, ohne Berücksichtigung des Kapitalanteils der tätigen Gesellschafter.[82]

Hinsichtlich einer etwaigen Mindestanzahl in der Gesellschaft tätiger Gesellschafter ist zunächst festzustellen, dass dieses Kriterium freilich nicht von allen Gesellschaftern gleichermaßen zu erfüllen ist. Schließlich muss auch im Rahmen einer personalistisch geprägten Gesellschaft einzelnen Gesellschaftern die

---

79 *Schmidt*, Gesellschaftsrecht, § 14, III., 1., b), der dies jedoch nicht als Fall der Selbstorganschaft bezeichnet, da deren Kennzeichen die Existenz der Organe *ipso iure* sei, *Schmidt*, Gesellschaftsrecht, § 14, II., 2., a). MünchKommGmbHG/*Fleischer* Einl. Rn. 25 behält mit gleicher Begründung ebenfalls die Bezeichnung *Drittorganschaft* bei, spricht insofern jedoch in Rn. 203 zugleich von einer *faktischen Selbstorganschaft*. Dagegen betrachtet *Immenga*, S. 93 auch die „gekorene" Geschäftsführung bei Personenidentität mit den Gesellschaftern als Fall der *Selbstorganschaft*.

80 Reichsgesetzblatt, Teil I, 1942, S. 261, 262.

81 *Geßler*, BB 1971, 665, 666.

82 *Paulick*, S. 64 f. in der dortigen Fn. 145.

Möglichkeit gegeben sein, sich der Tätigkeit in der Gesellschaft zu entziehen. Darüber hinaus scheint eine zu detaillierte Differenzierung wenig gewinnbringend. Wie bereits im Rahmen der Anzahl der Gesellschafter festgestellt,[83] werden starre zahlenmäßige Beschränkungen dem Typusbegriff der personalistischen Kapitalgesellschaft nicht gerecht. Vielmehr ist es gerade Kennzeichen der Typusmerkmale, dass diese abstufbar sind und in mehr oder weniger hohem Maße vorliegen. Die Zuordnung einer Gesellschaft ist jedoch auch ohne Angabe konkreter Zahlen möglich, indem eine geringere Anzahl tätiger Gesellschafter eher gegen, eine höhere eher für deren personalistischen Charakter sprechen. Die Untauglichkeit starrer Angaben gilt erst recht dann, wenn sogar so weit gegangen wird, einen von den tätigen Gesellschaftern gehaltenen Mindestkapitalanteil zu fordern. Darüber hinaus hat das Kriterium eines zu haltenden Mindestkapitalanteils wenig Aussagekraft. So kann eine Gesellschaft, in der mit einer Ausnahme alle Gesellschafter tätig sind und der nicht tätige Gesellschafter die Mehrheit der Anteile hält nichts desto trotz aufgrund der übrigen Wesensmerkmale personalistisch strukturiert sein. Dieses Kriterium ist dementsprechend für die Klassifizierung als personalistisch vollständig aufzugeben.[84]

Neben der Anzahl der tätigen Gesellschafter ist auch die Art der Tätigkeit näher zu betrachten. Insofern bieten sich als Ausgangspunkt die Definition der zweiten Verordnung zur Durchführung der Dividendenabgabeverordnung und die von *Paulick* aufgestellten Voraussetzungen an. Beide fordern hinsichtlich der Qualität der Mitarbeit übereinstimmend, dass die Gesellschafter nur dann als in der Gesellschaft tätig gelten, wenn sie deren gesetzliche Vertreter sind.[85] Geßlers Definitionsvorschlag enthält dagegen keine nähere Beschreibung der erforderlichen Tätigkeit.[86] Im Rahmen der Verhandlungen der Unternehmensrechtskommission stellten einige Mitglieder zur Definition personenbezogener Unternehmen auf das Merkmal der Unternehmensleitungsfunktion ab, welches die Übernahme der Geschäftsführung oder die Tätigkeit in einem Kontrollorgan voraussetzen sollte, während andere es für ausreichend hielten, dass die

83 Siehe A.II.2.a) Anzahl der Gesellschafter, S. 23.

84 Siehe zu den Bedenken gegen eine Kombination aus einer Mindestanzahl tätiger Gesellschafter und einem von diesen zu haltenden Kapitalanteil auch *Unternehmensrechtskommission*, Rn. 632 ff.

85 Reichsgesetzblatt, Teil I, 1942, S. 261, 262; *Paulick*, S. 64 f. in der dortigen Fn. 145. Etwas weiter *Friedewald*, S. 17, der für die AG eine Beteiligung an der Verwaltung fordert und somit auch eine Tätigkeit im Aufsichtsrat genügen lässt.

86 *Geßler*, BB 1971, 665, 666. Offener auch *Martens*, S. 149.

Gesellschafter in der Lage seien, die Geschäftspolitik zu bestimmen.[87] Es sollten an die Qualität der tätigen Mitarbeit jedoch keine allzu hohen Anforderungen gestellt werden. So wird die Mitarbeit als gesetzlicher Vertreter zwar der Regelfall sein, sie darf jedoch keinesfalls die einzig maßgebliche Mitarbeitsform darstellen. Gesellschafter können auch in der praktischen Arbeit der Gesellschaft tätig sein und dort einen wesentlichen Beitrag leisten. Ohne Zweifel sind derartige Beiträge jedoch schwer zu greifen, da in diesem Fall keine klare Abgrenzung zu ziehen ist. Dementsprechend ist die Tätigkeit als gesetzlicher Vertreter aufgrund der zwingenden formellen Eintragung leichter nachzuvollziehen und zu überprüfen.

d) Beschränkte Möglichkeit der Anteilsübertragung

Auch wenn eine Gesellschaft zu einem bestimmten Zeitpunkt als personalistisch strukturiert einzustufen ist, kann sich dies im Laufe der Zeit durch Umgestaltung der Organisationsstruktur ändern. Deshalb ist eine Beschränkung der Anteilsübertragung wichtig, um die existierende Gesellschafterzusammensetzung zu erhalten und die entstandene personalistische Struktur zu wahren. Die Beschränkung der Anteilsübertragung steht folglich in engem Zusammenhang mit den vorgenannten Merkmalen, deren zeitliche Wirkung sie stabilisiert, indem sie Veränderungen im Gesellschafterbestand verhindert.[88] Dieses Wesensmerkmal personalistischer Gesellschaften wird in der Literatur in unterschiedlichsten Ausformungen und Reichweiten auch unter den Formulierungen des Verbots vom „amtlichen Handel an einer deutschen Börse [oder] im Freiverkehr“[89] bzw. der „Unübertragbarkeit der persönlichen Position“[90] erörtert. Eine Beschränkung der Anteilsübertragung kann insbesondere durch Vinkulierung, durch Beschränkung der Vererbungsmöglichkeit sowie durch Vorkaufs- oder Ankaufsrechte anderer Gesellschafter erzielt werden.[91]

Wird die Abtretung des grundsätzlich frei übertragbaren Geschäftsanteils durch den Gesellschaftsvertrag an weitere Voraussetzungen geknüpft, spricht man von der sog. Vinkulierung. Die Vinkulierung ist im GmbH-Recht in § 15

---

87 *Unternehmensrechtskommission*, Rn. 992 f.

88 *Dorscheid*, S. 11 spricht insofern von der „*Stabilisierung im Gesellschafterbestand* […] als ein grundlegendes Wesensmerkmal“.

89 *Paulick*, S. 64 f. in der dortigen Fn. 145.

90 *Wohlmann*, S. 134.

91 *Dorscheid*, S. 11 f. Für die AG findet sich eine Auflistung verschiedener statutarischer sowie schuldrechtlicher Maßnahmen bei *Friedewald*, S. 19.

Abs. 5 GmbHG normiert und in der Mehrzahl der GmbH-Satzungen zu finden. Die am häufigsten aufgestellte Voraussetzung für die Abtretung des Geschäftsanteils ist der in § 15 Abs. 5 GmbHG genannte Fall der Genehmigung der Gesellschaft.[92]

Die Beschränkung der Vererblichkeit des Gesellschaftsanteils ist ebenfalls eine gesellschaftsrechtliche Möglichkeit zur Begrenzung des Gesellschafterkreises. Zwar sind GmbH-Geschäftsanteile gemäß § 15 Abs. 1 GmbHG frei vererblich, was den Ausschluss oder die Beschränkung der Vererblichkeit unmöglich macht, jedoch sind Regelungen zulässig, die den Erben verpflichten, den geerbten Geschäftsanteil abzutreten bzw. dessen Einziehung zu dulden.[93] Bei genauer Betrachtung wird folglich nicht die Vererblichkeit als solche ausgeschlossen oder beschränkt,[94] sondern die „Aufrechterhaltung der Identität der Rechtsstellung des Erben mit der des Erblassers“[95].

Im Gegensatz zu den vorgenannten gesellschaftsrechtlichen Instituten ist die Umsetzung von Vorkaufs- oder Ankaufsrechten zu Gunsten anderer Gesellschafter oder der Gesellschaft schuldrechtlicher Natur, obwohl auch sie häufig in den Satzungen der Gesellschaften geregelt sind.[96]

Die Zusammensetzung des Gesellschafterkreises ist – wie bereits mehrfach erwähnt – das zentrale Merkmal personalistischer Gesellschaften. Deshalb besteht gerade für personalistisch strukturierte Gesellschaften häufig ein besonderes Interesse daran, auch nach der Gründung noch Einfluss auf die Zusammensetzung des Gesellschafterkreises nehmen zu können. Die zuvor dargestellten Institutionen bieten der Gesellschaft die dafür notwendigen Mittel. Finden sich eine oder mehrere dieser Regelungen in der Satzung einer Gesellschaft, so ist dies ein starkes Indiz für deren personalistische Prägung.[97] Zu beachten ist auch, dass die Bindung der Übertragung der Geschäftsanteile an die Zustimmung

---

92 Siehe dazu im Ganzen MünchKommGmbHG/*Reichert/Weller* § 15 Rn. 358 m. w. N. Vgl. zum Kriterium des Genehmigungsvorbehalts für den personenrechtlichen Charakter der GmbH auch *Martens*, S. 125 ff., 147 f.

93 MünchKommGmbHG/*Harbarth* § 53 Rn. 203 m. w. N.

94 So auch *Immenga*, S. 88.

95 *Dorscheid*, S. 12 in der dortigen Fn. 29.

96 *Dorscheid*, S. 12. Siehe zu Vorkaufs- und Ankaufsrechten auch MünchKommGmbHG/*Harbarth* § 53 Rn. 204 sowie *Immenga*, S. 88.

97 So für die Vinkulierung auch BeckOK GmbHG/*Wilhelmi* § 15 Rn. 138 sowie Michalski/*Michalski*, GmbHG, § 15 Rn. 130, der das Bedürfnis der Gesellschafter nach Einflussnahme auf die Person eines Nachfolgers gerade bei personalistisch geprägten Gesellschaftsstrukturen erkennt.

der Gesellschafter das einzige Merkmal ist, auf das sich die Mitglieder der Unternehmensrechtskommission zur Abgrenzung von personenbezogenen und nicht personenbezogenen Gesellschaften mit beschränkter Haftung verständigen konnten.[98]

e) Kapitalisierung

Vereinzelt wird im Rahmen der Aufzählung personalistischer Wesensmerkmale die Kapitalisierung genannt.[99] Isoliert ist diesem Merkmal wohl wenig Gewicht zuzusprechen, gibt es doch sowohl eher personalistisch ausgestaltete Gesellschaften mit einer hohen Kapitalausstattung, als auch eher kapitalistisch geprägte Gesellschaften mit geringer Kapitalausstattung.[100] Für die Klassifizierung maßgeblich ist weniger die Höhe des Kapitals als vielmehr die Frage, ob die Kapitalbeteiligung (unabhängig von ihrer Höhe) im Vordergrund steht oder aber das personale Substrat der Gesellschaft den Kern der Gesellschaft bildet. Nichtsdestotrotz treffen einige der vorgenannten Wesensmerkmale nicht selten mit einer geringen Kapitalausstattung zusammen,[101] sodass ihr jedenfalls eine gewisse Indizwirkung für eine personalistische Prägung nicht abzusprechen ist.

f) Zusammenfassung

Die detaillierten Betrachtungen der Definition des § 5 Abs. 4 der zweiten Verordnung zur Durchführung der Dividendenabgabeverordnung, des Definitionsvorschlags *Geßlers* sowie der einzelnen Wesensmerkmale zeigen, dass eine präzise Definition (im Sinne einer Begriffsbestimmung, die alle notwendigen und ausreichenden Merkmale beinhaltet[102]) personalistisch strukturierter Kapitalgesellschaften nicht möglich ist. Dies ist insbesondere darauf zurückzuführen, dass es sich dabei um einen Typusbegriff handelt.[103] Dieser umfasst alle Kapitalgesellschaften der Rechtspraxis, die eher jene Ausprägung der einzelnen Merkmale erfahren haben, die in ihrer Gesamtheit eine personalistisch strukturierte Kapitalgesellschaft ausmachen. All diese konkreten Konstrukte der Rechtspraxis

---

98 *Unternehmensrechtskommission*, Rn. 621.

99 *Dorscheid*, S. 15 ff.

100 So auch *Dorscheid*, S. 15 selbst.

101 So *Dorscheid*, S. 15.

102 *Ott*, S. 23.

103 Vgl. zur mangelnden Definierbarkeit von Typen durch abschließende Aufzählung ihrer Merkmale auch *Koller*, S. 25 sowie *Ott*, S. 37 f., wobei letzterer die Möglichkeit einer Gebrauchsdefinition auch beim Typus betont.

in einer abstrakten Definition zusammenzubringen ist jedoch nicht möglich. Bei den dennoch unternommenen Versuchen wird deutlich, dass diese Definitionen zu eng sind und zahlreiche Gesellschaften – obwohl nach der Gesamtschau der einzelnen Wesensmerkmale personalistisch strukturiert – nicht erfasst werden. Die nicht zielführendere Alternative wäre eine zu weit gefasste Definition, die eine sinnvolle Abgrenzung zum Gegenbegriff der kapitalistisch strukturierten Kapitalgesellschaft unmöglich lassen würde. Eine Definition des Typusbegriffs personalistischer Kapitalgesellschaften ist darüber hinaus nicht erforderlich. Da es bei der Denkform des Typus gerade nicht um eine starre Subsumtion der Tatbestände geht, sondern um eine Zuordnung je nach Ausmaß der zu beurteilenden Typusmerkmale,[104] wird dem Typusbegriff eine Umschreibung mit Angabe der ihn charakterisierenden Wesensmerkmale wesentlich gerechter.[105] Der Typusbegriff der *personalistischen* Kapitalgesellschaft lässt sich wie folgt umschreiben.

Die personalistisch strukturierte Kapitalgesellschaft ist durch eine im Vergleich zur Kapitalbeteiligung hervorgehobene Bedeutung des personalen Substrats gekennzeichnet. Die Personen der Gesellschafter sind das zentrale Element der Gesellschaft. Dieses Element wird durch die Wesensmerkmale einer auf Dauer angelegten geringen Gesellschafterzahl mit besonderer Beziehung untereinander und persönlicher Tätigkeit in der Gesellschaft sichtbar. Die Funktion des Gesellschaftsanteils als Kapitalbeteiligung rückt dagegen – auch aufgrund der regelmäßig geringen Kapitalisierung – in den Hintergrund.

3. Einfluss der typologischen Unterscheidung auf die Rechtsanwendung

Nach der Umschreibung des Typusbegriffs der personalistischen Kapitalgesellschaft sei der Vollständigkeit halber in der gebotenen Kürze darauf eingegangen, ob und inwieweit die typologische Unterscheidung Einfluss auf die Rechtsanwendung nehmen kann. Dabei geht es um die Frage, ob eine gesellschaftsrechtliche Norm auf zwei unterschiedliche Gesellschaftstypen der gleichen Gesellschaftsform einheitlich anzuwenden ist oder ob eine unterschiedliche Auslegung bzw. Anwendung ein und derselben Norm auf verschiedene Gesellschaftstypen möglich ist.[106] Dies wurde fernab der Normauslegung bisher insbesondere bei der Auslegung von Gesellschaftsverträgen diskutiert und wird in diesem

---

104 *Westermann*, S. 103; *Ott*, S. 25 f.; *Koller*, S. 25.

105 Vgl. zur Umschreibung von Typusbegriffen auch *Koller*, S. 25.

106 Siehe dazu grundlegend *Ott*, S. 126 ff. sowie *Koller*, S. 168.

Zusammenhang auch heute noch vielfach erörtert.[107] Davon zu unterscheiden ist die Frage der Übertragbarkeit der Rechtsanwendung von (einem Gesellschaftstyp) einer Gesellschaftsform auf (einen Gesellschaftstyp) eine(r) andere(n) Gesellschaftsform, die im weiteren Verlauf dieser Arbeit im Rahmen der an den Bezugsrechtsausschluss beim genehmigten Kapital zu stellenden Anforderungen aufgeworfen wird.

Hinsichtlich der Normauslegung ist zunächst festzustellen, dass diese stets im Hinblick auf den nach der Vorstellung des Gesetzgebers dem Gesetz zugrundeliegenden gesetzlichen Typ erfolgt, sog. typgerechte Auslegung.[108] Dem Gesetzgeber schwebt bei der Schaffung eines gesellschaftsrechtlichen Organisationsgesetzes regelmäßig ein bestimmtes Leitbild einer Gesellschaft vor, welches mittels des jeweiligen Gesetzes eine rechtliche Regelung erhalten soll,[109] sog. gesetzliche Typen.[110] Die einzelne Norm ist als generell-abstrakte Regelung somit allgemeingültig und einheitlich mit Blick auf alle ihr nach dem Willen des Gesetzgebers unterfallenden Gesellschaften auszulegen. Bei der Normauslegung ist eine etwaige Abweichung der konkreten Gesellschaft von dem gesetzlichen Typus mithin nicht zu berücksichtigen.

Hinsichtlich des anwendbaren Rechts auf den jeweiligen Gesellschaftstypus lassen sich im Allgemeinen zwei Wege beschreiten. Entweder bleiben die unterschiedlichen Gesellschaftstypen unberücksichtigt und es bleibt starr bei der Anwendung des für die jeweilige Gesellschaftsform maßgeblichen Rechts (nach *Koller* „Theorie der unmittelbaren Gesetzesanwendung“[111]; nach *Ott* „Theorie der formalen Rechtsanwendung“[112]) oder die Typologie findet Berücksichtigung und der Rechtsanwender erhält die Freiheit, die für den jeweiligen Typus am besten geeignete Norm (gegebenenfalls auch die anderer Gesellschaftsformen)

---

107 Für diesen Fall ablehnend BGH, Urt. v. 16.2.1981 – II ZR 89/79, GmbHR 1982, 129 (130); MünchKommGmbHG/*Fleischer* Einl. Rn. 193, 196; Baumbach/Hueck/*Fastrich*, GmbHG, § 2 Rn. 30; Lutter/Hommelhoff/*Bayer*, GmbHG, § 2 Rn. 13. Grundlegend befürwortend *Wiedemann*, DNotZ Sonderheft 1977, 99, 101 f., 105 f.; *Fischer*, GmbHR 1953, 131 f. Anzahl und Person der Gesellschafter ebenfalls berücksichtigend *Grunewald*, ZGR 1995, 68, 86 f.

108 Siehe zur typgerechten Auslegung *Jäggi*, SAG 31 (1958/59), 57, 70; *Koller*, S. 147 ff.; *Wohlmann*, S. 89 und 90 sowie *Ott*, S. 104 ff.

109 Scholz/*Westermann*, GmbHG, Einleitung Rn. 1.

110 *Ott*, S. 22 f.; *Koller*, S. 56.

111 *Koller*, S. 168.

112 *Ott*, S. 131 f.

anzuwenden (nach *Koller* „Theorie der analogen Gesetzesanwendung“[113]; nach *Ott* „Postulat freier richterlicher Rechtsfindung“[114]).[115]

Übereinstimmend wird bei der Bestimmung des anwendbaren Rechts zwischen zwingenden und dispositiven Normen differenziert.[116] Aufgrund ihres zwingenden Charakters seien zwingende Vorschriften unabdingbar auch auf atypische Gesellschaften und somit auf alle Gesellschaftstypen einer Gesellschaftsform anzuwenden.[117] Bei dispositiven Normen hingegen bestehe nach *Koller* die Möglichkeit, das anzuwendende Recht interessensgerecht herauszuarbeiten.[118] Demnach könnten hier Normen anderer Gesellschaftsformen analog angewandt werden, sodass unterschiedliche Gesellschaftstypen derselben Gesellschaftsform – eine unterschiedliche Interessenlage vorausgesetzt – unterschiedlichem Recht unterfallen könnten.[119] Dies erfordere aufgrund der dogmatischen Grundlage der Gesetzesanalogie aber selbstredend stets eine sorgfältige Betrachtung des Einzelfalls.[120] Nach *Ott* hingegen werde die Struktur des heutigen Gesellschaftsrechts einzig durch die konsequente Anwendung des für die jeweilige Gesellschaftsform maßgeblichen Rechts gewahrt, sodass entsprechend der Theorie der formalen Rechtsanwendung für alle Gesellschaftstypen einer Gesellschaftsform gleiches Recht anzuwenden sei.[121]

Ausgangspunkt der Überlegungen ist zunächst, dass es keinen dem Rechtsformzwang vergleichbaren Typenzwang gibt.[122] Dementsprechend sind die Gesellschafter bei der Ausgestaltung ihrer Gesellschaft im Rahmen der gesetzlichen Vorgaben grundsätzlich frei. Dies gilt insbesondere bei der Gesellschaft mit beschränkter Haftung, deren Gesellschaftern der Regelung des § 45 Abs. 1 GmbHG entsprechend ein hohes Maß an Gestaltungsfreiheit hinsichtlich des Innenverhältnisses zusteht.[123] Diese Gestaltungsfreiheit führt jedenfalls dazu,

---

113 *Koller*, S. 168.
114 *Ott*, S. 132 ff.
115 *Ott*, S. 127; *Koller*, S. 168.
116 *Ott*, S. 127 ff.; *Koller*, S. 169 ff.; *Wohlmann*, S. 88 ff.
117 So einhellig *Ott*, S. 129; *Koller*, S. 169 f.; *Wohlmann*, S. 88 f.
118 *Koller*, S. 171 f.
119 *Koller*, S. 172.
120 *Koller*, S. 171. *Wohlmann*, S. 89 ff. befürwortet ebenfalls eine Abweichung von der Anwendung des Rechts der spezifischen Gesellschaftsform, geht jedoch insofern noch weiter, als er dem Richter gar die freie Rechtsfindung gestattet. Dahingehend auch *Friedewald*, S. 125 ff.
121 *Ott*, S. 134 ff.
122 *Friedewald*, S. 125.
123 MünchKommGmbHG/*Fleischer* Einl. Rn. 21.

dass dispositives Recht nicht auf atypische Gesellschaften angewendet werden muss, wenn die Gesellschafter von diesem ausdrücklich abgewichen sind.[124] Dies ist jedoch keine Besonderheit der Typenabweichung, sondern vielmehr Eigenart des dispositiven Rechts. Schließlich ist dispositives Recht auch bei typischen Gesellschaften nicht anzuwenden, wenn deren Gesellschafter von der dispositiven Regelung ausdrücklich abgewichen sind.

Wurde von dem dispositiven Recht dagegen nicht abgewichen, ist die typgerecht ausgelegte Norm auch dann auf atypische Gesellschaften anzuwenden, wenn das Ergebnis der typgerechten Auslegung der Interessenlage der atypischen Gesellschaft widerspricht. Zwar ist zuzugeben, dass dadurch die Möglichkeit einer der Interessenlage der atypischen Gesellschaft bestmöglich entsprechenden Rechtsanwendung ausgeschlossen wird.[125] Dieses Ergebnis ist jedoch insbesondere vor dem Hintergrund der Rechtssicherheit hinzunehmen.[126] Würde man die analoge Anwendung von Normen anderer Gesellschaftsformen[127] oder gar die freie Rechtsfindung[128] zulassen, würde dies schließlich die Rechtssicherheit dahingehend beeinträchtigen, dass nicht einmal die anzuwendende Norm mit Sicherheit bestimmt werden könnte. Überdies ist eine etwaige unterschiedliche Rechtsanwendung auf typische und atypische Gesellschaften vor dem Hintergrund der schwierigen Abgrenzung der Gesellschaftstypen problematisch.[129] Will man auf atypische Gesellschaften auch das Recht anderer Gesellschaftsformen anwenden können, erfordert dies die zweifelsfreie Charakterisierung der konkreten Gesellschaft als atypisch. Eine derart zweifelsfreie Zuordnung wird aufgrund der den Typusbegriffen innewohnenden fließenden Übergänge jedoch in zahlreichen Fällen nicht möglich sein.

Die einheitliche Rechtsanwendung auf alle Gesellschaftstypen gilt freilich erst recht für das zwingende Recht. Schließlich zeigt die Ausgestaltung einer Norm als zwingend, dass der Gesetzgeber die ihr zugrunde liegende Interessenwertung für alle Gesellschaftstypen gleichermaßen getroffen und als verbindlich angesehen hat. Daher sind zwingende Normen auf typische und atypische Gesellschaften ohne Interessenermittlung im Einzelfall gleichermaßen anzuwenden.[130]

---

124 *Wohlmann*, S. 90.

125 Mit dahingehenden Interessenerwägungen kommen *Koller*, S. 171 f. und *Wohlmann*, S. 90 zu einem anderen Ergebnis.

126 So auch *Ott*, S. 134 ff., insbesondere S. 137 zum Wert der Rechtssicherheit.

127 So *Koller*, S. 172.

128 So *Wohlmann*, S. 90.

129 Siehe dazu auch *Ott*, S. 139.

130 So einhellig *Ott*, S. 129; *Koller*, S. 169 f.; *Wohlmann*, S. 88 f.

III. Subsumtion und Zuordnung der Gesellschaftsformen

Nach der Definition des Begriffs der *Kapitalgesellschaften* und der Umschreibung des Typusbegriffs *personalistisch strukturierter Kapitalgesellschaften* sollen nachfolgend die Gesellschaft mit beschränkter Haftung, die Kommanditgesellschaft auf Aktien und die Aktiengesellschaft unter den Begriff *Kapitalgesellschaft* subsumiert bzw. einem der Typusbegriffe zugeordnet werden.[131]

1. Die Gesellschaft mit beschränkter Haftung

Wie bereits festgestellt, ist die Gesellschaft mit beschränkter Haftung nach den Legaldefinitionen des Handelsgesetzbuches sowie des Umwandlungsgesetzes eine Kapitalgesellschaft. Materiell ist diese Einordnung insbesondere auf das Erfordernis, ein Mindestmaß an Kapital aufzubringen – § 5 Abs. 1 GmbHG fordert ein Stammkapital von mindestens 25.000 Euro – zurückzuführen.[132]

Weniger eindeutig ist eine Zuordnung als eher personalistische bzw. eher kapitalistische Gesellschaft. Schließlich hat die Gesellschaft mit beschränkter Haftung im Rahmen ihrer gesetzlichen Ausgestaltung sowohl personalistische als auch kapitalistische Elemente verliehen bekommen.[133] Im Folgenden ist somit zu klären, ob die Gesellschaft mit beschränkter Haftung nach ihrer gesetzlichen Konzeption bzw. ihrer rechtstatsächlichen Ausgestaltung typischerweise eher personalistisch oder kapitalistisch strukturiert ist. Dabei ist jedoch zu beachten, dass es in der Rechtswirklichkeit nicht „die eine" Gesellschaft mit beschränkter Haftung gibt, sondern die Rechtsform der Gesellschaft mit beschränkter Haftung zahlreiche rechtstatsächliche Ausgestaltungen erfahren hat. Obwohl der Begriff der *personalistisch strukturierten Gesellschaft* als Typusbegriff ursprünglich die rechtstatsächliche Ausgestaltung konkreter Gesellschaften beschreibt, wird zur Charakterisierung der Gesellschaft mit beschränkter Haftung nachfolgend neben der mehrheitlich rechtstatsächlichen Ausgestaltung (dem faktischen Typus) als weiteres Hilfsmittel der Zuordnung auch auf das legislatorische Leitbild des Gesetzgebers (den gesetzlichen Typus) abgestellt. Schließlich ist eine Untersuchung und Bewertung der rechtstatsächlichen Ausgestaltung aller Gesellschaften mit beschränkter Haftung nicht möglich. Der gesetzliche Typus bietet für den Zweck der vorliegenden Arbeit jedoch wertvolle Erkenntnisse dahingehend, wie

---

131 Siehe zur Begrifflichkeit der *Subsumtion* für die *Begriffs*anwendung und der *Zuordnung* für die *Typen*anwendung *Westermann*, S. 103 m. w. N. sowie *Koller*, S. 25.

132 Siehe dazu bereits A.I. Kapitalgesellschaften, S. 16.

133 Siehe nur die Auflistung personalistischer wie kapitalistischer Elemente bei *Immenga*, S. 69 ff.

der Gesetzgeber die tatsächliche Ausgestaltung der Gesellschaften erwartet und darauf mit Reformen und Gesetzesänderungen reagiert hat.

a) Legislatorisches Leitbild

Im Rahmen der Untersuchung des legislatorischen Leitbilds des Gesetzgebers ist in zeitlicher Hinsicht eine Unterscheidung vorzunehmen. So ist im Rahmen des GmbH-Gesetzes das Leitbild des historischen Gesetzgebers des 19. Jahrhunderts von dem des späteren Gesetzgebers, der Reformen und Gesetzesänderungen durchführte, zu trennen.

aa) Historisches Leitbild

Bei der Schaffung eines gesellschaftsrechtlichen Organisationsgesetzes schwebt dem Gesetzgeber regelmäßig ein bestimmtes Leitbild einer Gesellschaft vor, welches mittels des jeweiligen Gesetzes eine rechtliche Regelung erhalten soll.[134] Dies ist unabhängig von der zeitlichen Abfolge, sprich davon, ob sich ein derartiger Gesellschaftstypus in der Rechtwirklichkeit bereits gebildet hat und die rechtliche Regelung nachträglich erfolgt, oder – wie im Falle der Gesellschaft mit beschränkter Haftung – der Gesetzgeber zunächst das rechtlichen Korsett vorgibt und der entsprechende Gesellschaftstypus erst auf Grundlage dieses Gesetzes Einzug in das Rechtsleben nimmt.[135] Die dem Gesetzgeber bei der Schaffung gesetzlicher Ordnungen vorschwebenden Leitbilder werden *Strukturtypus*[136] oder *gesetzliche Typen*[137] genannt.

Bereits der Weg zum GmbHG war von der Frage geprägt, ob das zu regelnde Leitbild und somit die gesetzliche Ordnung einen individualistischen oder kollektivistischen bzw. personalistischen oder kapitalistischen Kern haben sollte.[138] So standen sich in der Entstehung zwei Ansätze gegenüber. Der eine sah eine an die Personengesellschaft angelehnte „offene Handelsgesellschaft ‚mit beschränkter Haftung'"[139] vor, der andere eine „‚vereinfachte' und ‚beweglichere' Kapitalgesellschaft"[140]. Letztendlich entschied sich der Gesetzgeber für eine „Mittelstellung zwischen den streng individualistischen Gesellschaftsformen des

134 Scholz/*Westermann*, GmbHG, Einleitung Rn. 1.
135 Vgl. zu diesen beiden zeitlichen Abfolgen *Schmidt*, Gesellschaftsrecht, § 33, II., 1., a).
136 Scholz/*Westermann*, GmbHG, Einleitung Rn. 1.
137 *Ott*, S. 22 f.; *Koller*, S. 56.
138 MünchKommGmbHG/*Fleischer* Einl. Rn. 68.
139 *Klausing*, 2. Arbeitsbericht, S. 78.
140 *Klausing*, 2. Arbeitsbericht, S. 78.

geltenden Rechts und der als äußerste Konsequenz des kapitalistischen Prinzips sich darstellenden Aktiengesellschaft“[141]. Ob die Lösung des Gesetzgebers tatsächlich eine Mittellösung darstellt oder die Formulierung lediglich zur Besänftigung einer der beiden vorgenannten Seiten gewählt wurde, ist nach wie vor Gegenstand zahlreicher Diskussionen.[142]

Die Interpretationen der heutigen Rechtslehre gehen in unterschiedliche Richtungen. Das historische Leitbild der Gesellschaft mit beschränkter Haftung wird überwiegend in der „kleinen Aktiengesellschaft“ gesehen.[143] Jedoch findet sich auch heute noch die Ansicht, dass „sie ein in der Mitte zwischen kapital- und personengesellschafts-rechtlichen Strukturtyp stehender Verband“[144] sei. Sich dieser Diskussion entziehend wird auch vertreten, der Gesellschaft mit beschränkter Haftung habe „kein Vorstellungsbild zugrunde“[145] gelegen, sodass sie „sich jedem Leitbilddenken entzieht“[146].

Das historische Leitbild des Gesetzgebers ausschließlich in einer „kleinen Aktiengesellschaft“ zu sehen ist zu kurz gegriffen. Zwar ist zuzugeben, dass der Gesetzgeber insbesondere die Vorschriften hinsichtlich der Geschäftsführung, der Willensbildung und der Übertragung der Geschäftsanteile kapitalistisch bzw. kollektivistisch ausgestaltet hat.[147] Neben ebenfalls bestehenden personalistischen Elementen[148] zeigt aber insbesondere die weitreichende Möglichkeit von den kapitalistischen Regelungen abzuweichen, dass der Gesetzeber auch die personalistische Ausgestaltung im Auge hatte.[149] So verdeutlicht bereits die Analyse der gesetzgeberischen Kodifikation, dass nicht von dem ausschließlichen Leitbild einer „kleinen Aktiengesellschaft“ gesprochen werden kann. Hinzu kommt die für die Beurteilung des historischen Leitbilds gewichtige Auffassung des Gesetzgebers selbst. Dieser hat sich in der Gesetzesbegründung klar und unmissverständlich dahingehend geäußert, dass die Gesellschaft mit beschränkter Haftung eine „Mittelstellung zwischen den streng individualistischen

---

141 Begründung GmbHG, Reichstagsprotokolle 1890/92, 12, Aktenstück Nr. 660, S. 3724, 3728.

142 Siehe dazu nur MünchKommGmbHG/*Fleischer* Einl. Rn. 74 m. w. N.

143 Ulmer/*Ulmer*, GmbHG, Einl. A. Rn. A 4; *Saenger*/Inhester, GmbHG, Einf. Rn. 1.

144 Michalski/*Michalski*, GmbHG, Syst. Darst. 1 Rn. 2.

145 Rowedder/*Schmidt-Leithoff*, GmbHG, Einl. Rn. 53.

146 Rowedder/*Schmidt-Leithoff*, GmbHG, Einl. Rn. 53.

147 Siehe zu den genannten kapitalistischen Elementen und deren Auswirkungen auf das Leitbild der GmbH *Immenga*, S. 69 ff.

148 Vgl. dazu *Immenga*, S. 72 ff.

149 *Immenga*, S. 113.

Gesellschaftsformen des geltenden Rechts und der als äußerste Konsequenz des kapitalistischen Prinzips sich darstellenden Aktiengesellschaft"[150] einnehmen soll. Dass dies keine bloße Leerformel zur Besänftigung der Befürworter einer „offene Handelsgesellschaft mit beschränkter Haftung"[151] ist, zeigt sich daran, dass an zahlreichen Stellen Unterschiede zur Aktiengesellschaft aufgezeigt und begründet werden. So wird allgemein ausgeführt, dass „das Verhältniß der Mitglieder zu der Gesellschaft erheblich fester geknüpft wird als bei der Aktiengesellschaft"[152]. Dies wird speziell im Rahmen der Übertragung der Geschäftsanteile deutlich, die das GmbH-Recht abweichend vom Aktiengesetz trotz grundsätzlicher Anerkennung der Übertragbarkeit einzugrenzen versucht. So wurde die aus dem Aktienrecht bekannte „Zerlegung des Gesellschafskapitals in eine statutarisch zu bestimmende Zahl von Antheilen mit bestimmtem Nennwerth"[153] nicht in das GmbH-Recht übertragen, sondern „vielmehr der [...] Geschäftsantheil eines Gesellschafters begrifflich mit der Gesammtbetheiligung desselben"[154] zusammengelegt, um eine Veräußerung der Anteile im Handelsverkehr zu erschweren. Auch mittels des Formerfordernisses wurde versucht, „die Antheilsrechte der neuen Gesellschaft nicht zu einem Gegenstande des Handelsverkehrs werden"[155] zu lassen. Deshalb sollte die Übertragung ausschließlich durch „notariellen oder gerichtlichen Vertrag"[156] gestattet sein.

bb) Gegenwärtiges Leitbild

Von der Frage nach dem historischen Leitbild des Gesetzgebers des 19. Jahrhunderts ist diejenige nach der Abwandlung oder Ergänzung dieses Leitbilds durch spätere Reformen sowie Gesetzesänderungen und damit nach dem Leitbild der gegenwärtigen Gesetzesfassung zu trennen.[157]

---

150 Begründung GmbHG, Reichstagsprotokolle 1890/92, 12, Aktenstück Nr. 660, S. 3724, 3728.

151 *Klausing*, 2. Arbeitsbericht, S. 78.

152 Begründung GmbHG, Reichstagsprotokolle 1890/92, 12, Aktenstück Nr. 660, S. 3724, 3726.

153 Begründung GmbHG, Reichstagsprotokolle 1890/92, 12, Aktenstück Nr. 660, S. 3724, 3729.

154 Begründung GmbHG, Reichstagsprotokolle 1890/92, 12, Aktenstück Nr. 660, S. 3724, 3729.

155 Begründung GmbHG, Reichstagsprotokolle 1890/92, 12, Aktenstück Nr. 660, S. 3724, 3729.

156 Begründung GmbHG, Reichstagsprotokolle 1890/92, 12, Aktenstück Nr. 660, S. 3724, 3729.

157 MünchKommGmbHG/*Fleischer* Einl. Rn. 74, 115.

Bereits im Vorfeld der gescheiterten „großen" Reform Anfang der 70er Jahre schwebte einem Sachverständigenausschuss das Leitbild einer „aus wenigen Gesellschaftern bestehende[n] Gesellschaft, die untereinander und zum Gesellschaftsunternehmen enge persönliche Beziehungen unterhalten"[158] vor. Spätestens durch die umgesetzte GmbH-Novelle 1980 ist die „kleine Aktiengesellschaft" als alleiniges Leitbild der Gesellschaft mit beschränkter Haftung nur noch schwerlich aufrechtzuhalten.[159] Führte sie doch mit der Einführung einer Einpersonen-Gründung zu einem Gesellschaftstypus, der der Aktiengesellschaft derart fremd ist, dass diese als Leitbild fortan ausgeschlossen war. Vielmehr diente als Leitbild künftig die „GmbH als Tätigkeits- und Vermögensgemeinschaft"[160].

Diese Entwicklung wurde durch das Gesetz zur Modernisierung des GmbH-Rechts und zur Bekämpfung von Missbräuchen (MoMiG)[161] fortgeführt.[162] Die daraus hervorgehenden Neuregelungen berücksichtigten insbesondere die besondere Bedeutung der Rechtsform für mittelständische Unternehmen.[163]

Abschließend lässt sich folglich mit *Schmidt* feststellen, dass die Gesellschaft mit beschränkter Haftung „auf eine personalistische Struktur angelegt"[164] ist. Auch *Liebscher* geht davon aus, dass der „vom Gesetzgeber zugrunde gelegte[...] Idealfall eine einer Personengesellschaft ähnliche Arbeits- und Haftungsgemeinschaft darstellt"[165].

b) Rechtstatsächliche Ausgestaltung

Seit Schaffung der Rechtsform der Gesellschaft mit beschränkter Haftung dominiert bei den gegründeten Gesellschaften der faktische Typus der personalistischen

---

158 *Hueck*, S. 8.

159 MünchKommGmbHG/*Fleischer* Einl. Rn. 115. Siehe auch *Hommelhoff*, Das System der Kapitalgesellschaften im Umbruch, S. 26, 33: „Nach deutschem Rechtsverständnis ist die GmbH mitnichten eine „kleine AG"."

160 *Hommelhoff*, ZGR Sonderheft 13, 36, 57; MünchKommGmbHG/*Fleischer* Einl. Rn. 115.

161 Gesetz zur Modernisierung des GmbH-Rechts und zur Bekämpfung von Missbräuchen vom 23.10.2008 (BGBl. I 2008, 2026).

162 *Fleischer*, GmbHR 2008, 1121, 1124.

163 Begründung Regierungsentwurf, BT-Drucks. 16/6140, S. 25. Vgl. auch MünchKommGmbHG/*Fleischer* Einl. Rn. 120.

164 *Schmidt*, Gesellschaftsrecht, § 33, III., 2., d).

165 MünchKommGmbHG/*Liebscher* § 45 Rn. 17.

Gesellschaft.[166] Dies lässt sich anhand konkreter Zahlen für die Typusmerkmale der Kapitalisierung, der Anzahl der Gesellschafter, mittels der Anzahl der Gesellschafter-Geschäftsführer für das Merkmal der Tätigkeit in der Gesellschaft sowie mittels der Anzahl gesellschaftsrechtlicher Abtretungsbeschränkungen für das Merkmal der beschränkten Anteilsübertragung belegen. Vorab sei jedoch darauf hingewiesen, dass rechtstatsächliche Erhebungen für das Gesellschaftsrecht Mangelware und somit aufgrund fehlender Vollständigkeit und älteren Datums mit Vorsicht zu betrachten sind. Die letzten die Kapitalgesellschaften betreffenden vom Statistischen Bundesamt durchgeführten Erhebungen liegen bereits mehr als 20 Jahre zurück.[167] Die in der Zwischenzeit durchgeführten privaten Erhebungen befassen sich zwar nur mit der Auswertung eines Bruchteils der tatsächlich existierenden Gesellschaften, sodass sie kein vollständiges Bild zeichnen können, eine gewisse Repräsentanz ist ihnen in der Summe aber dennoch nicht abzusprechen. Dies zeigen nicht zuletzt die nur unwesentlichen Abweichungen der einzelnen Daten der verschiedenen Erhebungen.

Hinsichtlich der Anzahl der Gesellschafter hatten bei der letzten rechtstatsächlichen Untersuchung 1997/1999 40,9 % der Gesellschaften mit beschränkter Haftung nur einen, 56,4 % nur zwei bis fünf Gesellschafter.[168] Folglich weist die weit überwiegende Anzahl der Gesellschaften mit beschränkter Haftung mit maximal fünf Gesellschaftern eine Gesellschafterzahl auf, die für eine personalistische Struktur als typisch erachtet wird. Daraus lässt sich schlussfolgern, dass die reale Ausgestaltung der Mehrheit der Gesellschaften mit beschränkter Haftung hinsichtlich des Typusmerkmals der Gesellschafterzahl dem faktischen Typus der personalistischen Kapitalgesellschaft entspricht.

Der hohe Anteil der in der Gesellschaft tätigen Gesellschafter lässt sich anhand der Anzahl der Gesellschafter-Geschäftsführer ablesen. So waren 1997/1999 in 81,7 % der Gesellschaften mit beschränkter Haftung ausschließlich deren Gesellschafter Geschäftsführer, in 46,5 % davon waren gar alle Gesellschafter

166 Ulmer/*Ulmer*, GmbHG, Einl. A. Rn. A 7, A 8; MünchKommGmbHG/*Fleischer* Einl. Rn. 37; Michalski/*Michalski*, GmbHG, Syst. Darst. 1 Rn. 7; *Raiser/Veil*, Kapitalgesellschaftsrecht, § 1 Rn. 4; *Martens*, S. 29 ff. Münch. Hdb. GesR III/*Grziwotz* § 1 Rn. 31 beziffert deren Anteil auf rund 70%.

167 MünchKommGmbHG/*Fleischer* Einl. Rn. 198; Michalski/*Michalski*, GmbHG, Syst. Darst. 1 Vorbemerkung vor Rn. 170 ff.

168 Siehe dazu die Auswertung zweier Handelsregister von *Kornblum/Hampf/Naß*, GmbHR 2000, 1240, 1245, 1249 f. sowie zur Entwicklung seit 1905 MünchKommGmbHG/*Fleischer* Einl. Rn. 202 (dort rundungsbedingt minimal abweichende Zahlen).

zugleich auch Geschäftsführer.[169] Dies verdeutlicht, dass auch hinsichtlich des Wesensmerkmals der Tätigkeit der Gesellschafter in der Gesellschaft die große Mehrzahl der Gesellschaften mit beschränkter Haftung dem faktischen Typus der personalistischen Kapitalgesellschaft entspricht.

Die Übertragbarkeit der Geschäftsanteile wird von einem Großteil der Gesellschaften mit beschränkter Haftung mittels gesellschaftsvertraglicher Abtretungsbeschränkungen beschränkt.[170] In 94,2 % der Gesellschaftsverträge von 486 zwischen 1961 und 1963 in das Handelsregister des Amtsgerichts Berlin Charlottenburg eingetragenen Gesellschaften mit beschränkter Haftung existierte eine Regelung zur Beschränkung der Übertragung.[171] Allein die nähere Betrachtung dieses einen Instruments zur Beschränkung der Anteilsübertragung zeigt, dass die Gesellschaft mit beschränkter Haftung auch hinsichtlich dieses Wesensmerkmals in ihrer rechtstatsächlichen Ausgestaltung weit überwiegend dem faktischen Typus der personalistischen Kapitalgesellschaft entsprechend ausgestaltet ist.[172]

Die Gliederung der Gesellschaften mit beschränkter Haftung nach Größenklassen ihres Stammkapitals verdeutlicht, dass diese Rechtsform hauptsächlich von kleinen und mittleren Unternehmen gewählt wird. Für das Jahresende 1992 ermittelte *Hansen* auf Grundlage von Daten des Statistischen Bundesamts, dass 69,4 % der Gesellschaften mit beschränkter Haftung nur mit dem gesetzlichen Mindeststammkapital ausgestattet waren.[173] Auch das Wesensmerkmal der Kapitalisierung betreffend sind die Gesellschaften mit beschränkter Haftung folglich in der Mehrheit dem faktischen Typus der personalistischen Kapitalgesellschaft entsprechend ausgestaltet.

Trotz aller Vorsicht, die aufgrund der nur vereinzelt erfolgten rechtstatsächlichen Erhebungen geboten ist, zeichnen die Daten ein eindeutiges Bild. Die verschiedenen Erhebungen kommen bei nur minimalen Abweichungen der Zahlen zu den gleichen Ergebnissen für die einzelnen Wesensmerkmale. Die Ergebnisse zu den einzelnen Wesensmerkmalen sind in der Summe eindeutig, sodass sich ein klares Fazit ergibt. Die weit überwiegende Mehrheit der Gesellschaften mit

---

169 Siehe dazu die Auswertung zweier Handelsregister von *Kornblum/Hampf/Naß*, GmbHR 2000, 1240, 1245, 1250 sowie zur Entwicklung seit 1926 MünchKommGmbHG/*Fleischer* Einl. Rn. 203 (dort rundungsbedingt minimal abweichende Zahlen).

170 MünchKommGmbHG/*Reichert/Weller* § 15 Rn. 358.

171 *Limbach*, S. 31 f., 71 ff.

172 *Reichert/Winter*, FS GmbHG, S. 209, 211 f. m. w. N.

173 Siehe dazu *Hansen*, GmbHR 1995, 507, 508 sowie zur Entwicklung seit 1909 MünchKommGmbHG/*Fleischer* Einl. Rn. 204.

beschränkter Haftung ist in der Rechtswirklichkeit dem Typus der personalistisch strukturierten Kapitalgesellschaft entsprechend ausgestaltet.

2. Die Kommanditgesellschaft auf Aktien

Die Subsumtion der Kommanditgesellschaft auf Aktien als Kapitalgesellschaft ist einfacher als vielfach behauptet. Zwar ist zuzugeben, dass gerade die Kommanditgesellschaft auf Aktien sowohl über kapitalgesellschaftliche als auch über personengesellschaftliche Elemente verfügt,[174] dies ändert jedoch nichts daran, dass auch diese Gesellschaftsform im Ergebnis klar unter die Kapitalgesellschaften zu subsumieren ist.[175] Formell reicht dazu bereits der Verweis auf die Legaldefinitionen des Begriffs der Kapitalgesellschaften in der Überschrift des zweiten Abschnitts des dritten Buches des Handelsgesetzbuches sowie in § 3 Abs. 1 Nr. 2 des Umwandlungsgesetzes, die die Kommanditgesellschaft auf Aktien umfassen. Materiell lässt sich diese Subsumtion mit dem Erfordernis des § 278 Abs. 3 i. V. m. § 7 AktG, ein Grundkapital in Höhe von 25.000 Euro aufzubringen, begründen.[176]

Die Zuordnung der Kommanditgesellschaft auf Aktien als grundsätzlich eher personalistisch oder eher kapitalistisch strukturierte Gesellschaft ist dagegen ungleich schwieriger.[177] Dies lässt sich auf zwei Gründe zurückführen.

Erstens wird für die Kommanditgesellschaft auf Aktien neben neuen Begrifflichkeiten auf neue, von den oben genannten abweichende typenbildende Merkmale zurückgegriffen. Diese sind darüber hinaus keinesfalls einheitlich.[178] So setzt *Schlitt* den Typusbegriff der kapitalistisch strukturierten Kommanditgesellschaften auf Aktien mit gesetzesatypischen Kommanditgesellschaften auf Aktien, sprich solchen mit einer juristischen Person oder Personenhandelsgesellschaft als Komplementärin, gleich,[179] während er für personalistisch strukturierte Kommanditgesellschaften auf Aktien auf die Merkmale der

174 So *Ammenwert* S. 17.

175 *Drygala/Staake/Szalai*, Kapitalgesellschaftsrecht, § 1 Rn. 1. So im Ergebnis auch *Ammenwerth*, S. 20 mit der jedoch überflüssigen Einschränkung „grundsätzlich".

176 Siehe dazu im Ganzen bereits A.I. Kapitalgesellschaften, S. 16.

177 Sie ist dennoch lohnenswert, da sie – über den mit der vorliegenden Arbeit verfolgten Zweck hinausgehend – beispielsweise auch für die Bestimmung der Reichweite der zulässigen Flexibilität in der Satzungsgestaltung von Bedeutung ist, Schüppen/*Schaub*, MAH Aktienrecht, § 3 Rn. 6 m. w. N.

178 Auf die unterschiedlichen Auffassungen hinweisend Großkomm. AktG/*Assmann/Sethe* Vor § 278 Rn. 121 f.

179 *Schlitt*, S. 4 f.

fehlenden Börsennotierung und der namentlichen Bekanntheit der Kommanditaktionäre abstellt.[180] Den Gegenbegriff zur personalistisch strukturierten Kommanditgesellschaft auf Aktien sieht *Schlitt* in der „Publikums-KGaA", deren Hauptanwendungsfall die börsennotierte Kommanditgesellschaft auf Aktien sei.[181] Dagegen ordnet *Herfs* die Kommanditgesellschaften auf Aktien auf Grundlage des Schwerpunktes der Geschäftsführungsbefugnisse zu.[182] Liege diese schwerpunktmäßig bei den Komplementären, so handele es sich um eine personalistisch strukturierte Kommanditgesellschaft auf Aktien, liege sie dagegen hauptsächlich bei der Hauptversammlung oder dem Aufsichtsrat, handele es sich um eine kapitalistisch strukturierte Kommanditgesellschaft auf Aktien.

Zweitens fehlen speziell auf die Kommanditgesellschaft auf Aktien ausgerichtete rechtstatsächliche Untersuchungen noch mehr als für die Gesellschaft mit beschränkter Haftung, sodass die Analyse der Verbreitung der typenbildenden Merkmale in der Rechtswirklichkeit erschwert wird.[183]

Zunächst gilt es die Begrifflichkeit für den weiteren Gang der Arbeit zu vereinheitlichen. Diesbezüglich bietet es sich an, für die Kommanditgesellschaft auf Aktien und die Gesellschaft mit beschränkter Haftung eine einheitliche Begrifflichkeit zu verwenden. Folglich bezieht sich die Bezeichnung *kapitalistisch* auch im Rahmen der Kommanditgesellschaft auf Aktien auf die körperschaftliche Verfassung der Gesellschaft und nicht auf die Rechtsnatur des persönlich haftenden Gesellschafters.[184] Soweit die Kommanditgesellschaft auf Aktien entsprechend der Rechtsnatur ihres Komplementärs klassifiziert wird, werden im Weiteren die Begrifflichkeiten der gesetzestypischen (natürliche Person als Komplementär) bzw. gesetzesatypischen (juristische Person oder Personenhandelsgesellschaft als Komplementär) Kommanditgesellschaft auf Aktien verwendet.[185]

---

180 *Schlitt*, S. 5.

181 *Schlitt*, S. 5.

182 Münch. Hdb. GesR IV/*Herfs* § 76 Rn. 17.

183 Vgl. Spindler/Stilz/*Bachmann*, AktG, § 278 Rn. 11.

184 Ebenso Münch. Hdb. GesR IV/*Herfs* § 76 Rn. 17; *Nagel/Wittkowski*, Die Kommanditgesellschaft auf Aktien (KGaA), § 1 Fn. 5 sowie § 1 Rn. 26. Trotz Bezeichnung dieses Begriffsverständnisses als „herkömmlich" verwendet *Schlitt*, den Begriff *kapitalistisch* zur Beschreibung der Rechtsnatur des Komplementärs, siehe *Schlitt*, Fn. 13. Letzterem folgend Schüppen/*Schaub*, MAH Aktienrecht, § 3 Rn. 5 f.

185 So auch Münch. Hdb. GesR IV/*Herfs* § 76 Rn. 18; *Nagel/Wittkowski*, Die Kommanditgesellschaft auf Aktien (KGaA), § 1 Rn. 19. Weitere Kategorien zur Einordnung der Realtypen neben den Kategorien der gesetzestypischen bzw. gesetzesatypischen und personalistischen bzw. kapitalistischen Ausgestaltung bei Großkomm. AktG/*Assmann/Sethe* Vor § 278 Rn. 117 ff.

Hinsichtlich der typenbildenden Merkmale ist bei genauerer Betrachtung festzustellen, dass diese auch im Rahmen der vorgenannten Meinungen nicht maßgeblich von den unter A.II.2. „Typusmerkmale personalistischer Kapitalgesellschaften" aufgeführten abweichen. So umschreibt *Herfs* Differenzierung nach dem Schwerpunkt der Geschäftsführungsbefugnisse im Ergebnis das in der vorliegenden Arbeit „Tätigkeit in der Gesellschaft" genannte Typusmerkmal. Bei personalistisch strukturierten Gesellschaften liegt nach *Herfs* der Schwerpunkt der Geschäftsführungsbefugnisse bei den Komplementären, mithin den Gesellschaftern, die als „Unternehmer weiterhin das Unternehmen leiten [...], während die Aktien von reinen Kapitalgebern oder Familienmitgliedern gehalten werden, die an der Unternehmensführung nicht interessiert sind."[186] Nicht anders liegt es in personalistisch strukturierten Kapitalgesellschaften nach den in der vorliegenden Arbeit konkretisierten Typusmerkmalen. Auch dort ist prägendes Merkmal für die personalistische Struktur die Tätigkeit der Gesellschafter in der Unternehmensführung. Es besteht einzig der Unterschied, dass bei der Kommanditgesellschaft auf Aktien stets Gesellschafter – in Form der Kommanditaktionäre – beteiligt sind, die nicht an der Unternehmensführung teilnehmen. Dies spricht jedoch nicht gegen eine personalistische Struktur im hier verstandenen Sinne, da wie bereits festgestellt auch hier vertreten wird, dass nicht alle Gesellschafter zur Tätigkeit in der Gesellschaft verpflichtet sind.[187]

Das von *Schlitt* für personalistisch strukturierte Kommanditgesellschaften auf Aktien auf den ersten Blick neu aufgeworfene Typusmerkmal der fehlenden Börsennotierung bzw. der namentlichen Bekanntheit der Aktionäre stellt im Ergebnis nichts anderes dar als das in der vorliegenden Arbeit „Beschränkte Möglichkeit der Anteilsübertragung" genannte Typusmerkmal. Bereits bei der Konkretisierung dieses Merkmals wurde darauf hingewiesen, dass selbiges auch unter der Formulierung des Verbots vom „amtlichen Handel an einer deutschen Börse [oder] im Freiverkehr"[188] diskutiert wird. Im Ergebnis dient auch das Verbot der Börsennotierung bzw. das Gebot der namentlichen Bekanntheit der Aktionäre der mengenmäßigen Begrenzung und personellen Kontrolle des Gesellschafterkreises und somit klassischen Merkmalen einer personalistisch strukturierten Kapitalgesellschaft.

---

186 Münch. Hdb. GesR IV/*Herfs* § 76 Rn. 17.

187 Siehe dazu erneut A.II.2.c) Tätigkeit in der Gesellschaft, S. 28.

188 *Paulick*, S. 64 f. in der dortigen Fn. 145.

Im Ergebnis bleibt es folglich dabei, dass die unter A.II.2. „Typusmerkmale personalistischer Kapitalgesellschaften“ aufgeführten Typusmerkmale auch für die Zuordnung der Kommanditgesellschaft auf Aktien maßgeblich sind.[189]

a) Legislatorisches Leitbild

Das gesetzliche Leitbild der Kommanditgesellschaft auf Aktien ist durch die personalistische Ausgestaltung der Gesellschaft geprägt.[190] Die personalistische Prägung lässt sich insbesondere an der Führungsstruktur erkennen,[191] welche von einem starken, im Rahmen eines großen unternehmerischen Freiraums selbständig handelnden Komplementär geprägt ist.[192] Dem stehen die Kommanditaktionäre gegenüber, denen die Rechte im Wesentlichen jedoch nur in ihrer Gesamtheit zustehen,[193] woraus bereits erkennbar wird, dass der einzelne Kommanditaktionär hauptsächlich der Beisteuerung des notwendigen Kapitals dient[194] und ihm keine wesentliche Rolle als Gesellschafter zukommt[195].

Die demnach bereits in der Rechtsform der Kommanditgesellschaft auf Aktien angelegte personalistische Struktur kann nach dem Willen des Gesetzgebers darüber hinaus dadurch gefestigt werden, dass die Stellung des Komplementärs weiter gestärkt wird. So ist es möglich, durch satzungsmäßige Regelungen dem Aufsichtsrat weder Zustimmungs- noch Mitwirkungsrechte an Geschäftsführungsmaßnahmen einzuräumen, das Zustimmungserfordernis der Hauptversammlung zu außergewöhnlichen Geschäften gemäß § 278 AktG i. V. m. § 164 HGB auszuschließen und die wesentlichen Beschlüsse der Hauptversammlung der Zustimmung der Komplementäre zu unterwerfen.[196] Durch eine dahingehende Ausgestaltung kann die Kommanditgesellschaft auf Aktien den Interessen

---

189 So für einige der genannten Typusmerkmale jedenfalls auch im Rahmen der AG *Friedewald*, S. 14 ff. sowie *Kleinherne*, S. 35 ff.

190 *Graf*, S. 142.

191 Henssler/Strohn/*Arnold*, AktG, § 278 Rn. 2.

192 *Nagel/Wittkowski*, Die Kommanditgesellschaft auf Aktien (KGaA), § 1 Rn. 9; *Graf*, S. 142.

193 *Ammenwerth*, S. 22.

194 *Graf*, S. 142; eingängig auch die Beschreibung von *Friedewald*, S. 13 f., dem zufolge bei Kommanditaktionären „die rein kapitalistische Beteiligung im Vordergrund der innergesellschaftlichen Beziehungen steht.“

195 Vgl. *Nagel/Wittkowski*, Die Kommanditgesellschaft auf Aktien (KGaA), § 1 Fn. 5.

196 Münch. Hdb. GesR IV/*Herfs* § 76 Rn. 17.

personalistisch strukturierte Gesellschaften weiter entgegenkommen.[197] Im Ergebnis stellt die Kommanditgesellschaft auf Aktien folglich ihrer gesetzlichen Konzeption nach eine Kapitalgesellschaft mit grundsätzlich personalistischer Struktur dar.[198]

b) Rechtstatsächliche Ausgestaltung

Die Analyse der rechtstatsächlichen Verbreitung der den Typus der personalistisch strukturierten Kapitalgesellschaft bildenden Merkmale ist bei der Kommanditgesellschaft auf Aktien wie bei der Gesellschaft mit beschränkter Haftung mit der gebotenen Vorsicht zu betrachten. Schließlich fehlen auch für die Kommanditgesellschaft auf Aktien aktuelle amtliche Statistiken,[199] die ein korrektes und umfassendes Bild zeichnen könnten. Wie für die Gesellschaft mit beschränkter Haftung bieten jedoch auch für die Kommanditgesellschaft auf Aktien private Untersuchungen einen wertvollen Anhaltspunkt für die reale Ausgestaltung der in dieser Gesellschaftsform organisierten Unternehmen.

Den Versuch einer Zuordnung der bestehenden Kommanditgesellschaften auf Aktien zu Familienunternehmen bzw. Nicht-Familienunternehmen unternahm *Grafmüller*.[200] Dies ist für die vorliegende Arbeit von großem Wert, da Familiengesellschaften gemeinhin als der Inbegriff personalistisch strukturierter Gesellschaften gelten.[201] Trotz des teilweisen Mangels an für die Klassifizierung als Familiengesellschaft erforderlichen Informationen[202] sowie der problematischen – da uneinheitlichen – Umschreibung des Typus des Familienunternehmens lässt sich den Zahlen einiges abgewinnen. So waren Anfang der 90er Jahre knapp zwei Drittel der existierenden Kommanditgesellschaften

197 *Kallmeyer*, DStR 1994, 977.

198 *Raiser/Veil*, Kapitalgesellschaftsrecht, § 1 Rn. 4. *Friedewald*, S. 13 bezeichnet die KGaA insofern als eine „aktienrechtlich normierte Sonderform der personalistischen Aktiengesellschaft".

199 Kölner Kommentar zum AktG/*Mertens/Cahn* Vorb. § 278 Rn. 6.

200 *Grafmüller*, S. 291 f.

201 Für die GmbH MünchKommGmbHG/*Fleischer* Einl. Rn. 40; für die AG *Friedewald*, S. 11.

202 *Grafmüller*, S. 291.

auf Aktien Familienunternehmen im Sinne der Umschreibung[203] *Grafmüllers*.[204] Ergänzt werden diese durch weitere „Unternehmen mit stark personalistischen Gesellschaftsstrukturen“[205], sodass im Ergebnis mehr als 80 % der untersuchten Kommanditgesellschaften auf Aktien als Familiengesellschaften klassifiziert wurden[206] und somit als personalistisch strukturierte Kapitalgesellschaften im Sinne der vorliegenden Arbeit einzustufen sein dürften.

Betrachtet man im Rahmen der Kommanditgesellschaften auf Aktien allein die Komplementäre als maßgebliche Gesellschafter, spricht auch deren Anzahl für eine regelmäßig personalistische Ausgestaltung. Anfang der 90er Jahre hatten weit mehr als 80 % der Kommanditgesellschaften auf Aktien maximal fünf und keine einzige mehr als sieben Komplementäre.[207] Relativierend darf jedoch nicht unerwähnt bleiben, dass insbesondere die hohe Anzahl an Gesellschaften mit lediglich einem persönlich haftenden Gesellschafter (immerhin über 50 %)[208] auf die Konstruktion der gesetzesatypischen Gesellschaft mit einer juristischen Person bzw. Personenhandelsgesellschaft als Komplementär zurückzuführen ist.[209]

Das Bild der rechtstatsächlich mehrheitlich personalistisch strukturierten Kommanditgesellschaften auf Aktien wird durch Untersuchungen zur Börsennotierung der jeweiligen Gesellschaften untermauert. Die Börsennotierung, bzw. genauer gesagt deren Fehlen, ist gerade im Rahmen der Kommanditgesellschaft auf Aktien ein wesentliches Merkmal zur Bestimmung ihrer personalistischen Struktur.[210] Insofern zeichnen fast 75 % nicht börsennotierte Unternehmen ein

---

203 Familienunternehmen sind nach *Grafmüller*, S. 15 f. dadurch gekennzeichnet, dass „eine oder wenige Familien an einem Unternehmen beteiligt und sowohl durch familienrechtliche Beziehungen als auch durch das gemeinsame Interesse, den Familieneinfluss auf das Unternehmen zu erhalten, miteinander verbunden sind.“ Durch die nicht nur auf objektive Kriterien abstellende Familienzugehörigkeit und den nicht notwendigerweise objektiv messbaren Einfluss der Familie auf das Unternehmen liegt dieser Definition ein weites Verständnis des Typus der Familiengesellschaft zugrunde.

204 *Grafmüller*, S. 292.

205 *Grafmüller*, S. 292.

206 Zur Klassifizierung als Familiengesellschaft siehe *Grafmüller*, S. 292.

207 *Grafmüller*, S. 293.

208 *Grafmüller*, S. 293.

209 Siehe zur Struktur der persönlich haftenden Gesellschafter der untersuchten KGaA *Grafmüller*, S. 294 f.

210 Vgl. dazu bereits A.III.2. Die Kommanditgesellschaft auf Aktien, S. 45 sowie *Schlitt*, S. 5.

eindeutiges Bild.[211] Andere Zahlen belegen eine Börsennotierung von weniger als einem Dutzend von etwa 100 Kommanditgesellschaften auf Aktien.[212]

Hinsichtlich der Kapitalisierung der Kommanditgesellschaften auf Aktien ist zunächst festzustellen, dass diese regelmäßig mit einem außergewöhnlich hohen Garantiekapital ausgestattet sind, welches das Durchschnittsgrund- bzw. Durchschnittsstammkapital der Aktiengesellschaften bzw. der Gesellschaften mit beschränkter Haftung deutlich übersteigt.[213] Dies steht einer Zuordnung auch jener Gesellschaften mit einem hohen Garantiekapital zu personalistisch strukturierten Kapitalgesellschaften jedoch nicht im Wege. Wie bereits erläutert, hat der Umfang der Kapitalausstattung als typenbildendes Wesensmerkmal nur wenig Aussagekraft.[214] Maßgeblicher ist die Art der Kapitalisierung einer Gesellschaft. Diese erfolgt in erster Linie durch die Kommanditaktionäre, welche Einlagen auf das Grundkapital leisten und somit das Eigenkapital der Gesellschaft zur Verfügung stellen.[215] Insofern wird bei der Finanzierung der Kommanditgesellschaften auf Aktien zwar nicht der Kreis der Gesellschafter insgesamt geschlossen gehalten, jedoch der Kreis der persönlich haftenden und die Geschicke der Gesellschaft regelmäßig leitenden Gesellschafter. Durch diese Zweiteilung der Gesellschaftergruppen müssen die Komplementäre den Eigenkapitalbedarf der Gesellschaft gar nicht oder jedenfalls nicht ausschließlich decken und verlieren dennoch nicht an Einfluss auf die Gesellschaft.[216] Ihnen steht es jedoch frei Vermögenseinlagen zu leisten, die nicht auf das Grundkapital geleistet werden (vgl. § 281 Abs. 2 AktG). Davon wurde in der Minderzahl der Anfang der 90er Jahre bestehenden Kommanditgesellschaften auf Aktien Gebrauch gemacht.[217]

Die rechtstatsächlichen Untersuchungen zeichnen trotz ihrer inzwischen veralteten Zahlen ein klares Bild. Die einzelnen Typusmerkmale sind in der großen Mehrzahl der Kommanditgesellschaften auf Aktien so ausgestaltet, dass sie dem personalistischen Typus im hier verstandenen Sinne entsprechen. Die Summe der personalistisch ausgestalteten Typusmerkmale mündet in dem Gesamtbild der in der Rechtswirklichkeit regelmäßig personalistisch strukturierten Kommanditgesellschaft auf Aktien.

---

211 *Grafmüller*, S. 297.
212 Kölner Kommentar zum AktG/*Mertens/Cahn* Vorb. § 278 Rn. 6.
213 *Sethe*, S. 567.
214 Siehe dazu bereits A.II.2.e) Kapitalisierung, S. 33.
215 MünchKommAktG/*Perlitt* Vor § 278 Rn. 67.
216 Schüppen/*Schaub*, MAH Aktienrecht, § 3 Rn. 34.
217 *Grafmüller*, S. 289.

3. Die Aktiengesellschaft

Der Vollständigkeit halber und in der gebotenen Kürze soll an dieser Stelle die Aktiengesellschaft dargestellt und dabei insbesondere der Kontrast zu den vorgenannten Rechtsformen aufgezeigt werden.

Die Aktiengesellschaft, freilich ebenfalls Kapitalgesellschaft,[218] ist entgegen der Gesellschaft mit beschränkter Haftung und der Kommanditgesellschaft auf Aktien typischerweise kapitalistisch strukturiert.[219] Ihr liegt das Leitbild der (börsennotierten) Publikumsgesellschaft zugrunde.[220] Ihre größte wirtschaftliche Bedeutung liegt in der sog. Kapitalsammelfunktion, die die Beschaffung des für die Gesellschaft erforderlichen Kapitals mittels Summierung der Beiträge zahlreicher Aktionäre beschreibt.[221] Dies führt im Regelfall zu Gesellschaften mit zahlreichen Aktionären, deren Beteiligung an der Gesellschaft ausschließlich finanzielle Gründe hat und deren Funktion sich in der des reinen Kapitalgebers erschöpft.[222] Insofern bildet die Aktiengesellschaft – trotz zahlreicher Familiengesellschaften in der Rechtsform der Aktiengesellschaft – den Gegenbegriff zu der Familiengesellschaft,[223] welche wiederum als Inbegriff personalistisch strukturierter Gesellschaften gilt.[224]

---

218 *Hirte*, Kapitalgesellschaftsrecht, Rn. 1.1; *Drygala/Staake/Szalai*, Kapitalgesellschaftsrecht, § 1 Rn. 1.

219 Auch nach Ansicht des Gesetzgeber des GmbH-Gesetzes stellte die AG die „äußerste Konsequenz des kapitalistischen Prinzips" dar, siehe Begründung GmbHG, Reichstagsprotokolle 1890/92, 12, Aktenstück Nr. 660, S. 3724, 3728.

220 *Schmidt*, Gesellschaftsrecht, § 26, III., 2., a); *Hirte*, Kapitalgesellschaftsrecht, Rn. 1.18; *Immenga*, S. 17.

221 MünchKommAktG/*Habersack* Einleitung Rn. 5.

222 Vgl. *Friedewald*, S. 3.

223 MünchKommAktG/*Habersack* Einleitung Rn. 9.

224 Für die GmbH MünchKommGmbHG/*Fleischer* Einl. Rn. 40; für die AG *Friedewald*, S. 11.

B. Grundlagen des genehmigten Kapitals und des Bezugsrechtsausschlusses

Eine vertiefte Auseinandersetzung mit dem Bezugsrechtsausschluss im Rahmen des genehmigten Kapitals erfordert die Darstellung einiger maßgeblicher Grundlagen beider Rechtsinstitute. Im Rahmen des genehmigten Kapitals ist dabei neben dem Verfahren der Kapitalerhöhung insbesondere auf dessen Zweck einzugehen, da die teleologische Argumentation zum Bezugsrechtsausschluss regelmäßige Bezugnahmen auf ebenjenen Zweck erfordert. Hinsichtlich der Darstellung des *Bezugsrechts*ausschlusses ist zu bedenken, dass diesem das Bezugsrecht bereits begrifflich immanent ist, sodass eine vertiefte Auseinandersetzung des Ausschlusses ohne vorherige Darstellung des Rechts an sich nicht sinnvoll erfolgen kann.

I. Genehmigtes Kapital

Das Rechtsinstitut des genehmigten Kapitals ermöglicht den Gesellschaftern einer Kapitalgesellschaft die Übertragung der Befugnis zur Erhöhung des Grund- bzw. Stammkapitals auf die Geschäftsführungsorgane der jeweiligen Gesellschaft, vgl. § 55a GmbHG, (§ 278 Abs. 3 i. V. m.) § 202 AktG.

Das genehmigte Kapital wurde 1937 erstmalig in das deutsche (Aktien-)Recht eingeführt.[225] Mehr als 70 Jahre später hielt das genehmigte Kapital durch das MoMiG Einzug in das GmbH-Recht.[226] Die in § 55a GmbHG kodifizierte Regelung folgt im Wesentlichen dem aktienrechtlichen Vorbild der §§ 202 bis 206 AktG,[227] bleibt im Umfang jedoch deutlich hinter den aktienrechtlichen Vorschriften zurück.[228] Für die Kommanditgesellschaft auf Aktien gelten – mit Ausnahme für die in § 278 Abs. 2 AktG beschriebenen Rechtsverhältnisse – gemäß § 278 Abs. 3 AktG die Vorschriften des ersten Buches über die Aktiengesellschaften und somit auch die §§ 202 bis 206 AktG sinngemäß. Im Rahmen des genehmigten Kapitals führt das Fehlen eines Vorstands bei der Kommanditgesellschaft auf Aktien gemäß § 283 Nr. 12 AktG dazu, dass die für den Vorstand der Aktiengesellschaft geltenden Vorschriften sinngemäß für die Komplementäre gelten.

225 MünchKommAktG/*Bayer* § 202 Rn. 23.
226 MünchKommGmbHG/*Lieder* § 55a Rn. 1.
227 *Raiser/Veil*, Kapitalgesellschaftsrecht, § 49 Rn. 24; MünchKommGmbHG/*Lieder* § 55a Rn. 4; *Priester*, GmbHR 2008, 1177, 1178.
228 *Cramer*, GmbHR 2009, 406, 407.

1. Verfahren

Das Verfahren der Kapitalerhöhung in Form des genehmigten Kapitals lässt sich in drei Phasen unterteilen. Nach der Schaffung des genehmigten Kapitals durch die Gesellschafter (1. Phase) kann die Geschäftsführung (Geschäftsführer, Vorstand oder Komplementäre) grundsätzlich frei über dessen Ausnutzung Beschluss fassen (2. Phase), bevor die abschließende Durchführung der eigentlichen Kapitalerhöhung erfolgt (3. Phase).[229]

a) Schaffung des genehmigten Kapitals

Die Schaffung des genehmigten Kapitals kann entweder bereits in der Gründungssatzung (§ 55a Abs. 1 GmbHG; § 202 Abs. 1 AktG) oder durch nachträgliche Satzungsänderung (§ 55a Abs. 2 GmbHG; § 202 Abs. 2 AktG) erfolgen.[230] Durch das genehmigte Kapital wird die Geschäftsführung in der Satzung zur Durchführung einer ordentlichen Kapitalerhöhung ermächtigt.[231] Mithin erfolgt eine Delegation der eigentlich den Gesellschaftern obliegenden Kompetenz zur Kapitalerhöhung auf die Geschäftsführung.[232]

Die formellen Voraussetzungen unterscheiden sich je nach Zeitpunkt der Schaffung des genehmigten Kapitals. Da die Ermächtigung im Falle der Erteilung in der Gründungssatzung gemäß § 55a Abs. 1 GmbHG, § 202 Abs. 1 AktG mit der Feststellung der Satzung von allen Gesellschaftern einstimmig erteilt wird,[233] entfallen weitere formelle Voraussetzungen.

Wird die Geschäftsführung dagegen nachträglich durch Satzungsänderung zur Kapitalerhöhung ermächtigt (sog. Ermächtigungsbeschluss), sind die allgemeinen Vorschriften zur Änderung der Gesellschaftssatzung zu beachten.[234] Diese erfordern im Falle der Gesellschaft mit beschränkter Haftung die Beschlussfassung mit einer Dreiviertelmehrheit der abgegebenen Stimmen sowie

---

229 Siehe für die GmbH MünchKommGmbHG/*Lieder* § 55a Rn. 11 ff., 29 ff., 46 ff. und für die AG MünchKommAktG/*Bayer* § 203 Rn. 1. Teilweise werden die 2. und 3. Phase nicht unterschieden, mit der Folge, dass sich die Kapitalerhöhung beim genehmigten Kapital in *zwei* Schritten vollzieht, siehe beispielsweise *Herrler*, DNotZ 2008, 903, 908 ff.

230 MünchKommGmbHG/*Lieder* § 55a Rn. 12; MünchKommAktG/*Bayer* § 202 Rn. 3.

231 MünchKommGmbHG/*Lieder* § 55a Rn. 11; MünchKommAktG/*Bayer* § 202 Rn. 3.

232 MünchKommAktG/*Bayer* § 202 Rn. 31.

233 MünchKommAktG/*Bayer* § 202 Rn. 36.

234 MünchKommGmbHG/*Lieder* § 55a Rn. 15; MünchKommAktG/*Bayer* § 202 Rn. 39.

die notarielle Beurkundung (§ 53 Abs. 2 S. 1 GmbHG) des Beschlusses.[235] Im Falle der Aktiengesellschaft ist neben der ordnungsgemäßen Einberufung der Hauptversammlung (§§ 123, 124 Abs. 2 S. 2 AktG) eine einfache Stimmenmehrheit (§ 133 Abs. 1 AktG) und eine Dreiviertelmehrheit des vertretenen Grundkapitals (§ 179 Abs. 2 S. 1 AktG) sowie eine notarielle Niederschrift (§ 130 Abs. 1 S. 1 AktG) erforderlich.[236] Bei der Kommanditgesellschaft auf Aktien, die im Wesentlich dem Verfahren der Aktiengesellschaft folgt (§ 278 Abs. 3 AktG), besteht die Besonderheit, dass die Komplementäre dem Hauptversammlungsbeschluss zustimmen müssen (§ 285 Abs. 2 S. 1 AktG).[237]

Inhaltlich sind eine zeitliche Höchstgrenze von fünf Jahren (§ 55a Abs. 1 S. 1, Abs. 2 GmbHG; § 202 Abs. 1, Abs. 2 S. 1 AktG) sowie eine Nennbetragshöchstgrenze in Höhe der Hälfte des Grund- bzw. Stammkapitals, welches zum Zeitpunkt der Ermächtigung vorhanden ist (§ 55a Abs. 1 S. 2 GmbHG; § 202 Abs. 3 S. 1 AktG) zu beachten. Zur wirksamen Schaffung bedarf das genehmigte Kapital abschließend noch der Anmeldung und Eintragung in das Handelsregister.[238]

b) Ausnutzung des genehmigten Kapitals

Nach wirksamer Schaffung des genehmigten Kapitals ist die Geschäftsführung ermächtigt, unter Einhaltung der Vorgaben des Gesetzes bzw. der Ermächtigung grundsätzlich frei über die Ausnutzung Beschluss zu fassen.[239] Im Falle der Aktiengesellschaft und der Kommanditgesellschaft auf Aktien sollen die neuen Aktien gemäß (§ 278 Abs. 3 i. V. m.) § 202 Abs. 3 S. 2 AktG nur mit Zustimmung des Aufsichtsrats ausgegeben werden.[240] Im Rahmen des genehmigten Kapitals einer Gesellschaft mit beschränkter Haftung ist die grundsätzlich freie

---

235 MünchKommGmbHG/*Lieder* § 55a Rn. 16.

236 MünchKommAktG/*Bayer* § 202 Rn. 40 ff.

237 *Nagel/Wittkowski*, Die Kommanditgesellschaft auf Aktien (KGaA), § 2 Rn. 170.

238 Anmeldung und Eintragung sind im Falle der Schaffung in der Gründungssatzung nach §§ 36 ff., 39 Abs. 2 AktG bzw. §§ 7 ff., 10 Abs. 2 S. 1 GmbHG und im Falle der Satzungsänderung gemäß § 181 Abs. 1, 3, § 39 Abs. 2 analog AktG bzw. § 54 Abs. 1, 3, § 10 Abs. 2 S.1 analog GmbHG erforderlich, vgl. MünchKommGmbHG/*Lieder* § 55a Rn. 14, 17 ff.; MünchKommAktG/*Bayer* § 202 Rn. 4, 49 ff.

239 MünchKommGmbHG/*Lieder* § 55a Rn. 29; MünchKommAktG/*Bayer* § 202 Rn. 5.

240 MünchKommAktG/*Bayer* § 202 Rn. 6. Ist der Vorstand auch zur Entscheidung über den Inhalt der Aktienrechte, die Bedingungen der Aktienausgabe oder den Ausschluss des Bezugsrechts ermächtigt, bedarf es gemäß § 204 Abs. 1 AktG der Zustimmung des Aufsichtsrats, siehe auch MünchKommAktG/*Bayer* § 202 Rn. 6.

Beschlussfassung der Geschäftsführung über die Ausnutzung aufgrund der Weisungsbefugnis der Gesellschafter beschränkt.[241]

c) Durchführung der Kapitalerhöhung

Die finale Durchführung der genehmigten Kapitalerhöhung richtet sich nach den Vorschriften der ordentlichen Kapitalerhöhung.[242] Im Rahmen des Aktienrechts folgt der Zeichnung der neuen Aktien (§ 185 AktG) und der Leistung der Mindesteinlage (§ 188 Abs. 2 AktG) die Anmeldung und Eintragung der Durchführung der Kapitalerhöhung in das Handelsregister (§ 188 AktG), bevor die neuen Aktien abschließend gemäß § 191 AktG ausgegeben werden.[243] Für das GmbH-Recht regeln die §§ 55 ff. GmbHG das weitere Verfahren.[244] Es folgen die Übernahme jedes Geschäftsanteils entsprechend § 55 GmbHG sowie die Leistung der Einlage gemäß § 56a GmbHG. Abschließend bedarf es der Anmeldung und Eintragung der Kapitalerhöhung in das Handelsregister (§ 57 GmbHG).

Mit der Eintragung der Kapitalerhöhung in das Handelsregister wird selbige wirksam (§ 54 Abs. 3 GmbHG; § 189 AktG), sodass das Stammkapital ab diesem Zeitpunkt erhöht ist.[245] Die alte Satzungsfassung ist fortan hinsichtlich der in ihr ausgewiesenen Stammkapitalziffer falsch und muss berichtigt werden.[246] Im GmbH-Recht ist der vollständige Wortlaut der neuen Satzungsfassung gemäß § 54 Abs. 1 S. 2 GmbHG jedoch bereits der Anmeldung der Kapitalerhöhung zum Handelsregister beizufügen, sodass es der Anpassung der Satzungsfassung bereits zu diesem Zeitpunkt bedarf. Die Zuständigkeit für Satzungsänderungen liegt dabei grundsätzlich bei den Gesellschaftern (§ 53 Abs. 1 GmbHG; § 179 Abs. 1 S. 1 AktG). Im Rahmen des Aktienrechts bietet § 179 Abs. 1 S. 2 AktG jedoch die Möglichkeit, den Aufsichtsrat zu Satzungsanpassungen zu ermächtigen.

---

241 Siehe zur umstrittenen Weisungsbefugnis hinsichtlich der Ausnutzung des genehmigten Kapitals MünchKommGmbHG/*Lieder* § 55a Rn. 30 ff. sowie ausführlich C.III.1.b)bb)(3)(a) Weisungsrecht im Rahmen des genehmigten Kapitals, S. 115.

242 MünchKommGmbHG/*Lieder* § 55a Rn. 46. Siehe für die AG § 203 Abs. 1 S. 1 AktG.

243 MünchKommAktG/*Bayer* § 202 Rn. 8 ff.

244 MünchKommGmbHG/*Lieder* § 55a Rn. 46 ff.

245 MünchKommGmbHG/*Lieder* § 55a Rn. 55; Hüffer/*Koch*, AktG, § 189 Rn. 2.

246 Für das GmbH-Recht Lutter/Hommelhoff/*Lutter*/*Bayer*, GmbHG, § 55a Rn. 33 sowie *Lieder*, DNotZ 2010, 655, 663; a. A. Ulmer/*Casper*, GmbHG, § 55a Rn. 29 sowie Rowedder/Schmidt-Leithoff/*Schnorbus*, GmbHG, § 55a Rn. 30, die das Stammkapital bereits als mit Ausübung des genehmigten Kapitals erhöht und die Satzung ab diesem Zeitpunkt für falsch und anpassungsbedürftig erachten. Für das Aktienrecht Hüffer/*Koch*, AktG, § 189 Rn. 2 a. E.

Da es im GmbH-Recht an einer vergleichbaren Regelung fehlt, die Zuständigkeit zur Satzungsanpassung aber insbesondere Auswirkungen auf die mit der Kapitalerhöhung verbundenen (Notar-)Kosten hat, werden auch für das GmbH-Recht zahlreiche Lösungsvorschläge diskutiert, um die Befugnis zur Satzungsanpassung von den Gesellschaftern loszulösen. Aufgrund der Relevanz dieser Frage im Rahmen der (Notar-)Kosten der Kapitalerhöhung wird die Frage nach der Zuständigkeit für die Satzungsanpassung im Rahmen des Zwecks des genehmigten Kapitals erneut aufzugreifen sein, sodass auch die angedeuteten Lösungsvorschläge an ebenjener Stelle zweckmäßiger dargestellt werden können. An dieser Stelle ist zur Erläuterung des Verfahrens der genehmigten Kapitalerhöhung der Hinweis auf die generelle Notwendigkeit der Satzungsanpassung dagegen ausreichend.

2. Zweck

Die Kapitalerhöhung mittels des genehmigten Kapitals dient der Beschleunigung und Flexibilisierung der Kapitalbeschaffung sowie der Ersparnis von in Zusammenhang mit der Kapitalerhöhung entstehenden Kosten.[247]

a) Ausgangspunkt: Satzungsanpassungsbefugnis

Ausgangspunkt beider Zwecke ist die Annahme, dass nach Ausnutzung des genehmigten Kapitals durch die Geschäftsführung kein weiterer notariell zu beurkundender Hauptversammlungs- bzw. Gesellschafterbeschluss erforderlich ist. Andernfalls würden durch die Beschlussfassung sowie deren notarielle Beurkundung sowohl der Zeit- als auch der Kostenvorteil hinfällig.[248]

aa) Aktienrecht

Wie bereits geschildert, sieht § 179 Abs. 1 S. 2 AktG für das Aktienrecht die Übertragung der Befugnis zur Änderung der Satzungsfassung auf den Aufsichtsrat ausdrücklich vor, sodass dort eine zeitnahe und kostengünstige Anpassung der Satzung durch den Aufsichtsrat möglich ist.

---

247 Für die GmbH Bericht des Rechtsausschusses, BT-Drucks. 16/9737, S. 50, 56; MünchKommGmbHG/*Lieder* § 55a Rn. 1. Für die AG lediglich auf die beschleunigende und flexibilisierende Wirkung abstellend Amtl. Begründung zu §§ 169–173 AktG, *Klausing*, Gesetz über Aktiengesellschaften und Kommanditgesellschaften auf Aktien, S. 150 f.; MünchKommAktG/*Bayer* § 202 Rn. 1.

248 MünchKommGmbHG/*Lieder* § 55a Rn. 42.

bb) GmbH-Recht

Für das GmbH-Recht sprach sich die Bundesregierung im Rahmen der Gesetzgebung des Gesetzes zur Umsetzung der Aktionärsrechterichtlinie (ARUG) aufgrund der Satzungsautonomie in der Gesellschaft mit beschränkter Haftung und der fehlenden Notwendigkeit *expressis verbis* gegen eine vergleichbare Regelung aus.[249] Der Rechtsausschuss zum Gesetz zur Modernisierung des GmbH-Rechts und zur Bekämpfung von Missbräuchen (MoMiG) ging ausdrücklich davon aus, dass „die Ausübung des genehmigten Kapitals keine weitere notariell beurkundete Änderung des Gesellschaftsvertrags erfordert, sondern nur die Anmeldung zum Handelsregister“[250]. Hierbei scheint jedoch übersehen zu werden, dass der gemäß § 57 GmbHG erforderlichen Anmeldung der beschlossenen Kapitalerhöhung zur Eintragung in das Handelsregister nach § 54 Abs. 1 S. 2 GmbHG der vollständige Wortlaut des (neuen) Gesellschaftsvertrags beizufügen ist[251]. Mithin ist der Gesellschaftsvertrag nach Ausnutzung des genehmigten Kapitals zwar nicht aufgrund der Vorschriften des genehmigten Kapitals, jedoch aufgrund der handelsregisterlichen Eintragung hinsichtlich der neuen Stammkapitalziffer anzupassen. Die Abänderung des Gesellschaftsvertrags obliegt gemäß § 53 Abs. 1 GmbHG jedoch ausschließlich den Gesellschaftern, deren Beschlussfassung gemäß § 53 Abs. 2 S. 1 GmbHG der notariellen Beurkundung unterliegt. Entgegen der Ausführung des Rechtsausschusses ist demnach der gesetzlichen Konzeption entsprechend sehr wohl eine notariell zu beurkundende Änderung des Gesellschaftsvertrags erforderlich, die jedoch den Zweck des genehmigten Kapitals beeinträchtigen würde.

(1) Ausschließliche Zuständigkeit der Gesellschafter

Diesem gesetzlich gezeichneten Weg folgend wird teilweise vertreten, dass es bei dem Erfordernis eines notariell zu beurkundenden satzungsändernden Beschlusses der Gesellschafter bleibt.[252] Da ein solches Erfordernis jedoch in eklatanter Weise sowohl dem eindeutig geäußerten Willen des Gesetzgebers, es bedürfe keiner weiteren

---

249 Gegenäußerung der Bundesregierung, BT-Drucks. 16/11642, S. 57, 60.

250 Bericht des Rechtsausschusses, BT-Drucks. 16/9737, S. 50, 56.

251 *Wicke*, GmbHG, § 55a Rn. 5.

252 So beispielsweise *Lips/Randel/Werwigk*, DStR 2008, 2220, 2226. Im Ergebnis ebenso Bunnemann/Zirngibl/*Rose* § 6 Rn. 89, indem die Anpassung der Satzung zwar nachträglich erfolgen kann, sie jedoch unter Einhaltung des § 53 GmbHG entsprechenden Verfahren stattfinden muss. Wohl auch *Wachter*, NotBZ 2008, 361, 375.

notariell zu beurkundenden Änderung des Gesellschaftsvertrags,[253] widerspricht als auch dem Zweck des genehmigten Kapitals, ist diese Ansicht abzulehnen.[254]

(2) Unanwendbarkeit des § 54 Abs. 1 S. 2 GmbHG

Einen den Willen des Gesetzgebers sowie den Zweck des genehmigten Kapitals wahrenden Weg verfolgt *Roth*, indem er das Erfordernis eines notariell zu beurkundenden Gesellschafterbeschlusses zweistufig zu umgehen versucht.[255] In einem ersten Schritt entfällt seines Erachtens zunächst die Notwendigkeit, den Satzungstext hinsichtlich der geänderten Stammkapitalziffer neu zu beschließen.[256] Dies allein ist jedoch nicht ausreichend, da der Anmeldung der Kapitalerhöhung zur Eintragung in das Handelsregister wie aufgezeigt gemäß § 57 Abs. 1, § 54 Abs. 1 S. 2 GmbHG der vollständige Wortlaut des (neuen) Gesellschaftsvertrags einschließlich Bescheinigung des Notars über die Übereinstimmung des Vertragstextes mit dem diesbezüglichen Beschluss beizufügen ist. In diesem Zusammenhang wäre folglich die im ersten Schritt umgangene Vertragsanpassung an die neue Stammkapitalziffer inklusive notarieller Beteiligung dennoch weiterhin erforderlich. Um beides auch an diesem Punkt zu vermeiden, wird in einem zweiten Schritt § 54 Abs. 1 S. 2 GmbHG als von § 57 GmbHG als *lex specialis* verdrängt angesehen.[257] Da § 57 GmbHG im Gegensatz zu § 54 Abs. 1 S. 2 GmbHG keine Beifügung des Vertragstextes fordert, bedarf es mithin auch keiner Änderung desselben. Vielmehr reiche die notarielle Bestätigung des tatsächlich vollzogenen Erhöhungsbetrags aus.[258]

Zunächst ist *Roth* zuzugeben, dass bei der ordentlichen Kapitalerhöhung keine förmliche Beschlussfassung zur Anpassung des Vertragstextes an die geänderte Stammkapitalziffer erforderlich ist.[259] Vielmehr ist die Stammkapitalziffer bereits

253 Bericht des Rechtsausschusses, BT-Drucks. 16/9737, S. 50, 56.

254 So auch OLG München GmbHR 2012, 329 (331); MünchKommGmbHG/*Lieder* § 55a Rn. 42; Saenger/*Inhester*, GmbHG, § 55a Rn. 25.

255 *Roth*/Altmeppen, GmbHG, § 55 Rn. 3, § 55a Rn. 31, § 57 Rn. 5.

256 *Roth*/Altmeppen, GmbHG, § 55 Rn. 3, § 57 Rn. 5.

257 *Roth*/Altmeppen, GmbHG, § 55a Rn. 31, § 57 Rn. 5.

258 *Roth*/Altmeppen, GmbHG, § 55a Rn. 31.

259 *Roth*/Altmeppen, GmbHG, § 55 Rn. 3. Für die ordentliche Kapitalerhöhung soweit ersichtlich einhellige Meinung MünchKommGmbHG/*Lieder* § 55 Rn. 64; Scholz/*Priester*, GmbHG, § 55 Rn. 37; Rowedder/Schmidt-Leithoff/*Schnorbus*, GmbHG, § 55 Rn. 22; Ulmer/*Ulmer*, GmbHG, § 55 Rn. 22; inzwischen auch Lutter/Hommelhoff/*Lutter/Bayer*, GmbHG, § 55 Rn. 8.

durch den Erhöhungsbeschluss ohne Weiteres geändert.[260] Zur Begründung lässt sich anführen, dass der Wille der Gesellschafter zur Anpassung der Stammkapitalziffer bereits von deren Beschluss über die Kapitalerhöhung mitumfasst ist, sodass es keiner eigenständigen Beschlussfassung mehr bedarf.[261]

Ob die Stammkapitalziffer auch im Falle des genehmigten Kapitals automatisch mitgeändert ist, ist jedoch zweifelhaft. Jedenfalls lässt sich die dafür zur ordentlichen Kapitalerhöhung vorgebrachte Begründung nicht unverändert auf das genehmigte Kapital übertragen. Beim genehmigten Kapital haben gerade nicht die Gesellschafter, sondern die Geschäftsführer den Beschluss zur Kapitalerhöhung gefasst. Folglich fehlt zunächst ein Gesellschafterbeschluss, dem der Beschluss über die Anpassung der Satzung innewohnen kann. Der Kapitalerhöhungsbeschluss der Geschäftsführung wiederum kann grundsätzlich keine Satzungsänderung bzw. -anpassung bewirken, da dies gemäß § 53 Abs. 1 GmbHG ausschließlich den Gesellschaftern selbst vorbehalten ist. Letztendlich bleibt im Rahmen des genehmigten Kapitals somit lediglich der Ermächtigungsbeschluss der Gesellschafter, der den Anpassungswillen der Gesellschafter enthalten und damit zum Ausdruck bringen könnte. Ob allerdings in dem Beschluss der Gesellschafter, die Geschäftsführung zu einer ungewissen zukünftigen Kapitalerhöhung zu ermächtigen, zugleich der Beschluss zur Anpassung der Satzung an die zu diesem Zeitpunkt noch ungewisse neue Stammkapitalziffer mitenthalten ist, erscheint sehr zweifelhaft.[262] Mithin ist bereits fragwürdig, ob die zuvor als „erster Schritt“ bezeichnete Entbehrlichkeit der Beschlussfassung über die Anpassung des Vertragstextes an die geänderte Stammkapitalziffer auch auf das Rechtsinstitut des genehmigten Kapitals zu übertragen ist.[263]

Selbst wenn man jedoch mit zuvor skizzierter Konstruktion auch im Falle des genehmigten Kapitals einen zusätzlichen Beschluss über die Anpassung der Stammkapitalziffer für nicht erforderlich hält, ist spätestens im Rahmen der Anmeldung der Kapitalerhöhung aufgrund des § 54 Abs. 1 S. 2 GmbHG die Beifügung des geänderten, vollständigen Wortlauts des Gesellschaftsvertrags nebst notarieller Bescheinigung und somit eine Änderung des Vertragstextes erforderlich. Spätestens an dieser Stelle vermag *Roths* Ansicht – § 57 GmbHG

260 Rowedder/Schmidt-Leithoff/*Schnorbus*, GmbHG, § 55 Rn. 22; Ulmer/*Ulmer*, GmbHG, § 55 Rn. 22.

261 MünchKommGmbHG/*Lieder* § 55 Rn. 64.

262 Dahingehend auch *Klett*, GmbHR 2008, 1312, 1314.

263 So aber Saenger/*Inhester*, GmbHG, § 55a Rn. 25, der einen zusätzlichen Beschluss zur Anpassung der Stammkapitalziffer auch im Rahmen des genehmigten Kapitals ausdrücklich nicht für erforderlich hält.

verdränge § 54 Abs. 1 S. 2 GmbHG als *lex specialis* – nicht mehr zu überzeugen. Die Kapitalerhöhung stellt zwar einen Sonderfall der Satzungsänderung dar,[264] juristischer Methodik entsprechend finden allgemeine Vorschriften jedoch auch auf die nachfolgenden besonderen Vorschriften Anwendung, soweit diese keine abweichenden Regelungen enthalten. Dass es sich bei § 54 Abs. 1 S. 2 GmbHG um eine im Verhältnis zu § 57 GmbHG allgemeine Vorschrift handelt, wird zum einen an dessen Stellung vor § 57 GmbHG und zum anderen an der gemeinsamen Überschrift des Abschnitts 4 „Abänderung des Gesellschaftsvertrags" deutlich. Die Kapitalerhöhung ist im GmbH-Recht im Gegensatz zum Aktiengesetz in den dortigen §§ 182 ff. AktG regelungstechnisch schließlich nicht verselbständigt[265], sondern als Unterfall der Satzungsänderung geregelt.[266] Die §§ 53, 54 GmbHG sind somit unmittelbar auf die Kapitalerhöhung anwendbar.[267] Mithin ist der Anmeldung der Kapitalerhöhung entgegen *Roth* gemäß des auch auf Kapitalerhöhungen anwendbaren § 54 Abs. 1 S. 2 GmbHG der vollständige Wortlaut des (geänderten) Gesellschaftsvertrags beizufügen,[268] sodass weiterhin der Frage nach der Befugnis zur Anpassung des Gesellschaftsvertrags nachzugehen ist.

(3) Zuständigkeit der Geschäftsführung

Will man dem Willen des Gesetzgebers entsprechen (und lehnt somit den Verbleib der Satzungsanpassungsbefugnis bei den Gesellschaftern ab) und geht zugleich von der zutreffenden Prämisse aus, dass eine Anpassung des Gesellschaftsvertrags an die neue Stammkapitalziffer im Rahmen der Anmeldung der Kapitalerhöhung gemäß § 54 Abs. 1 S. 2 GmbHG erforderlich ist (und lehnt somit *Roths* Unanwendbarkeit des § 54 Abs. 1 S. 2 GmbHG ab), bleibt folglich nur der Weg einer Delegation der Satzungsanpassungsbefugnis auf Organe, deren Beschlussfassung nicht der Form der notariellen Beurkundung unterliegt. Da die Geschäftsführung den Beschluss über die Kapitalerhöhung fasst, ist es naheliegend, sie auch als zur Anpassung der Satzung befugt ins Auge zu fassen.[269]

---

264 Rowedder/Schmidt-Leithoff/*Schnorbus*, GmbHG, § 57 Fn. 40.

265 Scholz/*Priester*, GmbHG, § 55 Rn. 2.

266 Baumbach/Hueck/*Zöllner/Fastrich*, GmbHG, § 55 Rn. 4; Saenger/*Inhester*, GmbHG, § 55 Rn. 1.

267 Baumbach/Hueck/*Zöllner/Fastrich*, GmbHG, § 55 Rn. 4.

268 So auch Ulmer/*Casper*, GmbHG, § 55a Rn. 39; Baumbach/Hueck/*Zöllner/Fastrich*, GmbHG, § 55a Rn. 21; Lutter/Hommelhoff/*Lutter/Bayer*, GmbHG, § 55a Rn. 27; *Wicke*, GmbHG, § 55a Rn. 5.

269 Dahingehend auch *Renaud*, ZNotP 2010, 203, 204.

Dogmatisch werden dazu eine (doppelt) analoge Anwendung des § 179 Abs. 1 S. 2 AktG[270] sowie eine Annexkompetenz der Geschäftsführer zur formellen Anpassung der Satzung[271] vorgeschlagen.[272] Diese unterscheiden sich praktisch durch das Erfordernis einer ausdrücklichen Ermächtigung zur Satzungsanpassungsbefugnis im Falle der (doppelt) analogen Anwendung des § 179 Abs. 1 S. 2 AktG.

Die Delegation der Satzungsanpassungsbefugnis auf die Geschäftsführer in doppelt analoger Anwendung des § 179 Abs. 1 S. 2 AktG ist der vorzugswürdige Weg. Er verhilft dem Rechtsinstitut des genehmigten Kapitals einerseits zu seiner zweckmäßigen Anwendung, indem die Kapitalerhöhung schneller, flexibler und gegebenenfalls kostengünstiger durchgeführt werden kann, wahrt als Kompromisslösung aber andererseits die Position der Gesellschafterversammlung als oberstes Organ, indem die Entscheidung über die Befugnis zur Satzungsanpassung letztendlich bei ihr verbleibt.[273]

Die Analogiebildung ist zweistufig erforderlich. § 179 Abs. 1 S. 2 AktG muss zunächst mittels einer ersten analogen Anwendung auf die Gesellschaft mit beschränkter Haftung übertragen werden, bevor dann mittels der zweiten Analogie nicht wie im Aktienrecht die Ermächtigung des – bei der Gesellschaft mit beschränkter Haftung fakultativen – Aufsichtsrats, sondern der Geschäftsführung zur Satzungsanpassung ermöglicht wird.[274]

Die für den Analogieschluss erforderlichen Gesetzeslücken entstanden mit Schaffung des § 55a GmbHG, indem hinsichtlich der Satzungsanpassung nach Ausnutzung des genehmigten Kapitals keine Regelung erfolgte.[275] Da der Gesetzgeber weder regelte, ob eine Satzungsanpassung generell durch andere

---

270 MünchKommGmbHG/*Lieder* § 55a Rn. 41 ff.; Lutter/Hommelhoff/*Lutter/Bayer*, GmbHG, § 55a Rn. 33 ff.; *Wicke*, GmbHG, § 55a Rn. 5; *Lieder*, DNotZ 2010, 655, 662 ff.; *Klett*, GmbHR 2009, 1312, 1314.

271 Scholz/*Priester*, GmbHG, § 55a Rn. 32; Rowedder/Schmidt-Leithoff/*Schnorbus*, GmbHG, § 55a Rn. 30; Ulmer/*Casper*, GmbHG, § 55a Rn. 29; Baumbach/Hueck/*Zöllner/Fastrich*, GmbHG, § 55a Rn. 21; inzwischen auch Bunnemann/Zirngibl/*Thun*, 2. Aufl., § 6 Rn. 97. Wohl auch Gegenäußerung der Bundesregierung, BT-Drucks. 16/11642, S. 57, 60.

272 Die dogmatische Grundlage offenlassend, im Ergebnis aber für eine Übertragbarkeit der Befugnis zur formellen Satzungsanpassung OLG München GmbHR 2012, 329 (331).

273 MünchKommGmbHG/*Lieder* § 55a Rn. 43 f.

274 Siehe zur „zweistufigen Analogiebildung“ auch MünchKommGmbHG/*Lieder* § 55a Rn. 43; *ders.*, DNotZ 2010, 655, 666.

275 *Lieder*, DNotZ 2010, 655, 666.

Gesellschaftsorgane als die Gesellschafterversammlung erfolgen kann, noch bei Befürwortung dessen durch welche Organe (Geschäftsführung oder Aufsichtsrat), liegt die Gesetzeslücke auch hinsichtlich beider Aspekte vor. Die Planwidrigkeit dieser Gesetzeslücke zeigt sich darin, dass der gesetzgeberisch verfolgte Zweck ohne Korrektiv der allgemeinen Vorschriften der §§ 53, 54 GmbHG nicht erreicht werden kann, da der danach erforderliche Gesellschafterbeschluss Schnelligkeit, Flexibilität und Kosten der Kapitalerhöhung nachteilig beeinträchtigen würde.[276] Die planwidrige Gesetzesslücke entfällt auch nicht durch die im Gesetzgebungsverfahren zum ARUG erfolgte Äußerung der Bundesregierung „in der Ermächtigung des Geschäftsführers zur Durchführung der genehmigten Kapitalerhöhung liegt zugleich eine Ermächtigung zur redaktionellen Anpassung der Stammkapitalziffer in der Satzung"[277]. Denn dieser – noch dazu im Rahmen der Gesetzgebung eines anderen Gesetzes getätigten – Äußerung fehlt schlicht der normative Charakter.[278] Die abschließend erforderliche Ähnlichkeit zwischen dem aktienrechtlich geregelten und im GmbH-Recht nicht geregelten Sachverhalt ist ebenfalls gegeben.[279] § 179 Abs. 1 S. 2 AktG ermöglicht die Delegation rein redaktioneller Satzungsanpassungen, insbesondere auch der Anpassung der Stammkapitalziffer nach Ausnutzung des genehmigten Kapitals.[280] Hintergrund des § 179 Abs. 1 S. 2 AktG ist dabei dieselbe Praktikabilitätserwägung, die bei der Gesellschaft mit beschränkter Haftung zu der Diskussion um die Satzungsanpassungskompetenz im Rahmen des genehmigten Kapitals führt, namentlich die schnellere und kostengünstigere Anpassung der Satzungsfassung an vorrangegangene materielle Satzungsänderungen.[281]

Gelegentlich wird gegen diesen Lösungsweg eingewandt, eine Analogie käme nicht in Betracht, da die Gesellschaft mit beschränkter Haftung typischerweise keinen Aufsichtsrat habe und die Satzungsanpassungsbefugnis im Aktienrecht aus gutem Grund dem Aufsichtsorgan und gerade nicht dem Vorstand zugesprochen sei.[282] Dem lässt sich zum einen entgegenhalten, dass das Fehlen eines Aufsichtsrats einer Analogie nicht entgegensteht, wenn selbige, wie hier befürwortet, doppelt gebildet wird und somit gerade nicht der Aufsichtsrat, sondern

---

276 *Lieder*, DNotZ 2010, 655, 666.
277 Gegenäußerung der Bundesregierung, BT-Drucks. 16/11642, S. 57, 60.
278 *Lieder*, DNotZ 2010, 655, 667 mit Verweis auf *Canaris*, FS Medicus, S. 25, 55.
279 So auch *Lieder*, DNotZ 2010, 655, 666.
280 Spindler/Stilz/*Wamser*, AktG, § 202 Rn. 81.
281 *Lieder*, DNotZ 2010, 655, 666 mit Verweis auf Spindler/Stilz/*Holzborn*, AktG, § 179 Rn. 107.
282 So BeckOK GmbHG/*Ziemons* § 55a Rn. 65.1.

die Geschäftsführung zur Satzungsanpassung ermächtigt wird. Zum anderen mögen für die Aktiengesellschaft gute Gründe bestehen, die eine Übertragung auf das Aufsichtsorgan vorzugswürdig erscheinen lassen. Schon allein aus dem Mangel eines solchen obligatorischen Aufsichtsorgans bei der Gesellschaft mit beschränkter Haftung lässt sich jedoch schlussfolgern, dass diese Gründe für diese Gesellschaftsform gerade keine Geltung haben. Vielmehr ist das Bedürfnis für die Kompetenzteilung zwischen Vorstand und Aufsichtsrat bei der Aktiengesellschaft heute in der Gewaltenteilung zu sehen, die eine übermäßig starke Stellung des ohnehin schon mächtigen, da nicht weisungsgebundenen,[283] Vorstands zu verhindern beabsichtigt.[284] Dieses Bedürfnis besteht im Rahmen der Gesellschaften mit beschränkter Haftung nicht, da die Macht der Geschäftsführer aufgrund der Weisungsgebundenheit[285] gemäß § 37 Abs. 1 GmbHG ohnehin begrenzt ist.[286] Mit diesem Weisungsrecht ist den Gesellschaftern ein Instrument zugesprochen, welches es ihnen ermöglicht, die ihnen obliegende Überwachungs- und Kontrollfunktion insbesondere auch im Rahmen des genehmigten Kapitals auszuüben.[287] Eines weiteren Kontrollorgans in Form des Aufsichtsrats bedarf es mithin grundsätzlich nicht. Sollte ein solcher dennoch fakultativ bestehen, wird diesem zwar ein Teil der Überwachungs- und Kontrollfunktion übertragen, ohne dabei jedoch die Kompetenz zur Überwachung und die damit verbundenen Weisungsrechte der Gesellschafterversammlung als oberstes Organ der Gesellschaft zu verdrängen,[288] sodass sich an der dualistischen Struktur (Gesellschafterversammlung und Geschäftsführer als Organe) nichts ändert.[289] Jedenfalls die Gewaltenteilung macht im GmbH-Recht daher – anders als im Aktienrecht – keine Übertragung der Satzungsanpassungsbefugnis auf den Aufsichtsrat erforderlich.

---

283 MünchKommAktG/*Spindler* § 76 Rn. 22.

284 Vgl. *Lieder*, DNotZ, 2010, 655, 665. A. A. *Trautmann*, S. 101 auf Grundlage eines abgelehnten Weisungsrechts der Gesellschafterversammlung im Rahmen des genehmigten Kapitals.

285 Siehe zur umstrittenen Weisungsbefugnis hinsichtlich der Ausnutzung des genehmigten Kapitals MünchKommGmbHG/*Lieder* § 55a Rn. 30 ff. m. w. N. sowie ausführlich C.III.1.b)bb)(3)(a) Weisungsrecht im Rahmen des genehmigten Kapitals, S. 115.

286 MünchKommGmbHG/*Lieder* § 55a Rn. 43 a. E.

287 *Kindler*, FS Hoffmann-Becking, S. 669, 676; *Lieder*, DNotZ 2010, 655, 676.

288 MünchKommGmbHG/*Spindler* § 52 Rn. 265 m. w. N.

289 BGH, Urt. v. 20.09.2010 – II ZR 78/09, BGHZ 187, 60 (68).

Wesentlich bedenkenswerter ist der Einwand, dass eine analoge Anwendung des § 179 Abs. 1 S. 2 AktG zwar nicht generell ausscheidet, im Falle eines existierenden Aufsichtsrats dieser in konsequenter Fortführung der aktienrechtlichen Regelung jedoch vorrangig zur Satzungsanpassung ermächtigt werden müsse.[290] Dogmatisch ließe sich das damit begründen, dass im Falle eines existierenden Aufsichtsrats die Regelungslücke für die zweite Analogiebildung fehle.[291] Die Ermächtigung der Geschäftsführer ist dennoch auch im Falle eines vorhandenen Aufsichtsrats zweckmäßiger. Schließlich sind es die Geschäftsführer, die die Kapitalerhöhung beschließen und dementsprechend ohnehin mit der Materie befasst sind. Deshalb liegt es nahe, konsequenterweise auch die Geschäftsführer zur Anpassung der Satzung ermächtigen zu können. Dass Beschlussfassung und Satzungsanpassung bei der Aktiengesellschaft nicht Hand in Hand gehen und nicht gemeinsam dem Vorstand zustehen, ist wie zuvor geschildert der von der Gesellschaft mit beschränkter Haftung abweichenden gewaltenteiligen Organisationsstruktur geschuldet.[292] Überdies besteht, wie im Rahmen der Analogiebegründung aufgezeigt, durchaus eine zweite Regelungslücke.

Aus vorgenannten Gründen ist es für die Befugnis der Geschäftsführung zur Satzungsanpassung auch unerheblich, ob der Aufsichtsrat fakultativ oder ausnahmsweise gar obligatorisch besteht. Auch im Falle eines obligatorischen Aufsichtsrats ist es wegen der von der Aktiengesellschaft abweichenden Organisationsstruktur der Gesellschaft mit beschränkter Haftung nicht erforderlich, dass ebendieser Aufsichtsrat anstelle der Geschäftsführung die Kompetenz zur Satzungsanpassung hat. Vielmehr ist auch im Falle eines obligatorischen Aufsichtsrats die Ermächtigung der Geschäftsführung zweckmäßiger.

Darüber hinaus spricht der in § 45 Abs. 1 GmbHG normierte Grundsatz der Satzungsautonomie gegen die Annahme einer Annexkompetenz.[293] Dieser gestattet den Gesellschaftern einer Gesellschaft mit beschränkter Haftung ihre ihnen in den Angelegenheiten der Gesellschaft zustehenden Rechte im Gesellschaftsvertrag frei auszugestalten, soweit gesetzliche Vorschriften nicht entgegenstehen.[294] Dies umfasst insbesondere die innere Verfassung der Gesellschaft und damit die Verteilung der Kompetenzen auf die verschiedenen Gesellschaftsorgane innerhalb der Gesellschaft.[295] Diesem Grundsatz widerspräche es, wären

290 So Lutter/Hommelhoff/*Lutter/Bayer*, GmbHG, § 55a Rn. 35.

291 So *Trautmann*, S. 101.

292 *Lieder*, DNotZ 2010, 655, 665.

293 *Renaud*, ZNotP 2010, 203, 205.

294 MünchKommGmbHG/*Liebscher* § 45 Rn. 2 f.

295 MünchKommGmbHG/*Liebscher* § 45 Rn. 3.

die Geschäftsführer per Annexkompetenz zur formellen Satzungsanpassung ermächtigt, ohne dass die Gesellschafter über die Verteilung dieser Kompetenz separat entscheiden könnten.

Letztlich kann die von den Gesellschaftern zu erteilende Ermächtigung zur Satzungsanpassung regelmäßig zusammen mit der Ermächtigung zur Erhöhung des Stammkapitals erteilt werden,[296] sodass diese auch keinerlei nennenswerte Mehrbelastung mit sich bringt.

(4) Form des Anpassungsbeschlusses

Für den Anpassungsbeschluss der Geschäftsführung entfällt zwar das Formerfordernis der notariellen Beurkundung des § 53 Abs. 2 S. 1 GmbHG,[297] da sich dieser ausschließlich auf § 53 Abs. 1 GmbHG und somit den Änderungsbeschluss der Gesellschafter bezieht, darüber darf jedoch nicht in Vergessenheit geraten, dass der Beschluss gemäß § 107 Abs. 2 AktG analog jedenfalls der Niederschrift bedarf.[298] Da § 107 Abs. 2 AktG die innere Ordnung des Aufsichtsrats der Aktiengesellschaft regelt, vorliegend aber die Geschäftsführung einer Gesellschaft mit beschränkter Haftung betroffen ist, ist dogmatisch sauber auch hier von einer doppelten Analogie auszugehen. Die Regelungslücke resultiert aus der analogen Anwendung des § 179 Abs. 1 S. 2 AktG.[299] Für den durch diese Analogie geschaffenen Anpassungsbeschluss der Geschäftsführer hält das GmbHG keine Formvorschrift bereit, sodass eine Regelungslücke vorliegt. Da der Gesetzgeber bereits die fehlende Übertragbarkeit der Anpassungsbefugnis auf die Geschäftsführung nicht im Auge hatte, erklärt sich von selbst, dass er auch eine daraufhin erforderliche Beschlussfassung und deren Formerfordernis nicht bedacht hat. Mithin ist die Regelungslücke auch planwidrig. Die Interessenlage im Rahmen des genehmigten Kapitals bei der Gesellschaft mit beschränkter Haftung gleicht darüber hinaus derer der Aktiengesellschaft. In beiden Fällen wird die Befugnis zur Satzungsanpassung im Anschluss an die Ausnutzung des genehmigten Kapitals auf

296 Dahingehend auch *Lieder*, DNotZ 2010, 655, 667.

297 *Lieder*, DNotZ 2010, 655, 668; a. A. *Renaud*, DNotP 2010, 203, 206 f., der unabhängig davon, welches Organ die Satzungsanpassung durchführt, stets einen Beschluss in notarieller Form verlangt und als konsequente Schlussfolgerung den kostensparenden Zweck des § 55a GmbHG als „unzutreffend" ablehnt.

298 Lutter/Hommelhoff/*Lutter/Bayer*, GmbHG, § 55a Rn. 36; MünchKommGmbHG/*Lieder* § 55a Rn. 45; Ulmer/*Casper*, GmbHG, § 55a Rn. 29; BeckOK GmbHG/*Ziemons* § 55a Rn. 65.3; *Lieder*, DNotZ 2010, 655, 668.

299 *Lieder*, DNotZ 2010, 655, 668 bezeichnet die analoge Anwendung des § 107 Abs. 2 AktG als „mittelbare Folge" der analogen Anwendung des § 179 Abs. 1 S. 2 AktG.

Organe der Verwaltung übertragen. Die Alternative, die Beschlussfassung der Geschäftsführung formlos zuzulassen, ist aus praktischen Erwägungen abzulehnen, da andernfalls der notariellen Bescheinigung im Rahmen des § 54 Abs. 1 S. 2 GmbHG der Anhaltspunkt für den Inhalt des Beschlusses fehlt.[300]

Die analoge Anwendung des § 107 Abs. 2 AktG betrifft jedoch lediglich die Form des Anpassungsbeschlusses selbst. Die von § 54 Abs. 1 S. 2 GmbHG geforderte notarielle Bescheinigung hinsichtlich der Übereinstimmung des Wortlauts des Gesellschaftsvertrags mit dem Satzungsanpassungsbeschluss ist nach der hier vertretenen Ansicht unumgänglich.[301] Diese notarielle Bescheinigung zu umgehen erfordert der Zweck des genehmigten Kapitals auch insofern nicht, als diese ohnehin auch im Rahmen einer ordentlichen Kapitalerhöhung erforderlich gewesen wäre und somit keinerlei zeitliche oder finanzielle Mehrbelastung nach sich zieht.[302] Darüber hinaus unterscheiden sich die Zwecke der Formvorschriften der notariellen Bestätigung im Rahmen des § 54 Abs. 1 S. 2 GmbHG und der Beschlussfassung, beispielsweise im Rahmen des § 53 Abs. 2 S. 1 GmbHG. Während die notarielle Bescheinigung lediglich die inhaltliche Übereinstimmung von Beschluss und Gesellschaftsvertrag sicherzustellen beabsichtigt,[303] kommt den Formvorschriften insbesondere eine Beweissicherungsfunktion hinsichtlich der Beschlussfassung zu.[304]

b) Schnelligkeit und Flexibilität

Wie bereits dargelegt, entsteht der Vorteil der im Vergleich zur regulären Kapitalerhöhung schnelleren und flexibleren Beschaffung von Kapital dadurch, dass nach Schaffung des genehmigten Kapitals zu dessen Ausnutzung kein weiterer Hauptversammlungs- bzw. Gesellschafterbeschluss mehr erforderlich ist.[305] Dies spart neben der Zeit, die die Einberufung und Durchführung der Haupt- bzw.

300 Vgl. Ulmer/*Casper*, GmbHG, § 55a Rn. 39.

301 So ausdrücklich auch Ulmer/*Casper*, GmbHG, § 55a Rn. 39; Baumbach/Hueck/*Zöllner/Fastrich*, GmbHG, § 55a Rn. 21; a. A. soweit ersichtlich nur *Roth*/Altmeppen, GmbHG, § 55a Rn. 31.

302 Vgl. Ulmer/*Casper*, GmbHG, § 55a Rn. 39.

303 *Klett*, GmbHR 2008, 1312, 1314.

304 Ulmer/*Ulmer*, GmbHG, § 53 Rn. 49; *Wicke*, GmbHG, § 53 Rn. 13; Heidel/*Breuer/Fraune*, AktG, § 107 Rn. 24.

305 Vgl. MünchKommGmbHG/*Lieder* § 55a Rn. 1; MünchKommAktG/*Bayer* § 202 Rn. 1. Dies gilt im Rahmen der GmbH selbstredend nur, sofern wie zuvor befürwortet zur Anpassung der Satzungsfassung an das neue Stammkapital kein Gesellschafterbeschluss für erforderlich gehalten wird und stattdessen die Übertragung der Zuständigkeit zur Anpassung der Satzungsfassung auf die Geschäftsführer zugelassen wird.

Gesellschafterversammlung in Anspruch nehmen im Falle der Aktiengesellschaft auch die Zeit, die durch gegen den Beschluss vorgebrachte Anfechtungsklagen verstreicht.[306] Dadurch kann die Geschäftsführung kurzfristig den Bedarf nach neuem Eigenkapital decken und somit auf sich am Markt ergebende Chancen – insbesondere Erwerbsmöglichkeiten von Unternehmen und Unternehmensbeteiligungen – mit der notwendigen Geschwindigkeit reagieren.[307]

Dieser Vorteil fällt im Rahmen der Aktiengesellschaft und der Kommanditgesellschaft auf Aktien aufgrund der langwierigeren Einberufung der Hauptversammlung sowie der dort bestehenden Gefahr missbräuchlicher Anfechtungsklagen selbstredend stärker ins Gewicht als bei der Gesellschaft mit beschränkter Haftung, deren Gesellschafterversammlung aufgrund einer regelmäßig geringeren Gesellschafteranzahl und geringerer formeller Hürden verhältnismäßig schnell einberufen werden kann.[308] Nichts desto trotz ist dieser Vorteil – wenn auch in geringerem Maße – auch bei Gesellschaften mit beschränkter Haftung nicht gänzlich von der Hand zu weisen.[309]

c) *Kostenersparnis*

Auch der Normzweck der Kostenersparnis realisiert sich nach Ansicht des Gesetzgebers dadurch, dass nach Ausnutzung des genehmigten Kapitals keine notariell zu beurkundende Änderung der Satzung bzw. des Gesellschaftsvertrags erforderlich ist, sondern vielmehr die Anmeldung zum Handelsregister ausreicht.[310]

Diese Betrachtung fasst jedoch lediglich den Zeitraum nach der Ausnutzung des genehmigten Kapitals ins Auge und übersieht, dass zwar nicht die Ausnutzung, wohl aber die Schaffung des genehmigten Kapitals – jedenfalls im Falle der Schaffung durch Satzungsänderung gemäß § 55a Abs. 2 GmbHG bzw. § 202

---

306 *Priester*, GmbHR 2008, 1177.

307 Vgl. MünchKommGmbHG/*Lieder* § 55a Rn. 1.

308 Bericht des Rechtsausschusses, BT-Drucks. 16/9737, S. 50, 56.

309 Ulmer/*Casper*, GmbHG, § 55a Rn. 4 erkennt ebenfalls eine beschleunigende Wirkung im Einzelfall an. *Cramer*, GmbHR 2009, 406, 407 sieht von diesem Zweck ausgehend „[e]in dem Aktienrecht vergleichbares Bedürfnis […] allenfalls auf Seiten kapitalistisch strukturierter GmbH".

310 Bericht des Rechtsausschusses, BT-Drucks. 16/9737, S. 50, 56. Zust. *Kindler*, NJW 2008, 3249, 3254; krit. *Lips/Randel/Werwigk*, DStR 2008, 2220, 2226 sowie *Cramer*, GmbHR 2009, 406, 407 f. Erneut ist dies selbstredend nur zutreffend, sofern die Übertragung der Zuständigkeit zur Anpassung der Satzungsfassung auf die Geschäftsführer zugelassen wird.

Abs. 2 AktG – einen nach § 53 Abs. 2 S. 1 GmbHG bzw. § 130 Abs. 1 S. 1 AktG zu beurkundenden Gesellschafterbeschluss darstellt, der die gleichen Kosten verursacht wie der Kapitalerhöhungsbeschluss im Rahmen der ordentlichen Kapitalerhöhung.[311] Die genehmigte Kapitalerhöhung kann im Vergleich zur ordentlichen Kapitalerhöhung gar kostenintensiver sein, wenn das genehmigte Kapital durch Satzungsänderung geschaffen und anschließend durch einmalige Inanspruchnahme ausgeschöpft wird, da in diesem Fall weitere Kosten für Anmeldung, Eintragung und Bekanntmachung der Ausnutzung entstehen.[312]

Insofern entsteht der Kostenvorteil nur, wenn das genehmigte Kapital gemäß § 55a Abs. 1 GmbHG bzw. § 202 Abs. 1 AktG bereits in der – ohnehin gemäß § 2 Abs. 1 S. 1 GmbHG bzw. § 23 Abs. 1 S. 1 AktG notariell zu beurkundenden – Gründungssatzung vereinbart oder in mehreren Tranchen ausgenutzt wird, da in diesen Fällen bei einer ordentlichen Kapitalerhöhung entweder ein weiterer oder mehrere zusätzliche notariell zu beurkundende Hauptversammlungs- bzw. Gesellschafterbeschlüsse erforderlich wären.[313] Auch wenn der Vorteil der Kostenersparnis soweit ersichtlich in der aktienrechtlichen Literatur keine Erwähnung findet[314] und auch vom aktienrechtlichen Gesetzgeber offensichtlich nicht ausdrücklich bezweckt wurde, gilt für Aktiengesellschaft und Kommanditgesellschaft auf Aktien im Ergebnis nichts anderes.

II. Bezugsrechtsausschluss

Im Gegensatz zum GmbH-Recht sind im Aktienrecht sowohl das Bezugsrecht (§ 186 Abs. 1, Abs. 2 AktG) als auch dessen Ausschluss (§ 186 Abs. 3 bis 5 AktG) gesetzlich anerkannt und im Rahmen der Vorschriften zur ordentlichen Kapitalerhöhung geregelt. Im Rahmen des genehmigten Kapitals verweist § 203 Abs. 1 S. 1 AktG auf die Vorschriften der ordentlichen Kapitalerhöhung. Die den Bezugsrechtsausschluss im Rahmen des genehmigten Kapitals maßgeblich prägende höchstrichterliche Rechtsprechung erging bislang ausschließlich zu Gesellschaften in der Rechtsform der Aktiengesellschaft. Deshalb bieten sich die

---

311 *Cramer*, GmbHR 2009, 406, 407 f.

312 *Cramer*, GmbHR 2009, 406, 408.

313 Vgl. zur Ausnutzung in mehreren Tranchen Ulmer/*Casper*, GmbHG, § 55a Rn. 4 sowie mit Zahlenbeispiel *Cramer*, GmbHR 2009, 406, 408.

314 Eine einzige Andeutung findet sich bei Kölner Kommentar zum AktG/*Lutter* Vorb. § 202 Rn. 1, der unter dem Aspekt der Flexibilität immerhin vom nicht in Gang zu setzenden „schwerfälligen und teuren Apparat einer Hauptversammlung" (Hervorhebung nicht im Original) spricht.

Darstellungen der Grundlagen des Bezugsrechts und dessen Ausschlusses im Rahmen des genehmigten Kapitals am Beispiel des Aktienrechts an, bevor im weiteren Verlauf der Arbeit auf die Besonderheiten bei den zuvor als personalistisch strukturiert eingeordneten Gesellschaften mit beschränkter Haftung und Kommanditgesellschaften auf Aktien eingegangen wird.

1. Bezugsrecht

Dem Bezugsrechtsausschluss denklogisch vorgeschaltet ist die Existenz des Bezugsrechts, welches ausgeschlossen werden soll. Dieses bietet den bereits an einer Kapitalgesellschaft beteiligten Gesellschaftern im Falle einer Kapitalerhöhung das subjektive Recht auf Übernahme eines ihrem Anteil am gezeichneten Kapital entsprechenden Teils der neuen Aktien bzw. Geschäftsanteile.[315] Das gesetzliche Bezugsrecht wurde 1897 erstmalig in das Handelsgesetzbuch eingeführt und bezweckte ursprünglich, Vorstand und Aufsichtsrat die Möglichkeit zu nehmen, den bisherigen Aktionären Einfluss zu entziehen bzw. die Interessen von Personen, die maßgeblichen Einfluss in der Gesellschaft haben, mittels der Zuteilung der neuen Aktien einseitig zu berücksichtigen.[316] Daran anknüpfend werden dem Bezugsrecht heute im Wesentlichen zwei Funktionen zugesprochen. Zum einen garantiert das Bezugsrecht den bisherigen Gesellschaftern den Erhalt des Stimmrechts- und Wertanteils ihrer Beteiligung und somit den Erhalt der relativen Herrschaftsverhältnisse innerhalb der Gesellschaft, zum anderen schützt es gegen eine Verwässerung des Aktienkurses.[317] Eine normative Regelung des gesetzlichen Bezugsrechts findet sich in § 186 AktG. Für den Fall der Barkapitalerhöhung ist es darüber hinaus europarechtlich durch Art. 33 Abs. 1 der Kapitalrichtlinie[318] vorgeschrieben.

Der konkrete Bezugsanspruch des einzelnen Gesellschafters entsteht – unter der Bedingung der tastsächlichen Durchführung der Kapitalerhöhung – mit

---

315 MünchKommAktG/*Schürnbrand* § 186 Rn. 1; *Schmidt*, Gesellschaftsrecht, § 29, III., 2., d).

316 *Schmidt*, Gesellschaftsrecht, § 29, III., 2., d) mit Bezugnahme auf HGB-Denkschrift, S. 155.

317 MünchKommAktG/*Schürnbrand* § 186 Rn. 2 f.; *Schmidt*, Gesellschaftsrecht, § 29, III., 2., d). Siehe auch die beispielhafte Erläuterung des Verwässerungseffektes auf den Aktienkurs bei *Hirte*, Kapitalgesellschaftsrecht, Rn. 6.28.

318 Richtlinie 2012/30/EU des Europäischen Parlaments und des Rates vom 25. Oktober 2012 zur Koordinierung der Schutzbestimmungen, die in den Mitgliedstaaten den Gesellschaften im Sinne des Artikels 54 Absatz 2 des Vertrages über die Arbeitsweise der Europäischen Union im Interesse der Gesellschafter sowie Dritter für die Gründung der Aktiengesellschaft sowie für die Erhaltung und Änderung ihres Kapitals vorgeschrieben sind, um diese Bestimmungen gleichwertig zu gestalten, ABl. Nr. L 315/74.

dem rechtswirksamen Kapitalerhöhungsbeschluss und kann durch einseitige Willenserklärung gegenüber der Gesellschaft geltend gemacht werden.[319] Gemäß § 186 Abs. 1 S. 2 AktG steht den Aktionären zur Ausübung ihres Bezugsrechts eine Frist von mindestens zwei Wochen zur Verfügung. Da das Bezugsrecht mit seiner Entstehung eigenständig übertragbar ist,[320] kann der Gesellschafter, der sich gegen eine Ausnutzung seines Bezugsrechts entscheidet, selbiges veräußern, um den bevorstehenden Wertverlust seiner Beteiligung finanziell auszugleichen[321].[322]

2. Bezugsrechtsausschluss

Obwohl das Bezugsrecht zu den fundamentalen Bestandteilen der Mitgliedschaft der Gesellschafter zählt,[323] kann es in bestimmten Fällen notwendig und grundsätzlich zulässig sein, dieses Recht auszuschließen.[324] Die Möglichkeit des Bezugsrechtsausschlusses ist in § 186 Abs. 3 und 4 AktG und europarechtlich in Art. 33 Abs. 4 der Kapitalrichtlinie[325] geregelt.[326] Ein solcher Ausschluss kommt insbesondere dann in Betracht, wenn ein besonderes Gesellschaftsinteresse daran besteht, die neuen Aktien lediglich an bestimmte Personen oder Personengruppen zu vergeben.[327] Klassische Beispiele dafür sind der Erwerb von Sacheinlagen, z. B. in Form der Einbringung eines Unternehmens (§ 183 AktG),[328]

---

319 *Raiser/Veil*, Kapitalgesellschaftsrecht, § 20 Rn. 14, die zur Entstehung jedoch die Eintragung des Kapitalerhöhungsbeschlusses fordern. Siehe zur Entstehung durch rechtswirksamen Kapitalerhöhungsbeschluss unabhängig von dessen Eintragung MünchKommAktG/*Schürnbrand* § 186 Rn. 26 m. w. N.

320 MünchKommAktG/*Schürnbrand* § 186 Rn. 28; *Raiser/Veil*, Kapitalgesellschaftsrecht, § 20 Rn. 14.

321 MünchKommAktG/*Schürnbrand* § 186 Rn. 3.

322 Siehe zum Bezugsrechtshandel auch MünchKommAktG/*Schürnbrand* § 186 Rn. 30 f.

323 *Raiser/Veil*, Kapitalgesellschaftsrecht, § 20 Rn. 14; Großkomm. AktG/*Wiedemann* § 186 Rn. 56 bezeichnet das Bezugsrecht gar als „mitgliedschaftliches Grundrecht"; im Rahmen der Aktienrechtsreform 1965 wurde es „als eines der wirtschaftlich wichtigsten Mitgliedschaftsrechte" bezeichnet, siehe Begründung Regierungsentwurf, BT-Drucks. IV/171, S. 92, 194.

324 *Raiser/Veil*, Kapitalgesellschaftsrecht, § 20 Rn. 16.

325 Richtlinie 2012/30/EU des Europäischen Parlaments und des Rates vom 25. Oktober 2012, ABl. Nr. L 315/74.

326 MünchKommAktG/*Bayer* § 203 Rn. 52.

327 MünchKommAktG/*Schürnbrand* § 186 Rn. 73.

328 MünchKommAktG/*Schürnbrand* § 186 Rn. 122, 126.

die Schaffung von sog. Arbeitnehmeraktien (§ 202 Abs. 4 AktG)[329] sowie die Bedienung von Umtausch- oder Bezugsrechten aus Wandelschuldverschreibungen, Optionsleihen und Optionsscheinen[330].[331]

Dem vorskizzierten formellen Bezugsrechtsausschluss ist der sog. faktische Bezugsrechtsausschluss gleichzusetzen. Ein solcher liegt vor, wenn faktische Hindernisse – beispielsweise ein außergewöhnlich hoher Ausgabekurs der jungen Aktien oder den Zeichner belastende Nebenbedingungen – die Geltendmachung des Bezugsrechts erschweren bzw. unmöglich machen.[332]

Nicht zuletzt aufgrund der Schwere des Eingriffs in die Gesellschafterrechte[333] erfordert der Ausschluss des Bezugsrechts besondere formelle und materielle Voraussetzungen, von denen jedoch lediglich die formellen gesetzlich geregelt sind.[334] Im Rahmen des genehmigten Kapitals kommt hinzu, dass das Bezugsrecht von unterschiedlichen Organen und zu unterschiedlichen Zeitpunkten ausgeschlossen werden kann, woraus für die nachfolgende Darstellung der Übersicht halber weitere Differenzierungen resultieren. Unterschieden wird im Folgenden zunächst danach, wer das Bezugsrecht ausschließt, entweder die Gesellschafter eigenhändig (Direktausschluss) oder die Geschäftsführungsorgane aufgrund einer separaten Ermächtigung (Ausschlussermächtigung). Im Falle des Direktausschlusses wird weiterhin zwischen dem Zeitpunkt des Bezugsrechtsausschlusses (Ausschlussentscheidung) und dem Zeitpunkt der Ausnutzung des genehmigten Kapitals (Ausübungsentscheidung) unterschieden sowie innerhalb der Ausschlussentscheidung, wann diese erfolgt, bereits in der Gründungssatzung oder erst im Ermächtigungsbeschluss. Im Falle des Ausschlusses durch die Geschäftsführungsorgane wird zwischen den Zeitpunkten der Erteilung der Ausschlussermächtigung und deren Ausübung differenziert sowie innerhalb der Erteilung erneut danach, wann diese erfolgt.

---

329 MünchKommAktG/*Schürnbrand* § 186 Rn. 115.

330 MünchKommAktG/*Schürnbrand* § 186 Rn. 116.

331 *Raiser/Veil*, Kapitalgesellschaftsrecht, § 20 Rn. 16.

332 MünchKommAktG/*Schürnbrand* § 186 Rn. 142 ff.; Großkomm. AktG/*Wiedemann* § 186 Rn. 176; Kölner Kommentar zum AktG/*Lutter* § 186 Rn. 87; *Raiser/Veil*, Kapitalgesellschaftsrecht, § 20 Rn. 16 a. E.

333 Nach Kölner Kommentar zum AktG/Lutter § 186 Rn. 50 ist „[d]er Ausschluß des Bezugsrechts […] – nach dem in der AG kaum vorkommenden Ausschluß eines Aktionärs aus der Gesellschaft überhaupt – der stärkste Eingriff in die Mitgliedschaft".

334 MünchKommAktG/*Schürnbrand* § 186 Rn. 73; *Raiser/Veil*, Kapitalgesellschaftsrecht, § 20 Rn. 17 ff.

a) Direktausschluss

Die Gesellschafter können ihr Bezugsrecht in Zusammenhang mit der Schaffung des genehmigten Kapitals eigenhändig ausschließen (Direktausschluss).[335] Je nachdem, ob die Gesellschafter das genehmigte Kapital in der Gründungssatzung oder durch spätere Satzungsänderung geschaffen haben, können auch der Zeitpunkt des durch sie mitbeschlossenen Bezugsrechtsausschlusses und demnach die an den Ausschluss zu stellenden formellen und materiellen Anforderungen variieren.[336]

Zusätzlich zu den Anforderungen, die an den Ausschluss des Bezugsrechts durch die Gesellschafter selbst zu stellen sind, sind auch in dem Zeitpunkt, in dem die Geschäftsführung über die Ausnutzung des bezugsrechtsfrei geschaffenen genehmigten Kapitals entscheidet besondere Voraussetzungen zu beachten.

aa) Ausschlussentscheidung der Gesellschafter

Wie bereits erwähnt, hängen die im Rahmen des genehmigten Kapitals an einen zulässigen Bezugsrechtsausschluss durch die Gesellschafter selbst zu stellenden Anforderungen insbesondere von dessen Zeitpunkt ab.

(1) … in der Gründungssatzung

Schließen die Gesellschafter ihr Bezugsrecht in Zusammenhang mit der Schaffung des genehmigten Kapitals bereits in der Gründungssatzung aus, ist § 186 Abs. 3 S. 2–4, Abs. 4 AktG nicht anwendbar, da sich dieser auf einen satzungsändernden Beschluss mit einer Mehrheit von mindestens drei Viertel des bei der Beschlussfassung vertretenen Grundkapitals bezieht.[337] Da bei der Aufstellung der Satzung ohnehin ein inhaltlich übereinstimmender Wille aller Gründer erforderlich ist und damit keine Schutzbedürftigkeit einzelner Aktionäre besteht, ist der Ausschluss des Bezugsrechts in diesem Zusammenhang mithin ohne Einhaltung weiterer (d. h. über die Anforderungen an die Feststellung der Satzung hinausgehender) formeller oder materieller Voraussetzungen möglich.[338]

---

335 Hölters/*v. Dryander/Niggemann*, AktG, § 203 Rn. 13 ff.; Heidel/*Groß/Fischer*, AktG, § 203 Rn. 12 ff.

336 Heidel/*Groß/Fischer*, AktG, § 203 Rn. 14.

337 MünchKommAktG/*Bayer* § 203 Rn. 85; Hölters/*v. Dryander/Niggemann*, AktG, § 203 Rn. 14.

338 Hüffer/*Koch*, AktG, § 203 Rn. 9; MünchKommAktG/*Bayer* § 203 Rn. 85 m. w. N.

(2) … im Ermächtigungsbeschluss

Schließen die Gesellschafter ihr Bezugsrecht dagegen in Zusammenhang mit der späteren Schaffung des genehmigten Kapitals durch satzungsändernden Ermächtigungsbeschluss aus, sind an den Bezugsrechtsausschluss besondere formelle und materielle Anforderungen zu stellen.

(a) Formelle Voraussetzungen

Im Falle des Direktausschlusses im Ermächtigungsbeschluss findet § 186 Abs. 3, 4 AktG gemäß § 203 Abs. 1 S. 1 AktG sinngemäß Anwendung,[339] sodass die dort genannten formellen Voraussetzungen einzuhalten sind.[340] Mithin kann das Bezugsrecht nur in dem Ermächtigungsbeschluss zur Ausgabe neuer Aktien (§ 186 Abs. 3 S. 1 AktG) mit einer Mehrheit von drei Viertel des vertretenen Grundkapitals (§ 186 Abs. 3 S. 2 AktG) und unter Einhaltung etwaiger zusätzlicher satzungsmäßiger Voraussetzungen (§ 186 Abs. 3 S. 3 AktG) ausgeschlossen werden.[341] Nach § 186 Abs. 4 S. 1 AktG ist der beabsichtigte Bezugsrechtsausschluss im Rahmen der Einberufung der Hauptversammlung ausdrücklich und ordnungsgemäß bekannt zu machen. Gemäß § 186 Abs. 4 S. 2 AktG hat der Vorstand der Hauptversammlung einen schriftlichen Bericht über den Grund des Bezugsrechtsausschlusses zugänglich zu machen.[342]

(b) Materielle Voraussetzungen

Hinsichtlich der materiellen Voraussetzungen hat der Bundesgerichtshof in seiner *Deutsche Bank*-Entscheidung zunächst das für den Bezugsrechtsausschluss durch die Hauptversammlung im Rahmen der ordentlichen Kapitalerhöhung aufgestellte System der sachlichen Rechtfertigung auf den Direktausschluss im Ermächtigungsbeschluss übertragen.[343] Die sachliche Rechtfertigung wurde erstmalig in der zur ordentlichen Kapitalerhöhung ergangenen *Kali+Salz*-Entscheidung[344] als weitere materielle Schranke des Bezugsrechtsausschlusses gefordert.[345] Danach ist der Bezugsrechtsausschluss nur zulässig, „wenn er aus der Sicht im Zeitpunkt der Beschlußfassung auch bei gebührender Berücksichtigung der Folgen für die

339 BGH, Urt. v. 23.06.1997 – II ZR 132/93, BGHZ 136, 133 (142).
340 MünchKommAktG/*Bayer* § 203 Rn. 86 m. w. N.
341 MünchKommAktG/*Bayer* § 203 Rn. 87.
342 MünchKommAktG/*Bayer* § 203 Rn. 88.
343 BGH, Urt. v. 07.03.1994 – II ZR 52/93, BGHZ 125, 239 (241).
344 BGH, Urt. v. 13.03.1978 – II ZR 142/76, BGHZ 71, 40.
345 MünchKommAktG/*Bayer* § 203 Rn. 61.

ausgeschlossenen Aktionäre durch sachliche Gründe im Interesse der Gesellschaft gerechtfertigt ist. Die Prüfung [...] schließt die [...] Abwägung der Interessen und der Verhältnismäßigkeit von Mittel und Zweck ein"[346]. Diese Verhältnismäßigkeit ist der *Deutsche Bank*-Entscheidung zufolge gegeben, „wenn die Hauptversammlung der Überzeugung sein durfte, der Bezugsrechtsausschluß sei das angemessene und am besten geeignetste Mittel zur Verfolgung überwiegender Gesellschaftsinteressen"[347]. Die Konkretisierung des Prüfungsmaßstabs, insbesondere die Frage, ob es für die Verhältnismäßigkeit von Mittel und Zweck erforderlich ist, dass der Bezugsrechtsausschluss das schonendste Mittel ist, es kein ebenso gut oder besser geeignetes Mittel gibt oder der Ausschluss den Zweck am besten zu fördern geeignet sein muss, hat der Bundesgerichtshof ausdrücklich offen gelassen.[348] Hinsichtlich der Erforderlichkeit konkreter Anhaltspunkte der anvisierten Maßnahme bereits im Zeitpunkt der Gesellschafterentscheidung klang jedoch erstmalig – jedenfalls für den zu beurteilenden Einzelfall – eine vorsichtige Einschränkung der zuvor für die Variante der Ausschlussermächtigung ergangenen strengen *Holzmann*-Entscheidung[349] an. Demnach seien detaillierte, ins Einzelne gehende, prognostisch kaum ergründbare Angaben, die die sachgemäße Durchführung und Planung der in Aussicht genommenen Maßnahme aufgrund der Einschränkung des unternehmerischen Ermessens praktisch unmöglich machen, nicht zu fordern.[350] Dies stehe jedoch ausdrücklich nicht in Widerspruch zu den Grundsätzen der *Holzmann*-Entscheidung,[351] sodass in Entsprechung der *Holzmann*-Grundsätze weiterhin bereits im Zeitpunkt der Gesellschafterentscheidung konkrete Anhaltspunkte der anvisierten Maßnahme erforderlich seien[352], um die Erforderlichkeit und Angemessenheit des Bezugsrechtsausschlusses beurteilen zu können[353].

Diese Rechtsprechung gab der Bundesgerichtshof in seiner *Siemens/Nold*-Entscheidung ausdrücklich auf.[354] Seither setzt der Direktausschluss im

346 BGHZ 71, 40 (46).
347 BGHZ 125, 239 (244) unter Bezugnahme auf BGH, Urt. v. 19.04.1982 – II ZR 55/81, BGHZ 83, 319 (321) und zurückgehend auf BGH, Urt. v. 27.09.1956 – II ZR 144/55, BGHZ 21, 354 (357).
348 BGHZ 125, 239 (244).
349 BGHZ 83, 319.
350 BGHZ 125, 239 (246).
351 BGHZ 125, 239 (249).
352 BGHZ 83, 319 (325).
353 Münch. Hdb. GesR IV/*Scholz* § 59 Rn. 31.
354 BGHZ 136, 133 (136).

Ermächtigungsbeschluss voraus, dass „[d]ie Maßnahme, zu deren Durchführung der Vorstand ermächtigt werden soll, [...] allgemein umschrieben und in dieser Form der Hauptversammlung bekanntgegeben werden [muss]. Sie muß ferner im Interesse der Gesellschaft liegen."[355] Hinsichtlich der Prüfung, ob der Bezugsrechtsausschluss im Interesse der Gesellschaft liegt, sei danach zu differenzieren, ob bestimmte Einzelumstände der anvisierten Maßnahme bekannt seien oder nicht. Sofern dies der Fall sei, müsse die Prüfung der Hauptversammlung anhand dieser konkreten Tatsachen erfolgen. Andernfalls sei diese Prüfung auf Grundlage der abstrakt umschriebenen Umstände ausreichend.[356] Daraus folgt, dass im Zeitpunkt der Gesellschafterentscheidung konkrete Tatsachen der anvisierten Maßnahme für einen wirksamen Bezugsrechtsausschluss nicht mehr vorliegen müssen. Vielmehr reicht aus, dass der Bezugsrechtsausschluss bei abstrakt-genereller Beurteilung im Interesse der Gesellschaft liegt.[357] Da diese gelockerten Anforderungen der Hauptversammlung weitreichende Freiheiten gewähren und im Ergebnis auch eine Ermächtigung ohne konkreten Anlass auf „Vorrat" zulassen, sollen sie der sprachlichen Klarheit halber für den Zeitpunkt des Hauptversammlungsbeschlusses nicht mehr als „sachliche Rechtfertigung" bezeichnet werden.[358]

bb) Ausübungsentscheidung der Geschäftsführung

Formell bedarf die Entscheidung des Vorstands, das bezugsrechtsfrei geschaffene genehmigte Kapital auszunutzen in entsprechender Anwendung des § 204 Abs. 1 S. 2 Hs. 2 AktG – neben den allgemeinen Beschlusserfordernissen – der Zustimmung des Aufsichtsrats.[359] Ob der Vorstand der Hauptversammlung über seine Absicht, das bezugsrechtsfrei geschaffene Kapital auszunutzen, Bericht zu erstatten hat, war lange Zeit umstritten.[360] Der Bundesgerichtshof hat die Pflicht zur Vorabberichterstattung für den Fall der Ausschlussermächtigung in der *Mangusta/Commerzbank I*-Entscheidung abgelehnt.[361] Dies wird in der Literatur überzeugend auch auf den Fall des Direktausschlusses übertragen.[362] Schließlich

355 BGHZ 136, 133 (139).
356 BGHZ 136, 133 (139).
357 Nach MünchKommAktG/*Bayer* § 203 Rn. 128.
358 So mit überzeugender Begründung MünchKommAktG/*Bayer* § 203 Rn. 128.
359 BGHZ 136, 133 (140); MünchKommAktG/*Bayer* § 204 Rn. 23.
360 MünchKommAktG/*Bayer* § 203 Rn. 89, 155.
361 BGH, Urt. v. 10.10.2005 – II ZR 148/03, BGHZ 164, 241 (244).
362 Hüffer/*Koch*, AktG, § 203 Rn. 11a a. E.; Hölters/*v. Dryander/Niggemann*, AktG, § 203 Rn. 21.

ist nicht ersichtlich, warum die Hauptversammlung vor Ausnutzung des durch sie selbst bezugsrechtsfrei geschaffenen genehmigten Kapitals vom Vorstand informiert werden müsste, wenn dies selbst dann nicht erforderlich ist, wenn erst der Vorstand das Bezugsrecht ausschließt. Erforderlich ist dagegen ein Bericht nach Inanspruchnahme des bezugsrechtsfrei geschaffenen genehmigten Kapitals, mittels dessen der Vorstand der Hauptversammlung Einzelheiten des Vorgehens zu berichten und Rede und Antwort zu stehen hat.[363]

Hinsichtlich der materiellen Schranken ist festzustellen, dass der Bundesgerichtshof in dem den Direktausschluss betreffenden *Deutsche Bank*-Urteil zunächst keinerlei die Ausübungsentscheidung betreffenden Kriterien aufgestellt hat. Unabhängig davon, ob die Gesellschafter ihr Bezugsrecht bereits in der Gründungssatzung oder erst im späteren Ermächtigungsbeschluss ausgeschlossen haben, erfordert die spätere Entscheidung des Vorstands über die Ausnutzung des bezugsrechtsfrei geschaffenen genehmigten Kapitals jedoch spätestens seit der *Siemens/Nold*-Entscheidung eine sachliche Rechtfertigung.[364] Dies soll bereits vor der *Siemens/Nold*-Entscheidung in Schrifttum und Rechtsprechung ganz überwiegend anerkannt gewesen sein,[365] lässt sich aber jedenfalls der angeführten Rechtsprechung hinsichtlich der Variante des Direktausschlusses jedoch nicht entnehmen.

In der *Siemens/Nold*-Entscheidung bezog der Bundesgerichtshof zu dieser Frage ausdrücklich Stellung. Demnach hat der Vorstand „im Rahmen seines unternehmerischen Ermessens sorgfältig zu prüfen, ob der allein ihm bekannte vollständige Sachverhalt die Durchführung des Hauptversammlungsbeschlusses, der den Ausschluß des Bezugsrechts der Aktionäre umfaßt, im Gesellschaftsinteresse rechtfertigt“[366]. Hinsichtlich des genauen Maßstabs der Rechtfertigung enthält die Entscheidung jedoch keine weiteren Hinweise.[367] Dies vermag umso mehr zu überraschen, als der Bundesgerichtshof den Maßstab der sachlichen Rechtfertigung in den früheren Entscheidungen unter Bezugnahme auf die *Kali+Salz*-Formel jedenfalls für den behandelten Zeitpunkt des Hauptversammlungsbeschlusses konkretisiert hat. Im Rahmen der *Deutsche Bank*-Entscheidung beispielsweise dahingehend, dass „[d]ie Beantwortung der Frage, ob das festgestellte sachliche unternehmerische Interesse den Ausschluß rechtfertigt,

363 BGHZ 164, 241 (244); BGHZ 136, 133 (140).

364 BGHZ 136, 133 (139); MünchKommAktG/*Bayer* § 203 Rn. 127 m. w. N.

365 So MünchKommAktG/*Bayer* § 203 Rn. 127 m. w. N.

366 BGHZ 136, 133 (139).

367 Vgl. auch *Tettinger*, S. 45 ff.; *Cahn*, ZHR 163 (1999), 554 , 571 ff.

[...] weiterhin eine Prüfung der Verhältnismäßigkeit von Mittel und Zweck [erfordert] (BGHZ 71, 40, 46)."[368]

Ob der Bundesgerichtshof damit eine Absenkung des Maßstabs der sachlichen Rechtfertigung beabsichtigt, ist strittig.[369] Auf der einen Seite scheinen die fehlende Bezugnahme auf die Erforderlichkeits- und Verhältnismäßigkeitsprüfung der *Kali+Salz*-Entscheidung sowie die Formulierung, der Bezugsrechtsausschluss müsse (nur) „im Interesse der Gesellschaft liegen"[370] dahingehend zu verstehen zu sein,[371] insbesondere auch, da der Bundesgerichtshof in älteren Entscheidungen stets formuliert, dass der Bezugsrechtsausschluss das „angemessene und am besten geeignete Mittel"[372] sein müsse. Mit den beiden verschiedenen in der *Siemens/Nold*-Entscheidung gewählten Formulierungen „im Interesse der Gesellschaft liegen"[373] und „im Gesellschaftsinteresse gerechtfertigt"[374] scheint der Bundesgerichtshof keine unterschiedlichen Anforderungen stellen, sondern vielmehr inhaltliche Übereinstimmung erzielen zu wollen. Schließlich bezieht sich „die Frage, ob der Bezugsrechtsausschluss gerechtfertigt ist"[375] auf die zuvor genannte Voraussetzung, der Bezugsrechtsausschluss müsse „im Interesse der Gesellschaft liegen"[376]. Anschließend wechselt die Formulierung wieder und es sei „zu prüfen, ob [...] der Ausschluss des Bezugsrechtes der Aktionäre im Interesse der Gesellschaft liegt"[377]. Auf der anderen Seite ist nicht ersichtlich, wieso der Maßstab der sachlichen Rechtfertigung gerade im Rahmen des genehmigten Kapital abgesenkt werden sollte, obwohl die Kontrollmöglichkeiten der Aktionäre hier ohnehin schon eingeschränkt sind, während im Rahmen der ordentlichen Kapitalerhöhung weiterhin eine sachliche Rechtfertigung im Sinne der *Kali+Salz*-Formel für erforderlich gehalten wird.[378] Die *Kali+Salz*-Entscheidung wurde anders als die *Holzmann*-Entscheidung auch nicht ausdrücklich aufgege-

368 BGHZ 125, 239 (244).
369 Siehe dazu nur die Übersicht bei MünchKommAktG/*Bayer* § 203 Rn. 112 ff.
370 BGHZ 136, 133 (139).
371 MünchKommAktG/*Bayer* § 203 Rn. 112.
372 BGHZ 83, 319 (321); BGHZ 125, 239 (244).
373 BGHZ 136, 133 (139).
374 BGHZ 136, 133 (139).
375 BGHZ 136, 133 (139).
376 BGHZ 136, 133 (139).
377 BGHZ 136, 133 (139).
378 MünchKommAktG/*Bayer* § 203 Rn. 116 sowie sich dem anschließend *Trautmann*, S. 92. Siehe zur sachlichen Rechtfertigung im Rahmen der ordentlichen Kapitalerhöhung auch MünchKommAktG/*Schürnbrand* § 186 Rn. 88 ff.

ben, was ebenfalls für deren weitere Geltung spricht.[379] Mithin scheint es angebracht hinsichtlich des Maßstabs der sachlichen Rechtfertigung auch zukünftig entsprechend der *Kali+Salz*-Formel eine Verhältnismäßigkeitsprüfung zu fordern.

Der maßgebliche Unterschied zur Prüfung der Gesellschafter, der hier – selbst ohne etwaige Erforderlichkeits- und Angemessenheitsprüfung – die Begrifflichkeit der sachlichen Rechtfertigung rechtfertigt, ist darin zu sehen, dass die Gesellschafter die Frage, ob der Bezugsrechtsausschluss im Gesellschaftsinteresse liegt, lediglich anhand einer abstrakt-generellen Beurteilung prüfen, während der Vorstand dies anhand des ihm inzwischen vollständig bekannten Sachverhalts prüfen muss.[380]

Als zusätzliche materielle Schranke sind etwaige Vorgaben des Gesellschafterbeschlusses zu beachten.[381] Weiterhin ist gemäß § 255 Abs. 2 AktG ein angemessener, d. h. dem anteiligen Unternehmenswert der ausgebenden Gesellschaft entsprechender[382] Ausgabebetrag festzusetzen.[383]

b) Ausschlussermächtigung

Gemäß § 203 Abs. 2 S. 1 AktG haben die Gesellschafter neben dem Direktausschluss ihres Bezugsrechts die Möglichkeit, die Geschäftsführung zur Entscheidung über den Ausschluss des Bezugsrechts zu ermächtigen (Ausschlussermächtigung).[384] Bei der Bestimmung der dabei zu beachtenden formellen wie materiellen Voraussetzungen sind erneut die Zeitpunkte der Gesellschafterentscheidung (über die Erteilung der Ausschlussermächtigung) sowie der Geschäftsführungsentscheidung (über die Ausübung der Ausschlussermächtigung) zu unterscheiden.

aa) Erteilung der Ausschlussermächtigung

Ermächtigen die Gesellschafter die Geschäftsführung bereits in der Gründungssatzung dazu, ihr Bezugsrecht in Zusammenhang mit der Ausübung des genehmigten Kapitals ausschließen zu können, bedarf es ebenso wie beim Direktausschluss in der Gründungssatzung aufgrund der Einstimmigkeit dieser

379 *Tettinger*, S. 46.
380 So wohl implizit MünchKommAktG/*Bayer* § 203 Rn. 127 f.
381 BGHZ 136, 133 (140).
382 MünchKommAktG/*Bayer* § 204 Rn. 15.
383 BGHZ 136, 133 (141); MünchKommAktG/*Bayer* § 203 Rn. 152 sowie § 204 Rn. 14 ff.
384 MünchKommAktG/*Bayer* § 203 Rn. 90; Großkomm. AktG/*Hirte* § 203 Rn. 26, 56.

Entscheidung keiner Berücksichtigung besonderer formeller oder materieller Anforderungen.[385]

Erfolgt die Ausschlussermächtigung dagegen erst durch spätere Satzungsänderung,[386] gilt § 186 Abs. 4 AktG gemäß § 203 Abs. 2 S. 2 AktG sinngemäß, sodass die beabsichtigte Ermächtigung bekannt zu machen (§ 186 Abs. 4 S. 1 AktG) und vom Vorstand schriftlich Bericht zu erstatten ist (§ 186 Abs. 4 S. 2 AktG).[387] Dagegen fehlt ein Verweis auf § 186 Abs. 3 AktG, sodass dieser – anders als beim Direktausschluss über § 203 Abs. 1 S. 1 AktG – keine Anwendung findet. Inhaltliche Unterschiede ergeben sich dadurch jedoch nicht, da anstelle des § 186 Abs. 3 AktG der inhaltsgleiche allgemeine § 202 Abs. 2 S. 2, 3 AktG Anwendung findet, sodass auch für die Ausschlussermächtigung eine Mehrheit von drei Viertel des vertretenen Grundkapitals (§ 202 Abs. 2 S. 2 AktG) sowie die Einhaltung weiterer satzungsmäßiger Vorgaben (§ 202 Abs. 2 S. 3 AktG) erforderlich sind.[388] Der fehlende Verweis auf § 186 Abs. 3 AktG führt jedoch dazu, dass die Ausschlussermächtigung anders als der Direktausschluss nicht gemäß § 186 Abs. 3 S. 1 AktG bereits in dem Ermächtigungsbeschluss zur Ausgabe neuer Aktien enthalten sein muss.[389]

Materiell hat der Bundesgerichtshof seine bis dahin für den Fall der Ausschlussermächtigung maßgebliche *Holzmann*-Rechtsprechung in der *Siemens/Nold*-Entscheidung ausdrücklich aufgegeben.[390] Der *Holzmann*-Entscheidung zufolge mussten „bereits bei der Beschlußfassung der Hauptversammlung bestimmte tatsächliche Anzeichen dafür vorliegen, daß der Vorstand während der Dauer seiner Ermächtigung im Gesellschaftsinteresse genötigt sein könnte, die Kapitalerhöhung mit einem Bezugsrechtsausschluß durchzuführen. *Insofern* bedarf auch der Hauptversammlungsbeschluß nach § 203 Abs. 2 Satz 2 AktG sachlicher Rechtfertigung“[391]. In der *Siemens/Nold*-Entscheidung stellte der Bundesgerichtshof für die Ausschlussermächtigung die gleichen Anforderungen wie

385 Hüffer/*Koch*, AktG, § 203 Rn. 22; MünchKommAktG/*Bayer* § 203 Rn. 85.

386 Dies muss aufgrund des fehlenden Verweises in § 203 Abs. 2 S. 2 AktG auf § 186 Abs. 3 S. 1 AktG nach überzeugender Ansicht nicht zwangsläufig in Zusammenhang mit der das genehmigte Kapital schaffenden Satzungsänderung geschehen, sondern kann vielmehr noch nachträglich erfolgen, MünchKommAktG/*Bayer* § 203 Rn. 92 m. w. N.

387 MünchKommAktG/*Bayer* § 203 Rn. 90; Großkomm. AktG/*Hirte* § 203 Rn. 57.

388 MünchKommAktG/*Bayer* § 203 Rn. 91.

389 Hüffer/*Koch*, AktG, § 203 Rn. 40.

390 BGHZ 136, 133 (136).

391 BGHZ 83, 319 (322).

für den Direktausschluss auf. Demnach setzt die Ermächtigung des Vorstands zum Ausschluss des Bezugsrechts voraus, dass „[d]ie Maßnahme, zu deren Durchführung der Vorstand ermächtigt werden soll, [...] allgemein umschrieben und in dieser Form der Hauptversammlung bekanntgegeben werden [muss]. Sie muß ferner im Interesse der Gesellschaft liegen."[392] Seither ist es nicht mehr erforderlich – sehr wohl aber weiterhin möglich – der Hauptversammlung konkrete Tatsachen der anvisierten Maßnahme mitzuteilen, sodass die Prüfung, ob die Ermächtigung im Interesse der Gesellschaft liegt, auf Grundlage einer abstrakten Umschreibung ausreichend ist. Sollten der Hauptversammlung dennoch konkrete Tatsachen bekannt gegeben werden, müsse diese Prüfung auf Grundlage dieser bekanntgegebenen Tatsachen erfolgen.[393] In Übereinstimmung mit der Begrifflichkeit beim Direktausschluss sollte diese Prüfung der sprachlichen Klarheit halber nicht als „sachliche Rechtfertigung" bezeichnet werden.[394]

bb) Ausübung der Ausschlussermächtigung

Formell ist im Falle der Ausübung der Ausschlussermächtigung – neben dem Vorliegen der allgemeinen Beschlusserfordernisse – gemäß § 204 Abs. 1 S. 2 Hs. 2 AktG die Zustimmung des Aufsichtsrats erforderlich.[395] Eine Vorabberichtspflicht der Geschäftsführung vor Ausübung der Ausschlussermächtigung hat der Bundesgerichtshof zwar ausdrücklich abgelehnt,[396] die Geschäftsführung dabei jedoch nicht davon befreit, der Hauptversammlung überhaupt Bericht erstatten zu müssen. Vielmehr trifft die Geschäftsführung eine Pflicht zur Erstattung eines Nachberichts dergestalt, dass sie auf der nächsten ordentlichen Hauptversammlung über die Einzelheiten des Vorgehens zu berichten und Rede und Antwort zu stehen hat.[397]

Macht der Vorstand von seiner Ermächtigung zum Ausschluss des Bezugsrechts Gebrauch, hat er nach der *Siemens/Nold*-Entscheidung in materieller Hinsicht „in eigener Verantwortung zu prüfen, ob aus unternehmerischer Sicht der Ausschluß

---

392 BGHZ 136, 133 (139).

393 BGHZ 136, 133 (139); Hüffer/*Koch*, AktG, § 203 Rn. 29.

394 So mit überzeugender Begründung MünchKommAktG/*Bayer* § 203 Rn. 128.

395 BGHZ 136, 133 (140); MünchKommAktG/*Bayer* § 204 Rn. 23; Hölters/*v. Dryander/ Niggemann*, AktG, § 203 Rn. 49.

396 BGHZ 164, 241 (244).

397 BGHZ 164, 241 (244); BGHZ 136, 133 (140).

des Bezugsrechts der Aktionäre im Interesse der Gesellschaft liegt."[398] Auf die Unklarheit dieser Formulierung ist bereits hingewiesen worden.[399]

Wie beim Direktausschluss ist auch im Falle der Ausschlussermächtigung das Erfordernis eines angemessenen Ausgabebetrags gemäß § 255 Abs. 2 AktG als weitere materielle Schranke zu beachten.[400]

398 BGHZ 136, 133 (139).

399 Siehe dazu bereits B.II.2.a)bb) Ausübungsentscheidung der Geschäftsführung, S. 76 sowie die Darstellung bei MünchKommAktG/*Bayer* § 203 Rn. 112 ff.

400 BGHZ 136, 133 (141); MünchKommAktG/*Bayer* § 203 Rn. 152 sowie § 204 Rn. 14 ff.

C. Bezugsrechtsausschluss im GmbH-Recht

Im Recht der Gesellschaften mit beschränkter Haftung erfordert die Annäherung an den Bezugsrechtsausschluss im Rahmen des genehmigten Kapitals eine intensivere Auseinandersetzung mit dem Bezugsrecht an sich. Schließlich sind im GmbH-Recht im Gegensatz zum Aktienrecht weder das Bezugsrecht noch dessen Ausschluss im Rahmen der genehmigten oder der ordentlichen Kapitalerhöhung auch nur erwähnt. Folglich sind zunächst die grundsätzliche Existenz eines Bezugsrechts der GmbH-Gesellschafter sowie dessen dogmatische Grundlage näher zu beleuchten, bevor anschließend die Untersuchung des Ausschlusses des Bezugsrechts erfolgen kann.

I. Bezugsrecht

Wie soeben erwähnt, enthält das GmbHG keine dem § 186 AktG vergleichbare Vorschrift, die ein gesetzliches Bezugsrecht der bisherigen Gesellschafter normiert. Von der mangelnden Kodifizierung losgelöst steht jedoch außer Frage, dass auch die Gesellschafter einer Gesellschaft mit beschränkter Haftung ein berechtigtes Interesse an der Wahrung ihrer anteilsmäßigen Beteiligung bei Kapitalerhöhungen haben[401]. Mit guten Gründen lässt sich gar sagen, dass gerade die Gesellschafter einer typischerweise personalistisch strukturierten Gesellschaft ein größeres Interesse an der Berücksichtigung ihrer dahingehenden Interessen haben.[402] Dies wird nicht zuletzt daran deutlich, dass – wie die vorliegende Arbeit aufzeigt – gerade bei personalistisch strukturierten Gesellschaften eine Beschränkung des Bezugsrechtsausschlusses und eine damit einhergehende Stärkung des Bezugsrechts diskutiert werden. Folglich steht heute weniger das „Ob" eines Bezugsrechts der GmbH-Gesellschafter, als vielmehr dessen konkrete Ausgestaltung und dogmatische Grundlage im Zentrum des wissenschaftlichen Diskurses. Dieser hat seinen Ursprung in Überlegungen zur ordentlichen Kapitalerhöhung und wird gelegentlich – dann jedoch regelmäßig deutlich reduziert – im Rahmen des genehmigten Kapitals aufgegriffen.

---

401 Vgl. *Roth*/Altmeppen, GmbHG, § 55 Rn. 23.

402 So auch *Priester*, DB 1980, 1925, 1927.

1. Ordentliche Kapitalerhöhung als Ausgangspunkt

Ausgangspunkt der Entwicklung dogmatischer Grundlagen eines Bezugsrechts war die ordentliche Kapitalerhöhung nach § 55 GmbHG. Heute stehen sich in diesem Zusammenhang zwei Annahmen gegenüber. Der traditionellen Ansicht folgend stellt ein zusätzlich zum Kapitalerhöhungsbeschluss zu fassender Zulassungsbeschluss die Grundlage des Bezugsrechts der darin genannten Empfänger der neuen Anteile dar.[403] Einer neueren Entwicklung entspringt eine analoge Anwendung der aktienrechtlichen Regelung des § 186 Abs. 1 AktG als Grundlage eines ungeschriebenen gesetzlichen Bezugsrechts der GmbH-Gesellschafter.[404] Bereits vorab sei darauf hingewiesen, dass es sich bei der Frage nach der Grundlage des Bezugsrechts nicht lediglich um eine Frage dogmatischer Natur handelt. Wie nachfolgend aufgezeigt wird, wirkt sich die Grundlage des Bezugsrechts auf die (klageweise) Durchsetzung des Bezugsrechts sowie die formellen Voraussetzungen des Ausschlusses des Bezugsrechts aus.

a) *Erfordernis eines Zulassungsbeschlusses*

Das Erfordernis eines Zulassungsbeschlusses als Grundlage des Bezugsrechts hat seinen Ursprung in § 55 Abs. 2 S. 1 GmbHG.[405] Demzufolge können zur Übernahme eines Geschäftsanteils die bisherigen Gesellschafter oder andere Personen zugelassen werden. Daraus wird geschlussfolgert, dass neben dem Kapitalerhöhungsbeschluss – der die Personen der Übernehmer zunächst offen lasse – stets ein weiterer Beschluss zu fassen sei, der die zur Übernahme der neuen Anteile zugelassenen Personen festlege.[406] Nur die durch diesen Beschluss begünstigten Personen seien folglich zum Bezug der neuen Anteile berechtigt. *Ulmer* spricht insofern von einem „Anwartschaftsrecht auf Teilnahme

---

403 Ulmer/*Ulmer*, GmbHG, § 55 Rn. 38, 44 ff.; Rowedder/Schmidt-Leithoff/*Schnorbus*, GmbHG, § 55 Rn. 29, 33 ff.; *Roth*/Altmeppen, GmbHG, § 55 Rn. 20 ff.; Münch. Hdb. GesR III/*Wegmann* § 53 Rn. 17; *Immenga*, S. 227 ff.

404 MünchKommGmbHG/*Lieder* § 55 Rn. 69 ff.; Baumbach/Hueck/*Zöllner/Fastrich*, GmbHG, § 55 Rn. 20 f.; Lutter/Hommelhoff/*Lutter/Bayer*, GmbHG, § 55 Rn. 17; Michalski/*Hermanns*, GmbHG, § 55 Rn. 39; Scholz/*Priester*, GmbHG, § 55 Rn. 41 ff.; *ders.*, DB 1980, 1925, 1927 f.; *Norden*, S. 131 ff.

405 Ulmer/*Ulmer*, GmbHG, § 55 Rn. 46 f.

406 Ulmer/*Ulmer*, GmbHG, § 55 Rn. 38.

an der Kapitalerhöhung"[407] der bisherigen Gesellschafter, welches durch den Zulassungsbeschluss realisiert werde.[408]

Betrachtet man diesen Ansatz vor dem Hintergrund des Bezugsrechtsausschlusses, ist festzustellen, dass bisherige Gesellschafter durch Nichtberücksichtigung im Zulassungsbeschluss bei der bevorstehenden Kapitalerhöhung scheinbar unproblematisch außen vor gelassen werden können.[409] Um hingegen das einhellig als schützenswert erachtete Interesse der Altgesellschafter an einer anteilsmäßigen Beteiligung an der Kapitalerhöhung zu schützen, soll die Beschlussfassung im Sinne des § 55 Abs. 2 S. 1 GmbHG aus dem Grundsatz der Gleichbehandlung und der Treuepflicht resultierenden Schranken unterliegen.[410] Aus dem Gleichbehandlungsgrundsatz erwachse die Pflicht, bei der Zulassung bisheriger Gesellschafter zur Übernahme neuer Anteile grundsätzlich alle Gesellschafter zulassen zu müssen. Eine Abweichung davon sei zu rechtfertigen, wobei der zum Bezugsrechtsausschluss im Aktienrecht entwickelte Maßstab der Erforderlichkeit und Verhältnismäßigkeit gelte. Werden dagegen überhaupt keine Altgesellschafter an der Kapitalerhöhung beteiligt, komme ein Verstoß gegen den Gleichbehandlungsgrundsatz nicht in Betracht. In diesem Fall sei jedoch ein Verstoß der beschlussfassenden Mehrheit gegen die ihr gegenüber der Gesellschaft bzw. der Minderheit obliegende Treuepflicht in Betracht zu ziehen. Ein solcher Verstoß solle erneut nur ausscheiden, wenn der Ausschluss der Gesellschafter unter Anwendung des Maßstabs der Erforderlichkeit und Angemessenheit gerechtfertigt sei.[411]

Für das Erfordernis eines Zulassungsbeschlusses spreche neben § 55 Abs. 2 S. 1 GmbHG insbesondere die Kompetenzverteilung beim Abschluss des Übernahmevertrags.[412] Schließlich seien richtigerweise nicht die Geschäftsführer, sondern vielmehr die Gesellschafter selbst Vertreter der Gesellschaft beim Abschluss des

407 Ulmer/*Ulmer*, GmbHG, § 55 Rn. 50.

408 Siehe dazu auch *Norden*, S. 20, der darauf aufbauend von der „Lehre von der Anwartschaft" spricht.

409 Vgl. *Immenga*, S. 227.

410 Ulmer/*Ulmer*, GmbHG, § 55 Rn. 44, 51 ff.; Rowedder/Schmidt-Leithoff/*Schnorbus*, GmbHG, § 55 Rn. 36; *Roth*/Altmeppen, GmbHG, § 55 Rn. 23. Kritisch zur grundsätzlichen Geltung des Gleichbehandlungsgebots dagegen *Immenga*, S. 229 ff.

411 Ulmer/*Ulmer*, GmbHG, § 55 Rn. 51; Rowedder/Schmidt-Leithoff/*Schnorbus*, GmbHG, § 55 Rn. 36.

412 Ulmer/*Ulmer*, GmbHG, § 55 Rn. 47, 77.

Übernahmevertrags.[413] Richtig ist auch, dass die Gesellschafter die Geschäftsführung zur Abgabe der Annahmeerklärung ermächtigen können.[414] Daraus wird sodann geschlussfolgert, dass es in jedem Fall eines die Übernahme zulassenden Beschlusses der Gesellschafter bedürfe, der entweder konkludent die Annahmeerklärung der Gesellschafter oder die Ermächtigung der Geschäftsführung enthalte.[415] Letztere sei bereits dann in ebenjenem Zulassungsbeschluss enthalten, wenn sich die Gesellschafter den Vertragsschluss nicht ausdrücklich vorbehalten.[416]

Gegen die Annahme eines ungeschriebenen gesetzlichen Bezugsrechts in Analogie zum Aktienrecht spreche darüber hinaus das Fehlen einer dazu erforderlichen Regelungslücke. Indem § 55 Abs. 2 S. 1 GmbHG den Zulassungsbeschluss für den Übernahmevertrag ausdrücklich vorschreibe, liege eine solche gerade nicht vor.[417] Auch die Tatsache, dass ein gesetzliches Bezugsrecht weder durch die GmbH-Novelle 1980 noch durch das MoMiG eingeführt wurde, spreche gegen die Annahme einer Regelungslücke.[418]

b) Gesetzliches Bezugsrecht analog § 186 Abs. 1 AktG

Die Annahme eines ungeschriebenen gesetzlichen Bezugsrechts gemäß § 186 Abs. 1 AktG analog ist jedoch vorzugswürdig. Entgegen einer überraschend weitreichend bestehenden Einigkeit führen die unterschiedlichen Ansätze – wie nachfolgend im Einzelnen zu zeigen sein wird – auch durchaus zu unterschiedlichen Ergebnissen.[419] Die analoge Anwendung des § 186 Abs. 1 AktG hat zur Folge, dass auch

413 BGH, Urt. v. 30.11.1967 – II ZR 68/65, BGHZ 49, 117 (119); Ulmer/*Ulmer*, GmbHG, § 55 Rn. 47, 77. So grundsätzlich auch Scholz/*Priester*, GmbHG, § 55 Rn. 75 m. w. N., der jedoch ein ungeschriebenes gesetzliches Bezugsrecht befürwortet und diesbezüglich „[z]ur Annahme von Übernahmeerklärungen entsprechend dem gesetzlichen Bezugsrecht […] die Geschäftsführer dagegen auch ohne einen besonderen – das Bezugsrecht bestätigenden – Zulassungsbeschluss" als ermächtigt ansieht, siehe Scholz/*Priester*, GmbHG, § 55 Rn. 95.

414 BGHZ 49, 117 (120); MünchKommGmbHG/*Lieder* § 55 Rn. 137 m. w. N.

415 Ulmer/*Ulmer*, GmbHG, § 55 Rn. 47, 77.

416 BGHZ 49, 117 (120); Ulmer/*Ulmer*, GmbHG, § 55 Rn. 77 sowie Scholz/*Priester*, GmbHG, § 55 Rn. 95, der dies als „heute allg. Ansicht" bezeichnet.

417 Ulmer/*Ulmer*, GmbHG, § 55 Rn. 46.

418 Rowedder/Schmidt-Leithoff/*Schnorbus*, GmbHG, § 55 Rn. 35.

419 So auch Scholz/Priester, GmbHG, § 55 Rn. 46; Baumbach/Hueck/Zöllner/Fastrich, GmbHG, § 55 Rn. 20. Einigkeit besteht hingegen zwischen Ulmer/*Ulmer*, GmbHG, § 55 Rn. 48; Rowedder/Schmidt-Leithoff/*Schnorbus*, GmbHG, § 55 Rn. 35; *Roth*/Altmeppen, GmbHG, § 55 Rn. 23; *Immenga*, S. 228 einerseits und MünchKommGmbHG/*Lieder* § 55 Rn. 72; Michalski/*Hermanns*, GmbHG, § 55 Rn. 39 f.;

den Gesellschaftern einer Gesellschaft mit beschränkter Haftung – unabhängig vom Zulassungsbeschluss – qua Gesetz ein „echtes“ Bezugsrecht zusteht.[420] Damit geht eine Begrenzung der Bedeutung des Zulassungsbeschlusses einher. Schließlich ist ein solcher nicht erforderlich, wenn alle bisherigen Gesellschafter verhältniswahrend an der Kapitalerhöhung partizipieren.[421] Andernfalls würde der auf alle Gesellschafter lautende Zulassungsbeschluss lediglich das bereits durch das gesetzliche Bezugsrecht vorgegebene Ergebnis wiederholen.[422] In diesem Fall ist der Zulassungsbeschluss auch nicht erforderlich, um die Geschäftsführung zur Abgabe der Annahmeerklärung für den Übernahmevertrag zu ermächtigen, da die Ermächtigung dazu unmittelbar aus dem Bezugsrecht resultiert.[423] Dagegen ist auch bei Annahme eines gesetzlichen Bezugsrechts analog § 186 Abs. 1 AktG ein Zulassungsbeschluss erforderlich, wenn das Bezugsrecht ausgeschlossen wird bzw. Dritte neue Anteile übernehmen sollen und somit von dem bisherigen Beteiligungsverhältnis abgewichen wird.[424]

Die sogenannte „Lehre von der Anwartschaft“[425] fußt auf einem nicht zwangsläufigen Verständnis des Wortlauts des § 55 Abs. 2 S. 1 GmbHG, der wie folgt lautet.

> Zur Übernahme eines Geschäftsanteils können von der Gesellschaft die bisherigen Gesellschafter oder andere Personen, welche durch die Übernahme ihren Beitritt zu der Gesellschaft erklären, zugelassen werden.

Dieser wird dahingehend verstanden, dass es stets eines Beschlusses hinsichtlich der zur Übernahme zuzulassenden Personen bedarf, der selbigen das Bezugsrecht gewähre. Insbesondere aufgrund der gewählten Formulierung „können“ scheint jedoch naheliegender, dass lediglich aufgezählt werden soll, welche Personen überhaupt als Übernehmer zulässig sind, mithin zur Übernahme zugelassen werden können. Wäre der Gesetzgeber von einem stets erforderlichen Zulassungsbeschluss ausgegangen, hätte die Wortwahl „müssen“ erheblich näher

Fleischer GmbHR 2008, 673, 680 andererseits, dass im Ergebnis keine grundlegenden Unterschiede erkennbar seien.

420 Baumbach/Hueck/*Zöllner/Fastrich*, GmbHG, § 55 Rn. 20.

421 MünchKommGmbHG/*Lieder* § 55 Rn. 69, 71 f., 137; Scholz/*Priester*, GmbHG, § 55 Rn. 41 m. w. N.

422 Scholz/*Priester*, GmbHG, § 55 Rn. 95.

423 Scholz/*Priester*, GmbHG, § 55 Rn. 41; MünchKommGmbHG/*Lieder* § 55 Rn. 71. A. A. konsequenterweise Ulmer/*Ulmer*, GmbHG, § 55 Rn. 38, der ein gesetzliches Bezugsrecht gerade nicht anerkennt.

424 MünchKommGmbHG/*Lieder* § 55 Rn. 69, 71; Scholz/*Priester*, GmbHG, § 55 Rn. 41.

425 Nach *Norden*, S. 20.

gelegen, ohne dadurch andere unerwünschte inhaltliche Abweichungen zu erzeugen. Mithin ist lediglich die Klarstellung bezweckt, dass neben den bisherigen Gesellschaftern auch andere Personen als Übernehmer in Betracht kommen und eine Ausweitung des Gesellschafterkreises über die Gründer zulässig ist.[426] Auch die Systematik des § 55 Abs. 2 GmbHG spricht für ein dahingehendes Verständnis, da dem ersten Satz ein zweiter folgt, der den Beitritt der neuen Gesellschafter näher regelt.[427] Zu den Fragen, ob die bisherigen Gesellschafter von der Übernahme der neuen Anteile ausgeschlossen werden können und wie dieser Ausschluss bzw. die Zulassung zur Übernahme zu erfolgen hat, trifft § 55 Abs. 2 S. 1 GmbHG dagegen keine Aussage.[428] Zuzugeben ist, dass auch das hier dargelegte Verständnis des § 55 Abs. 2 S. 1 GmbHG nicht zwingend – nichts desto trotz aber vorzugswürdig – ist. Schließlich stellt die Norm bei diesem Verständnis aus heutiger Sicht lediglich eine Selbstverständlichkeit klar. Letztendlich ist dem reinen Wortlaut des § 55 Abs. 2 S. 1 GmbHG wohl weder in die eine noch in die andere Richtung übermäßige Aussagekraft zuzusprechen. Als tragendes Fundament eines zwingend erforderlichen Zulassungsbeschlusses taugt er jedenfalls nicht.

Insbesondere in Zusammenhang mit dem genehmigten Kapital offenbart die „Lehre von der Anwartschaft" eine weitere Schwäche. Da § 55a GmbHG keine dem § 55 Abs. 2 S. 1 GmbHG vergleichbare Regelung und damit keinen Zulassungsbeschluss kennt, müsste ein Bezugsrecht der bisherigen Gesellschafter im Rahmen des genehmigten Kapitals konsequenterweise abgelehnt oder ein Zulassungsbeschluss über diese Tatsache hinwegsehend dennoch gefordert werden.[429] Insofern spricht die Schaffung des neuen § 55a GmbHG ohne Zulassungsbeschluss dafür, dass der Gesetzgeber von einem unabhängig vom Zulassungsbeschluss bestehenden Bezugsrecht ausgegangen ist.[430]

---

426 So auch Baumbach/Hueck/*Zöllner/Fastrich*, GmbHG, § 55 Rn. 20; Scholz/*Priester*, GmbHG, § 55 Rn. 47; *ders.*, DB 1980, 1925, 1928. A. A. Ulmer/*Ulmer*, GmbHG, § 55 Rn. 38, 46, der konsequenterweise einen Zulassungsbeschluss stets fordert sowie Michalski/*Hermanns*, GmbHG, § 55 Rn. 37 und wohl auch MünchKommGmbHG/*Lieder* § 55 Rn. 71, die nichts desto trotz im Ergebnis ein gesetzliches Bezugsrecht anerkennen.

427 *Priester*, DB 1980, 1925, 1928 Fn. 70.

428 So für den Ausschluss auch *Priester*, DB 1980, 1925, 1928.

429 *Cramer*, GmbHR 2009, 406, 409. Siehe zu den Konsequenzen dieser Lehre im Rahmen des genehmigten Kapitals auch C.I.2.a) Bei Annahme eines Zulassungsbeschlusserfordernisses, S. 94.

430 So auch *Cramer*, GmbHR 2009, 406, 409.

Aus dem Schweigen des GmbHG zur Frage des gesetzlichen Bezugsrechts zu schlussfolgern, dass ein solches gerade nicht gewollt sei, ist nicht überzeugend. Soweit die Ursprungsfassung des GmbHG aus dem Jahre 1892 betroffen ist, ist festzustellen, dass zu diesem Zeitpunkt auch im Aktienrecht ein gesetzliches Bezugsrecht noch nicht existierte.[431] Dass ein gesetzliches Bezugsrecht nicht in Reaktion auf die Entwicklung im Aktienrecht nachträglich in das GmbHG aufgenommen wurde, ist den jeweiligen GmbH-Reformen geschuldet. So war ein Bezugsrecht der GmbH-Gesellschafter in den Reformentwürfen 1939[432] sowie 1971/1973[433] vorgesehen, fand aufgrund deren Scheitern jedoch keinen Einzug in den Gesetzestext.[434] Die unterbliebene Aufnahme des Bezugsrechts in die GmbH-Novelle 1980 lässt sich damit begründen, dass sich selbige ausdrücklich auf wenige, Gläubigerinteressen betreffende Änderungen konzentrierte.[435] Außerdem sollten gesetzliche Regelungen dann unterbleiben, wenn diese bereits geltendes Recht seien, sei es auch ungeschrieben.[436] Die Einführung eines genehmigten Kapitals in das GmbH-Recht durch das MoMiG lässt, wie bereits angedeutet und nachfolgend ausführlich dargestellt, vielmehr den Schluss zu, dass der Gesetzgeber von einem gesetzlichen Bezugsrecht analog § 186 Abs. 1 AktG ausgegangen ist.[437] Zwingend ist dieser Schluss jedoch ebenfalls nicht. Eindeutige Aussagen des Gesetzgebers für oder gegen ein gesetzliches Bezugsrecht lassen sich im Ergebnis nicht ausmachen. Vielmehr scheint sich der Gesetzgeber der Entscheidung bewusst entzogen zu haben, um die Frage auch weiterhin Rechtsprechung und Wissenschaft zu überlassen.[438]

Die Kompetenzverteilung in der Gesellschaft mit beschränkter Haftung lässt sich ebenso wenig gegen ein gesetzliches Bezugsrecht anbringen.[439] Wie bereits ausgeführt, fällt der Abschluss des Übernahmevertrags im GmbH-Recht zwar in den Zuständigkeitsbereich der Gesellschafter. Dies nimmt ihnen jedoch nicht

---

431 Scholz/*Priester*, GmbHG, § 55 Rn. 47; *ders.*, DB 1980, 1925, 1928. Siehe zum erst 1897 ins Handelsgesetzbuch eingeführten Bezugsrecht bereits B.II.1. Bezugsrecht, S. 70.

432 § 103 des Entwurfs des Reichsjustizministeriums abgedruckt bei *Schubert*, ZHR Beiheft 58, 123 f.

433 § 157 des Regierungsentwurfs, BT-Drucks. 7/253, S. 2, 47.

434 Scholz/*Priester*, GmbHG, § 55 Rn. 47; *ders.*, DB 1980, 1925, 1928.

435 *Priester*, DB 1980, 1925, 1928 mit Bezugnahme auf den Bericht des Rechtsausschusses, BT-Drucks. 8/3908, S. 66.

436 Bericht des Rechtsausschusses, BT-Drucks. 8/3908, S. 66.

437 So auch *Cramer*, GmbHR 2009, 406, 409. Dazu ausführlich C.I.2.a) Bei Annahme eines Zulassungsbeschlusserfordernisses, S. 94.

438 So auch MünchKommGmbHG/*Lieder* § 55 Rn. 70 a. E.

439 Scholz/*Priester*, GmbHG, § 55 Rn. 47; anders Ulmer/*Ulmer*, GmbHG, § 55 Rn. 47.

die Möglichkeit, die Geschäftsführer zum Vertragsabschluss zu ermächtigen, wobei die Ermächtigung im Falle eines Zulassungsbeschlusses schon dann in selbigem enthalten ist, wenn sich die Gesellschafter den Vertragsschluss nicht ausdrücklich vorbehalten.[440] Für den Fall, dass aufgrund des gesetzlichen Bezugsrechts unter Beibehaltung der bisherigen Beteiligungsquote ein solcher Zulassungsbeschluss gerade nicht erforderlich und demnach nicht gefasst ist, sind die Geschäftsführer nicht ohne Ermächtigung, sondern vielmehr aufgrund des gesetzlichen Bezugsrechts bereits durch den Kapitalerhöhungsbeschluss zum Abschluss des Übernahmevertrags ermächtigt.[441] Zwar taugt diese Argumentation aufgrund der zirkulären Begründung nicht zum Nachweis eines gesetzlichen Bezugsrechts (andernfalls würde das gesetzliches Bezugsrecht mit der Vollmacht im Kapitalerhöhungsbeschluss begründet, die wiederum nur aufgrund des gesetzlichen Bezugsrechts besteht), sie macht aber deutlich, dass unter Anerkennung eines gesetzlichen Bezugsrechts sehr wohl eine schlüssige Lösung für die Frage der Kompetenzverteilung möglich ist.

Betrachtet man die Frage nach der Grundlage des Bezugsrechts vor dem Hintergrund der Voraussetzungen des Bezugsrechtsausschlusses, so fällt eine weitere Unstimmigkeit der vorgenannten Ansicht ins Auge. Dazu ist zunächst in Erinnerung zu rufen, dass je nach Grundlage des Bezugsrechts dessen Ausschluss technisch leicht abgewandelt erfolgt. Resultiert das Bezugsrecht aus dem Zulassungsbeschluss, erfolgt der Ausschluss durch Nichtberücksichtigung in ebenjenem noch bevor es für den jeweiligen Gesellschafter entsteht. Eines ausdrücklichen Ausschlussbeschlusses bedarf es nicht.[442] Hat das Bezugsrecht seine Grundlage dagegen aufgrund einer Analogie zum Aktienrecht unmittelbar im Gesetz, erfolgt der Ausschluss des jedenfalls bereits abstrakt existierenden Bezugsrechts durch zu fassenden Beschluss.[443] Die unterschiedlichen technischen Verfahren des Bezugsrechtsausschlusses führen zu unterschiedlichen formellen Voraussetzungen. Während für den Ausschluss des gesetzlichen Bezugsrechts in konsequenter Fortführung der analogen Anwendung des § 186 AktG eine Mehrheit von drei Viertel der abgegebenen Stimmen erforderlich ist,[444] wird der Zulassungsbeschluss grundsätzlich nur mit einfacher Stimmenmehrheit

---

440 BGHZ 49, 117 (120). Siehe dazu bereits C.I.1.a) Erfordernis eines Zulassungsbeschlusses, S. 84.
441 Scholz/*Priester*, GmbHG, § 55 Rn. 41, 47, 95.
442 Rowedder/Schmidt-Leithoff/*Schnorbus*, GmbHG, § 55 Rn. 38.
443 Vgl. Scholz/*Priester*, GmbHG, § 55 Rn. 61.
444 Scholz/*Priester*, GmbHG, § 55 Rn. 61.

gefasst[445]. Dies führt zu dem fragwürdigen Ergebnis, dass der „Lehre von der Anwartschaft" zufolge der Ausschluss des Bezugsrechts bisheriger Gesellschafter einer Gesellschaft mit beschränkter Haftung jedenfalls formell geringeren Anforderungen unterliegt als der bisheriger Aktionäre einer Aktiengesellschaft. Teilweise wird die einfache Stimmenmehrheit nichts desto trotz aufrechterhalten,[446] teilweise der Zulassungsbeschluss ergebnisorientiert aber methodisch inkonsequent in jetzt analoger Anwendung des § 186 Abs. 3 AktG dem Erfordernis einer Dreiviertelmehrheit unterworfen[447]. Beide Wege zeigen, dass an das Aktienrecht angepasste formelle Anforderungen mit der „Lehre von der Anwartschaft" nicht schlüssig zu erzielen sind. Dass die Anforderungen im Rahmen der Gesellschaften mit beschränkter Haftung jedoch nicht hinter die der Aktiengesellschaft zurückfallen dürfen, wird umso deutlicher, wenn man beachtet, dass bereits bei personalistisch strukturierten Aktiengesellschaften besonders strenge Maßstäbe an den Bezugsrechtsausschluss diskutiert werden.[448] Dies muss dann bei der noch wesentlich stärker personalistisch strukturierteren Gesellschaft mit beschränkter Haftung erst recht der Fall sein,[449] sodass jedenfalls geringere Anforderungen offenkundig ausscheiden.

Durch die Anerkennung des gesetzlichen Bezugsrechts analog § 186 AktG wird die Einhaltung aktienrechtlicher Mindeststandards des Bezugsrechtsausschlusses auch im GmbH-Recht gesichert. Dem stehen auch keine dogmatischen Bedenken entgegen. Indem im GmbH-Recht Normen fehlen, die ein Bezugsrecht regeln, liegt insbesondere eine Regelungslücke vor.[450] Diese entfällt auch nicht aufgrund des vermeintlichen Zulassungsbeschlusserfordernisses des § 55 Abs. 2 S. 1 GmbHG,[451] da ein solches wie aufgezeigt nicht zwingend ist. Auch die fehlende Einführung eines gesetzlichen Bezugsrechts durch den Gesetzgeber lässt sich nicht gegen die Existenz einer Regelungslücke anführen.[452] Wie bereits ausgeführt, spricht wenig dafür, dass der Gesetzgeber sich damit ausdrücklich gegen

---

445 Rowedder/Schmidt-Leithoff/*Schnorbus*, GmbHG, § 55 Rn. 38; Ulmer/*Ulmer*, GmbHG, § 55 Rn. 41.

446 So Rowedder/Schmidt-Leithoff/*Schnorbus*, GmbHG, § 55 Rn. 38.

447 So Ulmer/*Ulmer*, GmbHG, § 55 Rn. 41 sowie *Roth*/Altmeppen, GmbHG, § 55 Rn. 26.

448 Scholz/*Priester*, GmbHG, § 55 Rn. 45 mit Verweis auf Großkomm. AktG/*Wiedemann* § 186 Rn. 147.

449 So auch Scholz/*Priester*, GmbHG, § 55 Rn. 45; *ders.*, DB 1980, 1925, 1927 m. w. N.

450 MünchKommGmbHG/*Lieder* § 55 Rn. 70. A. A. Ulmer/*Ulmer*, GmbHG, § 55 Rn. 46; Rowedder/Schmidt-Leithoff/*Schnorbus*, GmbHG, § 55 Rn. 35.

451 So aber Ulmer/*Ulmer*, GmbHG, § 55 Rn. 46.

452 So aber Rowedder/Schmidt-Leithoff/*Schnorbus*, GmbHG, § 55 Rn. 35.

ein gesetzliches Bezugsrecht positioniert hat. Viel wahrscheinlicher ist, dass sich der Gesetzgeber der Entscheidung über die dogmatische Grundlage des Bezugsrechts bewusst entzogen hat, um die Frage weiterhin Rechtsprechung und Wissenschaft zu überlassen.[453] Dies vermag nichts daran zu ändern, dass die Frage des Bezugsrechts keine Regelung im GmbHG erfahren hat und somit eine Regelungslücke vorliegt. Der für Kritik an der Analogie des § 186 Abs. 1 AktG geeignetere Ansatzpunkt wäre die Planwidrigkeit. Hier ließe sich einwenden, ebenjene müsse entfallen, wenn der Gesetzgeber – wie die unternommenen Versuche einer Kodifikation eines gesetzlichen Bezugsrechts im GmbH-Recht zeigen – sich des Fehlens einer Regelung bewusst gewesen sei und dennoch keine Regelung geschaffen habe. Die fehlende Kodifizierung trotz Kenntnis der Regelungslücke steht der Planwidrigkeit hinsichtlich des Ergebnisses eines auch im GmbH-Recht anzuerkennenden Bezugsrechts meines Erachtens jedoch nicht im Wege, sondern betrifft vielmehr erneut nur die Frage des Mittels. Daraus, dass sich der Gesetzgeber eines Entscheids über die dogmatische Grundlage des Bezugsrechts (durch Zulassungsbeschluss oder kraft Gesetzes) entzogen hat, folgt nicht, dass er von einem generellen Bezugsrecht bisheriger GmbH-Gesellschafter bewusst abgesehen hat und eine Rechtslage ohne Bezugsrecht planmäßig ist[454]. Vielmehr zeigen die eindringlichen Bemühungen ein Bezugsrecht der Altgesellschafter zu begründen sowie die übereinstimmende Anerkennung der Schutzbedürftigkeit der bisherigen Gesellschafter, dass eine Rechtslage ohne Bezugsrecht allseits unerwünscht ist. Darauf aufbauend wird wohl nicht davon ausgegangen werden können, dass der Gesetzgeber ein Bezugsrecht entgegen der einhelligen Meinung generell nicht wünscht, zumal dafür keinerlei Anzeichen in Gesetzestext oder -begründung erkennbar sind. Der gesetzgeberische Regelungsplan steht einem gesetzlichen Bezugsrecht analog § 186 Abs. 1 AktG folglich nicht entgegen.

Häufig wird die Übertragung aktienrechtlicher Grundsätze auf die Gesellschaft mit beschränkter Haftung einer besonderen Begründungspflicht unterworfen.[455] Hintergrund sind die Unterschiede beider Rechtsformen, die sich insbesondere in den jeweiligen rechtstatsächlichen Ausgestaltungen zeigen. Deshalb ist bei der Übertragung aktienrechtlicher Regelungen auf die Gesellschaft mit beschränkter Haftung besonders sorgfältig zu prüfen, „ob nicht die Eigenart der GmbH entgegensteht“[456]. Einer Analogie des § 186 Abs. 1 AktG steht die Eigenart der Gesellschaft mit beschränkter Haftung jedoch nicht entgegen. Vielmehr spricht

---

453 So auch MünchKommGmbHG/*Lieder* § 55 Rn. 70.

454 So auch MünchKommGmbHG/*Lieder* § 55 Rn. 70.

455 *Fleischer*, GmbHR 2008, 673, 674 m. w. N.

456 *Windbichler*, Gesellschaftsrecht, § 20 Rn. 3.

die (personalistische) Eigenart der Gesellschaft mit beschränkter Haftung wie bereits mehrfach erwähnt gerade für ein gesetzliches Bezugsrecht, da selbigem in dieser weitaus personalistischer geprägten Gesellschaftsform ein deutlich höherer Stellenwert beizumessen ist als in der Aktiengesellschaft.

Nur der Vollständigkeit halber sei erwähnt, dass die Frage nach der Grundlage des Bezugsrechts der GmbH-Gesellschafter in der höchstrichterlichen Rechtsprechung noch keine Klärung erfahren und bislang nicht über eine beiläufige Erwähnung hinausgehend Berücksichtigung gefunden hat.[457] Im Rahmen der Rechtsprechung zum genehmigten Kapital scheint das OLG München dagegen implizit von einem gesetzlichen Bezugsrecht analog § 186 Abs. 1 AktG auszugehen.[458]

Eine verbleibende Auswirkung der unterschiedlichen dogmatischen Begründungen zeigt sich abschließend bei der (klageweisen) Durchsetzung der jeweiligen Bezugsrechte. Unter Zugrundelegung eines gesetzliches Bezugsrechts analog § 186 Abs. 1 AktG steht den bezugsberechtigen – bei der Zuteilung der neuen Geschäftsanteile aber übergangenen – Gesellschaftern nach Abgabe einer Übernahmeerklärung ein klagbarer Anspruch unmittelbar auf Abgabe einer entsprechenden Annahmeerklärung gegen die Gesellschaft zu.[459] Bei Ablehnung eines gesetzlichen Bezugsrechts steht den übergangenen Gesellschaftern dagegen „nur" ein Anspruch auf einen sie begünstigenden und ihr Bezugsrecht begründenden Zulassungsbeschluss gegen die Mitgesellschafter zu.[460] Keine Unterschiede ergeben sich dagegen beim Handel mit den Bezugsrechten.[461] Schließlich steht den Altgesellschaftern im Falle des auf einem Zulassungsbeschluss beruhenden Bezugsrechts ein Anwartschaftsrecht auf Teilnahme an der Kapitalerhöhung zu,

---

457 Siehe BGH, Urt. v. 18.04.2005 – II ZR 151/03, GmbHR 2005, 925 (926).

458 OLG München GmbHR 2012, 329 (330). Siehe dazu auch C.I.2.b) Bei Annahme eines gesetzlichen Bezugsrechts analog § 186 Abs. 1 AktG, S. 99.

459 Scholz/*Priester*, GmbHG, § 55 Rn. 49; MünchKommGmbHG/*Lieder* § 55 Rn. 78; *Schmidt*, Gesellschaftsrecht, § 37, V., 1., a), ee); a. A. Ulmer/*Ulmer*, GmbHG, § 55 Rn. 47 f. und *Winter*, S. 267 f., denen zufolge aufgrund der Kompetenzverteilung im GmbH-Recht nicht die Gesellschaft, sondern die Mitgesellschafter die richtigen Beklagten sind.

460 Ulmer/*Ulmer*, GmbHG, § 55 Rn. 49; *Winter*, S. 268; a. A. *Schmidt*, Gesellschaftsrecht, § 37, V., 1., a), ee), dem zufolge auch diese Klage gegen die Gesellschaft erhoben werden muss.

461 A. A. Ulmer/*Ulmer*, GmbHG, § 55 Rn. 48, der einen Handel nur bei Anerkennung eines gesetzlichen Bezugsrechts für möglich hält.

welches als wesensgleiches Minus ebenso wie später das Vollrecht Gegenstand von Verfügungen sein kann.[462]

Im Gegensatz zum aus der Mitgliedschaft resultierenden allgemeinen Bezugsrecht entsteht der konkretere Bezugsrechtsanspruch der Gesellschafter – freilich nur sofern das Bezugsrecht nicht wirksam ausgeschlossen wurde – erst mit Fassung des Kapitalerhöhungsbeschlusses.[463]

2. Übertragbarkeit auf das genehmigte Kapital

Im Anschluss an das jedenfalls für die ordentliche Kapitalerhöhung im Ergebnis grundsätzlich anzuerkennende Bezugsrecht der GmbH-Gesellschafter stellt sich die Frage, ob und gegebenenfalls auf welcher Grundlage ein solches auch bei einer Kapitalerhöhung mittels genehmigten Kapitals existiert. Das GmbHG enthält nämlich – anders als das Aktiengesetz durch den Verweis des § 203 Abs. 1 S. 1 AktG auf § 186 Abs. 1 AktG – auch im Rahmen des § 55a GmbHG keine ausdrückliche Regelung. Soweit ersichtlich, ist – vergleichbar mit der Situation bei der ordentlichen Kapitalerhöhung – auch im Rahmen des genehmigten Kapitals die grundsätzliche Existenz eines Bezugsrechts der bisherigen Gesellschafter im Ergebnis einhellig anerkannt.[464] Dies vermag nicht zu überraschen, besteht das Interesse der bisherigen Gesellschafter an der Wahrung ihres Geschäftsanteilsverhältnisses doch unabhängig von der Art der Kapitalerhöhung.[465] Somit bleibt parallel zur ordentlichen Kapitalerhöhung einzig die Frage nach der dogmatischen Grundlage des Bezugsrechts. Dazu wird nachfolgend die Übertragbarkeit der zur ordentlichen Kapitalerhöhung vertretenen Konzepte auf die genehmigte Kapitalerhöhung untersucht.

a) Bei Annahme eines Zulassungsbeschlusserfordernisses

Im Rahmen der Argumentation zugunsten einer analogen Anwendung des § 186 Abs. 1 AktG bei der ordentlichen Kapitalerhöhung wurde bereits darauf hingewiesen, dass die „Lehre von der Anwartschaft" bei der Frage nach dem Bezugsrecht im Rahmen des genehmigten Kapitals auf ernstliche Schwierigkeiten

---

462 Michalski/*Hermanns*, GmbHG, § 55 Rn. 40.

463 *Wicke*, GmbHG, § 55 Rn. 11; Lutter/Hommelhoff/*Lutter/Bayer*, GmbHG, § 55 Rn. 18.

464 Siehe nur Scholz/*Priester*, GmbHG, § 55a Rn. 33, insbes. Fn. 5. Implizit auch OLG München GmbHR 2012, 329 (330).

465 Vgl. *Cramer*, GmbHR 2009, 406, 409.

stößt.[466] Dies hat seine Ursache darin, dass § 55a GmbHG und demnach das Verfahren der genehmigten Kapitalerhöhung keine dem § 55 Abs. 2 S. 1 GmbHG vergleichbare Vorschrift und somit keinen gesetzlichen Anknüpfungspunkt für einen Zulassungsbeschluss kennen.

Soll ein Bezugsrecht dennoch auch im Falle einer Kapitalerhöhung durch genehmigtes Kapital existieren, könnte dies nur erreicht werden, wenn auch im Verfahren der genehmigten Kapitalerhöhung ein Zulassungsbeschluss gefordert würde. Die Alternative, den bisherigen Gesellschaftern das Bezugsrecht im Falle einer genehmigten Kapitalerhöhung streitig zu machen, kann aufgrund der gleichlaufenden Interessenlage zwischen ordentlicher und genehmigter Kapitalerhöhung nicht als zufriedenstellende Lösung angesehen werden. Damit würden die Interessen der bisherigen Gesellschafter und der Minderheitenschutz zum Spielball der Gesellschaftermehrheit, die mit der Wahl des Kapitalerhöhungsverfahrens massiven Einfluss auf die fundamentalen Mitgliedschaftsrechte der bisherigen Gesellschafter und damit die Zusammensetzung der Gesellschaft erhielten.

Der Forderung nach einem Zulassungsbeschluss auch im Rahmen des genehmigten Kapitals nachzukommen, um auch dort ein Bezugsrecht zu begründen, steht jedoch der Wortlaut des § 55a GmbHG entgegen, der einen Zulassungsbeschluss eindeutig nicht vorsieht.[467] Dogmatisch ließe sich das Zulassungsbeschlusserfordernis im Rahmen des genehmigten Kapitals bestenfalls damit begründen, dass das Erfordernis der allgemeinen Vorschrift des § 55 Abs. 2 S. 1 GmbHG juristischer Methodik entsprechend auch auf die nachfolgende besondere Vorschrift des § 55a GmbHG Anwendung findet. Dies setzt jedoch voraus, dass § 55 GmbHG und § 55a GmbHG im Verhältnis von allgemeiner und besonderer Vorschrift zueinander stehen. Einerseits scheint die Systematik des Gesetzes diesen Schluss zu stützen. Schließlich ist der neue § 55a GmbHG zum genehmigten Kapital dem § 55 GmbHG zur ordentlichen Kapitalerhöhung unmittelbar nachfolgend eingefügt worden. Überdies wird der Rückgriff auf § 55 GmbHG bei anderen Fragen rund um das genehmigte Kapital bedenkenlos vollzogen. So werden insbesondere im Rahmen der Durchführung der genehmigten Kapitalerhöhung die Vorschriften der §§ 55 ff. GmbHG angewandt, obwohl eine ausdrückliche Verweisung – wie sie beispielsweise das Aktienrecht in § 203 Abs. 1

466 Siehe dazu bereits C.I.1.b) Gesetzliches Bezugsrecht analog § 186 Abs. 1 AktG, S. 86 sowie *Cramer*, GmbHR 2009, 406, 409.

467 *Cramer*, GmbHR 2009, 406, 409.

S. 1 AktG vorsieht – fehlt.[468] So verwundert es nicht, dass ohne konkreten Bezug zum Verhältnis der beiden Normen auch in der Literatur dahingehende Hinweise zu finden sind, indem beispielsweise von der „Grundvorschrift des § 55"[469] die Rede ist oder ausgeführt wird, dass im Rahmen des genehmigten Kapitals „[i]m Übrigen [...] die allgemeinen Vorschriften über die ordentliche Kapitalerhöhung bei der GmbH nach §§ 55 ff."[470] gelten. Dem steht auch nicht entgegen, dass § 55 GmbHG selbst bereits eine Sondervorschrift der allgemeinen Vorschriften der §§ 53, 54 GmbHG ist. Dies ist vielmehr dem Regelungssystem des GmbHG geschuldet, welches die Kapitalerhöhung im Gegensatz zum Aktiengesetz in den dortigen §§ 182 ff. AktG regelungstechnisch nicht verselbständigt hat[471], sondern als Unterfall der Satzungsänderung behandelt.[472] Andererseits ließe sich ebenso gut anführen, dass die systematische Stellung des Zulassungsbeschlusserfordernisses in § 55 Abs. 2 GmbHG gegen eine Übertragung auf § 55a GmbHG spricht, da sich dieser ausschließlich auf den vorhergehenden § 55 Abs. 1 GmbHG und damit die ordentliche Kapitalerhöhung bezieht.[473]

Unabhängig davon, ob sich das Zulassungsbeschlusserfordernis des § 55 Abs. 2 S. 1 GmbHG dogmatisch vertretbar auf das genehmigte Kapital des § 55a GmbHG übertragen lässt, ist festzustellen, dass ein solches jedenfalls nicht in das System der genehmigten Kapitalerhöhung passt. Zum einen lässt sich die Zuständigkeit der Gesellschafterversammlung für die Beschlussfassung des Zulassungsbeschlusses nur schwerlich mit der Zuständigkeit der Geschäftsführer zur Kapitalerhöhung und somit der Bestimmung der Personen der Übernehmer vereinbaren. Zum anderen passt das starre Erfordernis eines Zulassungsbeschlusses der Gesellschafter nicht zum flexiblen Rechtsinstitut des genehmigten Kapitals.

Im Rahmen der ordentlichen Kapitalerhöhung ist einhellig anerkannt, dass „Gesellschaft" im Sinne des § 55 Abs. 2 S. 1 GmbHG die Gesellschafter meint und die Zuständigkeit für den Zulassungsbeschluss mithin bei der Gesellschafterversammlung liegt.[474] Dies lässt sich jedoch nicht ohne Weiteres auf

468 Siehe nur MünchKommGmbHG/*Lieder* § 55a Rn. 46; Bork/Schäfer/*Arnold/Born*, GmbHG, § 55a Rn. 5; *Priester*, GmbHR 2008, 1177, 1181.

469 Scholz/*Priester*, GmbHG, § 55 Rn. 2.

470 MünchKommGmbHG/*Lieder* § 55a Rn. 4 a. E.

471 Scholz/*Priester*, GmbHG, § 55 Rn. 2.

472 Baumbach/Hueck/*Zöllner/Fastrich*, GmbHG, § 55 Rn. 4; Saenger/*Inhester*, GmbHG, § 55 Rn. 1.

473 So *Trautmann*, S. 77.

474 Ulmer/*Ulmer*, GmbHG, § 55 Rn. 40 m. w. N.

die genehmigte Kapitalerhöhung übertragen, wie spätestens die verschiedenen Möglichkeiten des Bezugsrechtsausschlusses im Rahmen des genehmigten Kapitals zeigen. Müssten nämlich die Gesellschafter bereits im Zeitpunkt der Ermächtigungserteilung den Zulassungsbeschluss mitfassen, bestünde nicht die einhellig anerkannte[475] Möglichkeit, die Geschäftsführung zum Ausschluss des Bezugsrechts zu ermächtigen.[476] Ein nach der Ausübungsentscheidung der Geschäftsführer von den Gesellschaftern zu fassender Zulassungsbeschluss, der die Entscheidung der Geschäftsführer lediglich wiederholen würde, würde dagegen durch das zusätzliche Beschlusserfordernis die vom genehmigten Kapital bezweckte Beschleunigung und Flexibilisierung der Kapitalerhöhung vereiteln. Folglich bliebe nur die Möglichkeit, die Geschäftsführer durch die Ausschlussermächtigung als zur Fassung des Zulassungsbeschlusses ermächtigt anzusehen. Zwar widerspricht dies auf den ersten Blick der eindeutigen Kompetenzzuweisung des § 55 Abs. 2 S. 1 GmbHG, ist im Falle des genehmigten Kapitals aber ohnehin erforderlich, da auch hier die Personen der Übernehmer einer Bestimmung bedürfen und dies aufgrund der nun zur Geschäftsführungsmaßnahme gewordenen Kapitalerhöhung[477] in die Zuständigkeit der Geschäftsführer fällt. Folglich wird man davon ausgehen müssen, dass die Ermächtigung zur Erhöhung des Stammkapitals zwangsläufig auch die Bestimmung der Personen der Übernehmer und somit die Beschlussfassung des Zulassungsbeschlusses[478] sowie die Ermächtigung zum Abschluss der Übernahmeverträge mitumfasst[479].

Die Fallkonstellation des Direktausschlusses erzeugt nicht minder große Schwierigkeiten. Planen die Gesellschafter, das Bezugsrecht von vornherein selber auszuschließen, müssten sie dazu in konsequenter Fortführung ihrer ausschließlichen Zuständigkeit ebenfalls bereits im Zeitpunkt des Ermächtigungsbeschlusses den Zulassungsbeschluss auf konkrete dritte Übernehmer lautend mitfassen. Mithin stünde bereits zu diesem Zeitpunkt fest, wer zur Übernahme der neuen Anteile zugelassen wäre. Grundprinzip des genehmigten Kapitals ist jedoch, dass die Kapitalerhöhung zu einer Geschäftsführungsmaßnahme wird und die Gesellschafter von der weiteren Mitwirkung grundsätzlich ausgeschlossen sind.[480] Stehen die in Betracht kommenden Personen der Übernehmer

475 Ulmer/*Casper*, GmbHG, § 55a Rn. 32 m. w. N.
476 So auch *Trautmann*, S. 77.
477 Siehe dazu nur Scholz/*Priester*, GmbHG, § 55a Rn. 19 m. w. N.
478 *Schnorbus/Donner*, NZG 2009, 1241, 1244; vgl. auch BeckOK GmbHG/*Ziemons* § 55a Rn. 48.
479 Scholz/*Priester*, GmbHG, § 55a Rn. 42.
480 Scholz/*Priester*, GmbHG, § 55a Rn. 19 m. w. N.

bereits durch den Zulassungsbeschluss fest, würde dies den Grundprinzipien des genehmigten Kapitals zuwiderlaufen und die Flexibilität der Geschäftsführer bei der Ausübung ihrer Ermächtigung bis hin zur Sinnlosigkeit des genehmigten Kapitals einschränken. Darüber hinaus können die Gesellschafter im Zeitpunkt der Beschlussfassung regelmäßig noch nicht absehen, wer als Übernehmer der aus der ungewissen zukünftigen Kapitalerhöhung resultierenden neuen Anteile in Betracht zu ziehen sein wird.[481] Eine Ermächtigung der Geschäftsführer zur Beschlussfassung über die Zulassung würde das Problem zunächst nicht lösen, da sie ja gerade insofern nicht frei über die Personen der Übernehmer bestimmen können, als bisherige Gesellschafter von der Übernahme der neuen Anteile ausgeschlossen sind. Folglich würde eine ohnehin schon problematische Ermächtigung für diesen Fall noch der Einschränkung bedürfen, dass der Zulassungsbeschluss nicht auf bisherige Gesellschafter lauten dürfte.

Einzig unproblematisch erscheint der Fall, dass die Gesellschafter ihr Bezugsrecht auf jeden Fall gewahrt wissen wollen. Dazu könnten sie zeitgleich mit dem Ermächtigungsbeschluss einen auf die bisherigen Gesellschafter lautenden Zulassungsbeschluss fassen. Die Situation würde sich folglich nicht von derjenigen Unterscheiden, dass bei Annahme eines gesetzlichen Bezugsrechts analog § 186 Abs. 1 AktG seitens der Gesellschafter weder ein Direktausschluss noch eine Ausschlussermächtigung vorliegen. Mithin könnten die Geschäftsführer ihre Ermächtigung zur Kapitalerhöhung unter Wahrung des Bezugsrechts der Gesellschafter fortan frei ausnutzen.

Im Ergebnis ist zwar nicht auszuschließen, dass sich das Erfordernis eines Zulassungsbeschlusses zur Begründung des Bezugsrechts auch für das genehmigte Kapital dogmatisch vertretbar begründen lässt, dies vermag jedoch nichts daran zu ändern, dass sich die bereits bei der ordentlichen Kapitalerhöhung aufgedeckten Schwächen des auf einem Zulassungsbeschluss basierenden Bezugsrechts auch im Rahmen des genehmigten Kapitals auswirken. Dies betrifft neben dem schon für die ordentliche Kapitalerhöhung nicht zwingenden Verständnis des § 55 Abs. 2 S. 1 GmbHG sowie das nicht zwingende Erfordernis eines Zulassungsbeschlusses zur Wahrung der Kompetenzverteilung insbesondere das Erfordernis, die zur Beschlussfassung erforderliche Mehrheit anzupassen. Darüber hinaus passt das Erfordernis eines Zulassungsbeschlusses zur Begründung des Bezugsrechts nicht in das System des genehmigten Kapitals und führt, wie in diesem Abschnitt dargestellt, aufgrund der unterschiedlichen Zuständigkeiten und der Grundprinzipien des genehmigten Kapitals zu weiteren Schwierigkeiten.

481 *Trautmann*, S. 77 f.

b) Bei Annahme eines gesetzlichen Bezugsrechts analog § 186 Abs. 1 AktG

Die zuvor aufgezeigten Schwierigkeiten bei der Übertragung eines auf einem Zulassungsbeschluss beruhenden Bezugsrechts von der ordentlichen auf die genehmigte Kapitalerhöhung sprechen umso deutlicher für ein gesetzliches Bezugsrecht der GmbH-Gesellschafter analog § 186 Abs. 1 AktG. Ein solches lässt sich dogmatisch bedenkenlos und inhaltlich konsistent auf das genehmigte Kapital übertragen. Im Aktienrecht verweist § 203 Abs. 1 S. 1 AktG schließlich unter anderem auf § 186 Abs. 1 S. 1 AktG, sodass den bisherigen Aktionären auch bei einer genehmigten Kapitalerhöhung unzweifelhaft ein Bezugsrecht zusteht. Diese Lösung lässt sich mittels analoger Anwendung des § 203 Abs. 1 S. 1 i. V. m. § 186 Abs. 1 AktG auf die Gesellschaft mit beschränkter Haftung übertragen.[482] Die dazu erforderliche Reglungslücke liegt nach hier vertretener Ansicht bereits bei der ordentlichen[483] und erst recht bei der genehmigten Kapitalerhöhung vor. Wie bereits für die ordentliche Kapitalerhöhung aufgezeigt, spricht die fehlende Einführung eines gesetzlichen Bezugsrechts auch im Rahmen des genehmigten Kapitals nicht gegen das Vorliegen einer Regelungslücke.[484] Soweit im Rahmen der ordentlichen Kapitalerhöhung das Erfordernis eines Zulassungsbeschlusses gegen eine Regelungslücke angeführt wurde,[485] wurde dies bereits dort widerlegt.[486] Das Gleiche muss erst recht beim genehmigten Kapital gelten, da das Zulassungsbeschlusserfordernis im Rahmen des genehmigten Kapitals wie aufgezeigt noch weitergehende Bedenken hervorruft. Da die Gesellschafter einer Gesellschaft mit beschränkter Haftung unabhängig von dem gewählten Kapitalerhöhungsverfahren ein den Aktionären einer Aktiengesellschaft mindestens gleichwertiges Interesse an der Wahrung ihres Anteilsverhältnisses haben,[487] liegt auch eine vergleichbare Interessenlage vor.

Für das genehmigte Kapital hat sich das OLG München in der ersten[488] und bisher wohl auch einzigen veröffentlichten Entscheidung zum genehmigten Kapital bei der Gesellschaft mit beschränkter Haftung für einen Bezugsrechtsaus-

---

482 So auch MünchKommGmbHG/*Lieder* § 55a Rn. 61 m. w. N.

483 Siehe dazu C.I.1.b) Gesetzliches Bezugsrecht analog § 186 Abs. 1 AktG, S. 86.

484 So jedenfalls für die ordentliche Kapitalerhöhung aber Rowedder/Schmidt-Leithoff/*Schnorbus*, GmbHG, § 55 Rn. 35.

485 So Ulmer/*Ulmer*, GmbHG, § 55 Rn. 46.

486 Siehe dazu erneut C.I.1.b) Gesetzliches Bezugsrecht analog § 186 Abs. 1 AktG, S. 86.

487 Baumbach/Hueck/*Zöllner/Fastrich*, GmbHG, § 55 Rn. 20; *Cramer*, GmbHR 2009, 406, 409.

488 *Lieder*, EWiR 2012, 113; *Priester*, GmbHR 2012, 331.

schluss in analoger Anwendung der aktienrechtlichen Regelung des § 203 Abs. 1 i. V. m. § 186 Abs. 3, 4 AktG bzw. § 203 Abs. 2 AktG ausgesprochen.[489] Dem liegt wohl implizit die Vorstellung zugrunde, dass den GmbH-Gesellschaftern bei einer genehmigten Kapitalerhöhung ein Bezugsrecht analog § 186 Abs. 1 AktG zusteht.

Im Rahmen einer genehmigten Kapitalerhöhung entsteht das konkrete Bezugsrecht abweichend von der ordentlichen Kapitalerhöhung erst mit der auf einer wirksamen Ermächtigung beruhenden Entscheidung der Geschäftsführer, das genehmigte Kapital ohne Bezugsrechtsausschluss auszunutzen.[490]

II. Bezugsrechtsausschluss

Das GmbHG enthält keinerlei Regelung oder auch nur Erwähnung des Bezugsrechtsausschlusses. Dies vermag insofern nicht zu überraschen, als das GmbHG sowohl im Rahmen der ordentlichen als auch im Rahmen der genehmigten Kapitalerhöhung bereits zum Bezugsrecht selbst schweigt. Trotz der fehlenden Kodifizierung und der überragenden Bedeutung des Bezugsrechts für die Gesellschafter sind Konstellationen denkbar, in denen schwerwiegende Belange der Gesellschaft einen Ausschluss des gesetzlichen Bezugsrechts erfordern.[491] Daher ist es nur konsequent, den Ausschluss des Bezugsrechts unter bestimmten Voraussetzungen auch im GmbH-Recht zuzulassen.[492] Zwar könnte dem entgegengesetzt werden, dass die personalistische Struktur der Gesellschaft mit beschränkter Haftung und der gebotene Schutz der Minderheitsgesellschafter einem Bezugsrechtsausschluss im GmbH-Recht generell entgegenstehen. Dies würde jedoch über das Ziel hinausschießen und die zuvor angedeuteten Fälle außer Acht lassen, in denen die Interessen der Gesellschaft an einem Bezugsrechtsausschluss die noch so bedeutsamen Interessen der vom Bezugsrecht ausgeschlossenen (Minderheits-) Gesellschafter überwiegen. Vielmehr können sowohl die personalistische Struktur als auch der ohne Frage erforderliche Minderheitenschutz im Rahmen der inhaltlichen Anforderungen des Bezugsrechtsausschlusses ausreichend berücksichtigt werden, ohne dass dazu ein generelles

---

489 OLG München GmbHR 2012, 329 (330).

490 MünchKommGmbHG/*Lieder* § 55a Rn. 61; Scholz/*Priester*, GmbHG, § 55a Rn. 33.

491 Vgl. Scholz/*Priester*, GmbHG, § 55 Rn. 54; Saenger/*Inhester*, GmbHG, § 55a Rn. 23.

492 Siehe zur insoweit einhelligen Meinung zur ordentlichen Kapitalerhöhung nur MünchKommGmbHG/*Lieder* § 55 Rn. 80, zur genehmigten Kapitalerhöhung MünchKommGmbHG/*Lieder* § 55a Rn. 62 sowie für beide Kapitalerhöhungsverfahren auch OLG München GmbHR 2012, 329 (330).

Verbot des Bezugsrechtsausschlusses erforderlich wäre.[493] So wird eine einzelfallbezogene Abwägung der widerstreitenden Interessen von Gesellschaft und Gesellschaftern ermöglicht.

1. Direktausschluss

Da sich sowohl das Bezugsrecht als auch der Bezugsrechtsausschluss im GmbH-Recht nach hier vertretener Ansicht eng an den aktienrechtlichen Regelungen orientieren, richtet sich letzterer weitestgehend nach den bereits erläuterten Grundsätzen des Aktienrechts.[494] Daraus folgt für die ordentliche Kapitalerhöhung, dass das Bezugsrecht durch die Gesellschafter selbst entweder bereits in der Gründungssatzung oder im späteren Kapitalerhöhungsbeschluss direkt ausgeschlossen werden kann.[495]

Für das genehmigte Kapital des Aktienrechts verweist § 203 Abs. 1 S. 1 AktG unter anderem auf die Vorschriften des Bezugsrechtsausschlusses bei der ordentlichen Kapitalerhöhung (§ 186 Abs. 3 und 4 AktG), sodass vorgenannte Varianten des Direktausschlusses im Aktienrecht auch im Rahmen des genehmigten Kapitals möglich sind. Jedenfalls diese beiden Möglichkeiten des Direktausschlusses werden übereinstimmend und ohne vertiefte Begründung auch beim genehmigten Kapital der Gesellschaft mit beschränkter Haftung anerkannt.[496] Unter der Prämisse, dass ein Bezugsrechtsausschluss auch im Rahmen des GmbH-Rechts zweckmäßig und erforderlich sein kann, ist es nur einleuchtend, wenn selbiger zumindest durch die Gesellschafter selbst möglich ist.

2. Ausschlussermächtigung

Dagegen wird gelegentlich die Frage aufgeworfen, ob die für die Aktiengesellschaft in § 203 Abs. 2 AktG vorgesehene Möglichkeit, den Vorstand zum Beschluss über den Bezugsrechtsausschluss zu ermächtigen, auf die Gesellschaft mit beschränkter Haftung übertragen werden kann.[497] Allein das Fehlen einer § 203 Abs. 2 AktG entsprechende Vorschrift im GmbHG vermag diesbezügliche

---

493 *Cramer*, GmbHR 2009, 406, 409 f.

494 Siehe zu den Grundlagen des aktienrechtlichen Bezugsrechtsausschlusses bereits B.II.2. Bezugsrechtsausschluss, S. 69.

495 MünchKommGmbHG/*Lieder* § 55 Rn. 80 a. E.

496 Vgl. MünchKommGmbHG/*Lieder* § 55a Rn. 62; Scholz/*Priester*, GmbHG, § 55a Rn. 35.

497 So insbesondere Ulmer/*Casper*, GmbHG, § 55a Rn. 30; Lutter/Hommelhoff/*Lutter*/*Bayer*, GmbHG, § 55a Rn. 23; *Priester*, GmbHR 2012, 331.

Bedenken nicht zu stützen, da das GmbHG generell keine Regelungen zum Bezugsrechtsausschluss enthält.[498] Problematisch erscheint eine mögliche Ermächtigung der Geschäftsführer zum Ausschluss des Bezugsrechts dagegen vor dem Hintergrund der Satzungsautonomie der Gesellschafter. Immerhin ist es Aufgabe der Gesellschafter, im Rahmen der Satzung oder des Kapitalerhöhungsbeschlusses über den Bezugsrechtsausschluss zu entscheiden.[499] Der Grundsatz der Satzungsautonomie besagt schließlich, dass „die Gesellschafter selbst – und nur sie! – über den Vertragsinhalt und über Vertragsänderungen“[500] bestimmen. Dieser Grundsatz könnte durch die Ermächtigung der Geschäftsführer zum Bezugsrechtsausschluss durchbrochen werden, da fortan die Geschäftsführer – und gerade nicht die Gesellschafter selbst – über die Personen zukünftiger Gesellschafter und deren Gesellschaftsanteile und damit über Vertragsinhalte entscheiden würden.

Bei genauerer Betrachtung ist jedoch festzustellen, dass die Gesellschafter ihre Satzungsbefugnis durch eine Ermächtigung der Geschäftsführer zur Beschlussfassung über den Bezugsrechtsausschluss nicht vollständig aus der Hand geben.[501] Schließlich verbleibt die grundsätzliche Entscheidung über den Ausschluss des Bezugsrechts bei den Gesellschaftern, welche die Geschäftsführer ausdrücklich zum Bezugsrechtsausschluss ermächtigen müssen[502]. Mit der vorgelagerten Entscheidung über die Erteilung der Ermächtigung behalten die Gesellschafter das Schicksal ihres Bezugsrechts in einem ersten Schritt mithin immer in den eigenen Händen. Weiterhin bleibt es den Gesellschaftern auch nach einmal erteilter Ermächtigung unbenommen, selbige zu widerrufen und die Kompetenz zur Entscheidung über das Bezugsrecht wieder voll an sich zu ziehen. Da die in der Gründungssatzung oder im späteren Ermächtigungsbeschluss enthaltene Ausschlussermächtigung einen Teil der Ermächtigung zur Kapitalerhöhung darstellt, kann die Aufhebung oder Änderung der Ausschlussermächtigung durch Abänderung der Ermächtigung zur Kapitalerhöhung erfolgen. Die zu diesem Zwecke einzuhaltenden Anforderungen richten sich nach dem Zeitpunkt der Schaffung des genehmigten Kapitals (Gründungssatzung oder Ermächtigungsbeschluss) und dessen Eintragung in das Handelsregister.

498 Ulmer/*Casper*, GmbHG, § 55a Rn. 30.

499 *Priester*, GmbHR 2012, 331.

500 *Schmidt*, Gesellschaftsrecht, § 5, I., 3., b).

501 Vgl. *Priester*, GmbHR 2008, 1177, 1178 mit einer ähnlichen Argumentation im Rahmen der Frage, ob das genehmigte Kapital als solches eine Durchbrechung des Grundsatzes der Satzungsautonomie darstellt.

502 Ulmer/*Casper*, GmbHG, § 55a Rn. 32; *Priester*, GmbHR 2012, 331.

Vor Eintragung des genehmigten Kapitals in das Handelsregister ist im Falle der Schaffung desselben in der Gründungssatzung eine Änderung des Gesellschaftsvertrags unter Zustimmung aller Gründer erforderlich.[503] Wurde das genehmigte Kapital dagegen durch nachträgliche Satzungsänderung geschaffen, hängen die Anforderungen zusätzlich davon ab, ob der Widerruf der Ausschlussermächtigung eine (Teil-)Aufhebung oder eine inhaltliche Änderung der Ermächtigung zur Kapitalerhöhung darstellt. In ersterem Fall reicht ein Gegenbeschluss gemäß § 47 Abs. 1 GmbHG mit einfacher Mehrheit zur (Teil-)Aufhebung aus. In letzterem Fall dagegen ist eine erneute Satzungsänderung einschließlich der dazu erforderlichen qualifizierten Mehrheit und notariellen Beurkundung gemäß § 53 Abs. 2 GmbHG sowie Eintragung nach § 54 GmbHG erforderlich.[504] Nach Eintragung des genehmigten Kapitals bedarf die Abänderung der Ermächtigung zur Kapitalerhöhung ebenfalls einer dahingehenden Satzungsänderung mit entsprechend qualifizierter Mehrheit, notarieller Form und Eintragung gemäß §§ 53, 54 GmbHG.[505] Unabhängig von den konkreten Voraussetzungen zeigen die vorstehenden Ausführungen, dass eine einmal erteilte Ausschlussermächtigung nicht unwiderruflich besteht. Vielmehr haben die Gesellschafter die Möglichkeit, die Entscheidungsgewalt über ihr Bezugsrecht jederzeit wiederzuerlangen, sodass sie ihre Satzungsbefugnis durch eine dahingehende Ermächtigung nie vollständig aufgeben.

Im Übrigen besteht mittels des – nach hier vertretener Ansicht auch hinsichtlich der Ausnutzung des genehmigten Kapitals und hinsichtlich des Bezugsrechtsausschlusses bestehenden[506] – Weisungsrechts der Gesellschafter stets die Möglichkeit, die Kompetenzen hinsichtlich des Bezugsrechtsausschlusses wieder an sich zu ziehen.[507]

---

503 Ulmer/*Casper*, GmbHG, § 55a Rn. 18; Baumbach/Hueck/*Zöllner/Fastrich*, GmbHG, § 55a Rn. 10.

504 Ulmer/*Casper*, GmbHG, § 55a Rn. 18; Scholz/*Priester*, GmbHG, § 55a Rn. 12; MünchKommGmbHG/*Lieder* § 55a Rn. 28; a. A. Lutter/Hommelhoff/*Lutter/Bayer*, GmbHG, § 55a Rn. 7, die auch für die Abänderung eine einfache Mehrheit ausreichen lassen, sofern selbige „nur ein Minus gegenüber dem Grundbeschluss enthält".

505 Ulmer/*Casper*, GmbHG, § 55a Rn. 18; Scholz/*Priester*, GmbHG, § 55a Rn. 12; MünchKommGmbHG/*Lieder* § 55a Rn. 28; Baumbach/Hueck/*Zöllner/Fastrich*, GmbHG, § 55a Rn. 10.

506 Siehe dazu nur MünchKommGmbHG/*Lieder* § 55a Rn. 30 ff. sowie ausführlich unter C.III.1.b)bb)(3)(a) Weisungsrecht im Rahmen des genehmigten Kapitals, S. 115.

507 So im Rahmen der Frage nach dem Erfordernis eines Vorabberichts der Geschäftsführer auch MünchKommGmbHG/*Lieder* § 55a Rn. 73.

Darüber hinaus ist zu bedenken, dass bereits das Rechtsinstitut des genehmigten Kapitals als Ganzes nicht weiter von einer Durchbrechung des Grundsatzes der Satzungsautonomie entfernt ist als die Ermächtigung der Geschäftsführer zum Bezugsrechtsausschluss.[508] Indem die Gesellschafter die Geschäftsführung mittels des genehmigten Kapitals zur Kapitalerhöhung ermächtigen, geben sie schließlich die Entscheidung über die Kapitalerhöhung und somit über die Höhe des Stammkapitals der Gesellschaft aus den Händen. Ob das Rechtsinstitut des genehmigten Kapitals deshalb bereits selbst eine Durchbrechung des Grundsatzes der Satzungsautonomie darstellt, ist jedoch ebenfalls unklar. Dies wird vereinzelt damit begründet, dass die Kapitalerhöhung als Satzungsmaßnahme eigentlich ausschließlich Sache der Gesellschafter sei, die durch die mittels des genehmigten Kapitals begründete Zuständigkeit der Geschäftsführer jedoch auf ein anderes Organ übertragen werde. Dies jedoch nicht, ohne die zuvor festgestellte Durchbrechung des Grundsatzes der Satzungsautonomie unmittelbar im Anschluss zu relativieren, da die Gesellschafter ihre Satzungsbefugnis aufgrund der erforderlichen ausdrücklichen Ermächtigung und der gesetzlich vorgeschriebenen zeitlichen und wertmäßigen Grenzen des genehmigten Kapitals nicht uneingeschränkt aus der Hand gäben.[509] Daher überrascht es nicht, dass sich in der Literatur verschiedene abgeschwächte Formulierungen zur „Durchbrechung" des Grundsatzes der Satzungsautonomie durch das Rechtsinstitut des genehmigten Kapitals finden. Während *Roth* von einer „teilweisen Einschränkung des Grundsatzes"[510] ausgeht, „schwächt"[511] das genehmigte Kapital die Satzungsautonomie nach *Terbrack* lediglich. Dagegen wird eine Durchbrechung des Grundsatzes der Satzungsautonomie von anderer Seite *expressis verbis* abgelehnt, da sich die Gesellschafter aufgrund des Erfordernisses einer ausdrücklichen Ermächtigung explizit dafür entschieden, den Kompetenzbereich der Geschäftsführer zu erweitern.[512] Unabhängig davon, ob das genehmigte Kapital den Grundsatz der Satzungsautonomie vollständig, teilweise oder gar nicht durchbricht, stellt die Ermächtigung zum Bezugsrechtsausschluss jedenfalls keine darüberhinausgehende Durchbrechung des Grundsatzes der Satzungsautonomie dar. Entweder das genehmigte Kapital durchbricht den in

---

508 Vgl. *Priester*, GmbHR 2012, 331.

509 *Priester*, GmbHR 2008, 1177, 1178. Das Rechtsinstitut des genehmigten Kapitals ohne weitere Begründung als Durchbrechung des Grundsatzes der Satzungsautonomie betrachtend OLG München GmbHR 2012, 329 (330); *Schnorbus/Donner*, NZG 2009, 1241.

510 *Roth*/Altmeppen, GmbHG, § 55a Rn. 1a a. E.

511 *Terbrack*, DNotZ 2012, 917, 923 f.

512 MünchKommGmbHG/*Lieder* § 55a Rn. 2; *ders.*, ZGR 2010, 868, 892.

Rede stehenden Grundsatz nicht, dann wäre es aufgrund der parallel laufenden Argumentation jedoch widersprüchlich, die Ermächtigung als Durchbrechung anzusehen, oder das genehmigte Kapital durchbricht den Grundsatz der Satzungsautonomie, dann stellt die Ermächtigung zum Bezugsrechtsausschluss jedoch keine darüberhinausgehende Durchbrechung dar, sondern bildet vielmehr nur einen logischen zweiten Schritt[513].

Einen anderen Anknüpfungspunkt, um eine etwaige Durchbrechung des Grundsatzes der Satzungsautonomie durch das Rechtsinstitut des genehmigten Kapitals als Ganzes oder die Ermächtigung der Geschäftsführer zur Entscheidung über den Bezugsrechtsausschluss abzulehnen, bietet die Überlegung, die Delegationsmöglichkeit selbst als Teil der Satzungsautonomie der Gesellschafter zu betrachten. So wird im Rahmen der Diskussion um die Anpassungsbefugnis des Satzungstextes[514] vorgetragen, dass es den Gesellschaftern im Rahmen der Satzungsautonomie möglich sein sollte, ungebunden entscheiden zu können, ob sie die Anpassung der Satzungsfassung delegieren wollen oder nicht.[515] Dieser Gedanke lässt sich auf die vorliegende Situation dahingehend übertragen, dass es den Gesellschaftern auch unbenommen sein sollte, im Rahmen der Satzungsautonomie eigenständig zu entscheiden, ob sie über die Erhöhung des Stammkapitals oder den Ausschluss des Bezugsrechts selbst entscheiden oder diese Entscheidung an die Geschäftsführer delegieren wollen. Dieses Ergebnis ist aus Praktikabilitätsgründen zwar zu begrüßen, die Begründung aus dem Grundsatz der Satzungsautonomie selbst führt dagegen wohl zu einer Aufweichung des Grundsatzes für alle Fälle der Ermächtigung. Schließlich könnte so mittels der zuvor von den Gesellschaftern jeweils selbst zu erteilenden Ermächtigung stets die Durchbrechung des Grundsatzes der Satzungsautonomie abgelehnt werden, unabhängig davon, wer im Anschluss wozu ermächtigt wird. Ob der Grundsatz der Satzungsautonomie aus sich heraus die Delegation verschiedener Kompetenzen der Gesellschafter gerade ermöglicht, erscheint mithin eher zweifelhaft.

Unabhängig von den zuletzt angestellten Erwägungen besteht aufgrund der zuvor genannten Gründe im Ergebnis auch beim genehmigten Kapital im GmbH-Recht – neben den beiden Wegen des Direktausschlusses – die Möglichkeit, die Geschäftsführung zur Entscheidung über den Ausschluss des Bezugsrechts zu ermächtigen.[516]

---

513 *Priester*, GmbHR 2012, 331.

514 Vgl. dazu ausführlich B.I.2.a) Ausgangspunkt: Satzungsanpassungsbefugnis, S. 57.

515 *Lieder*, DNotZ 2010, 655, 668.

516 So im Ergebnis auch OLG München GmbHR 2012, 329 (330); Ulmer/*Casper*, GmbHG, § 55a Rn. 32; Lutter/Hommelhoff/*Lutter/Bayer*, GmbHG, § 55a Rn. 23;

III. Anforderungen an den Bezugsrechtsausschluss

Die an einen wirksamen Bezugsrechtsausschluss zu stellenden Anforderungen variieren, je nachdem ob die Gesellschafter den Ausschluss eigenhändig durchführen (Direktausschluss) oder die Geschäftsführung zu dieser Maßnahme ermächtigen (Ausschlussermächtigung). Innerhalb der beiden Variationen hängen die spezifischen formellen und materiellen Voraussetzungen des rechtmäßigen Bezugsrechtsausschlusses weiterhin davon ab, wann der Direktausschluss bzw. die Erteilung der Ausschlussermächtigung erfolgen, mithin ob dies bereits in der Gründungssatzung oder erst im späteren Ermächtigungsbeschluss – der die Geschäftsführer mittels des genehmigten Kapitals zur Kapitalerhöhung ermächtigt – geschieht. Um die Voraussetzungen des Bezugsrechtsausschlusses im Rahmen des genehmigten Kapitals sorgfältig herauszuarbeiten und strukturiert darzulegen, erfolgt eine separate Darstellung für jede denkbare Konstellation.

1. Direktausschluss in der Gründungssatzung

Schaffen die Gesellschafter gemäß § 55a Abs. 1 S. 1 GmbHG bereits bei der Gründung der Gesellschaft in der Gründungssatzung ein genehmigtes Kapital und schließen ihr in Zusammenhang mit dieser genehmigten Kapitalerhöhung stehendes Bezugsrecht dabei aus, sind die an diese Ausschlussentscheidung zu stellenden Anforderungen von den Anforderungen zu unterscheiden, die die Geschäftsführung im Rahmen ihrer Ausübungsentscheidung bei der späteren Ausnutzung des genehmigten zu beachten hat.

a) Ausschlussentscheidung

Die Gesellschafter selbst haben beim Ausschluss ihres Bezugsrechts in der Gründungssatzung keine für den Bezugsrechtsausschluss spezifischen formellen oder materiellen Anforderungen zu beachten.[517] Da die Gründungssatzung einen übereinstimmenden Willen aller Gründer erfordert, müssen alle Gesellschafter dem in der Gründungssatzung enthaltenen Bezugsrechtsausschluss zugestimmt

---

Priester, GmbHR 2012, 331. Für die Zulässigkeit der Übertragung aller drei Wege aus dem Aktienrecht in das GmbH-Recht ohne differenzierende Bewertung zwischen dem Bezugsrechtsausschluss durch die Gesellschafter in Gründungssatzung bzw. Ermächtigungsbeschluss einerseits und durch die Geschäftsführung andererseits Scholz/*Priester*, GmbHG, § 55a Rn. 34 f.; *Lieder*, DNotZ 2010, 655, 670; *Schnorbus/ Donner*, NZG 2009, 1241, 1244; *Klett*, GmbHR 2008, 1312, 1314.

517 MünchKommGmbHG/*Lieder* § 55a Rn. 63; Gehrlein/Ekkenga/Simon/*Bormann*, GmbHG, § 55a Rn. 20; *Lieder*, DNotZ 2010, 655, 670; *Herrler*, DNotZ 2008, 903, 912.

haben, sodass weder formelle noch materielle Voraussetzungen zur Wahrung der Eigentumsgarantie des Art. 14 Abs. 1 GG oder zum Schutze etwaiger Minderheitsgesellschafter erforderlich sind.[518] Die trotz der Zustimmung zum Bezugsrechtsausschluss berechtigten Interessen der GmbH-Gesellschafter, ihr Bezugsrecht nur im Falle eines rechtmäßigen Ausschlusses zu verlieren, werden dadurch gewahrt, dass die nachfolgende Entscheidung der Geschäftsführer über die Ausnutzung des bezugsrechtsfrei geschaffenen genehmigten Kapitals einer Inhaltskontrolle unterworfen ist.[519]

Normativ lässt sich jedenfalls das Fehlen formeller Anforderungen damit begründen, dass § 186 Abs. 3 S. 2–4, Abs. 4 AktG gerade nicht analog anzuwenden ist.[520] Da diese Vorschriften offensichtlich auf den mit satzungsändernder Mehrheit zu schließenden Kapitalerhöhungsbeschluss gerichtet sind, finden sie bei in der Gründungssatzung enthaltenen Regelungen zum Bezugsrecht bereits im Aktienrecht keine Anwendung.[521] Folglich scheidet eine analoge Anwendung im Rahmen des GmbH-Rechts von vornherein aus. Zu beachten ist lediglich, dass das Bezugsrecht eines in der Gründungssatzung geschaffenen genehmigten Kapitals – sofern gewünscht – entsprechend der aktienrechtlichen Regelungen zwingend bereits zu diesem Zeitpunkt ausgeschlossen werden muss.[522] Schließlich verweist § 203 Abs. 1 S. 1 AktG auf § 186 Abs. 3 S. 1 AktG, der anders als § 186 Abs. 3 S. 2–4, Abs. 4 AktG gerade nicht auf einen mit satzungsändernder Mehrheit zu schließenden Kapitalerhöhungsbeschluss gerichtet ist und ausdrücklich klarstellt, dass „[d]as Bezugsrecht […] ganz oder zum Teil nur im Beschluß über die Erhöhung des Grundkapitals ausgeschlossen werden" kann. Gemäß § 203 Abs. 1 S. 2 AktG tritt die Ermächtigung zur Ausgabe neuer Aktien dabei an die Stelle des Beschlusses über die Erhöhung des Grundkapitals. Dies schließt einen nachträglichen Bezugsrechtsausschluss durch die Gesellschafter nach Schaffung des genehmigten Kapitals in der Gründungssatzung aus.

Dies führt auch dazu, dass das Bezugsrecht in der Satzung nicht generell für alle zukünftigen Kapitalerhöhungen ausgeschlossen werden kann. Gemäß § 203 Abs. 1 AktG i. V. m § 186 Abs. 3 S. 1 AktG kann das Bezugsrecht nämlich nur in der – in diesem Fall satzungsmäßigen – Ermächtigung zur Ausgabe der neuen Anteile und somit nur für die jeweilige genehmigte Kapitalerhöhung

---

518 *Herrler*, DNotZ 2008, 903, 912. Zur AG MünchKommAktG/*Bayer* § 203 Rn. 85; Hüffer/*Koch*, AktG, § 203 Rn. 9.

519 *Lieder*, DNotZ 2010, 655, 670.

520 *Lieder*, DNotZ 2010, 655, 670.

521 Siehe zum Aktienrecht bereits B.II.2.a)aa)(1) … in der Gründungssatzung, S. 73.

522 *Cramer*, GmbHR 2009, 906, 910.

ausgeschlossen werden. Dies ist vor dem Hintergrund des Gesellschafterschutzes auch zweckmäßig, da es dazu führt, dass es für jede Kapitalerhöhung zunächst bei dem Grundsatz des gesetzlichen Bezugsrechts bleibt. Soll das Bezugsrecht dagegen ausgeschlossen werden, müssen die an den Ausschluss zu stellenden Anforderungen zum Zwecke des Gesellschafterschutzes stets für die jeweilige Kapitalerhöhung einzeln vorliegen.

In materieller Hinsicht scheint *Priester* dagegen unter Rückgriff auf die *Holzmann*-Grundsätze auch im Falle des einstimmigen Direktausschlusses in der Gründungssatzung eine sachliche Rechtfertigung im Sinne der *Kali+Salz*-Formel bereits zu diesem Zeitpunkt für erforderlich zu halten.[523] Diese lasse sich wiederum nur dann prüfen, wenn die anvisierte Maßnahme bereits hinreichend konkretisiert sei. Zur Begründung werden zum einen die im GmbH-Recht fehlende Kontrolle durch den Aufsichtsrat und zum anderen die weitaus einschneidendere Bedeutung des Bezugsrechts für die GmbH-Gesellschafter angeführt. Insbesondere unter Bezugnahme auf die typischerweise personalistische Struktur der Gesellschaft mit beschränkter Haftung fordert auch *Cramer*, dass bereits die Entscheidung der Gesellschafter über den Bezugsrechtsausschluss der sachlichen Rechtfertigung bedarf.[524] Zwar ist beiden zuzugeben, dass gerade die hervorgehobene Bedeutung des Bezugsrechts für die GmbH-Gesellschafter für eine strengere Kontrolle des Bezugsrechtsausschlusses spricht. Dabei übersehen sowohl *Priester* als auch *Cramer* jedoch die zuvor genannte Besonderheit der Fallkonstellation des Direktausschlusses in der Gründungssatzung, namentlich die aufgrund ihrer eigenen Zustimmung zum Bezugsrechtsausschluss grundsätzlich geringere Schutzwürdigkeit der Gesellschafter sowie die darüber hinaus bestehende ausreichende Kontrollmöglichkeit im Zeitpunkt der Ausnutzungsentscheidung der Geschäftsführung.

Die Richtigkeit der hier vertretenen Auffassung, die zwischen der Gründungssituation und der nachträglichen Ermächtigungserteilung bzw. -anpassung differenziert, wird durch einen vergleichenden Blick auf die Diskussion im Aktienrecht bestätigt. Auch dort finden sich Stimmen, die im Falle des Direktausschlusses entgegen der *Siemens/Nold*-Rechtsprechung bereits im Zeitpunkt der Ausschlussentscheidung der Gesellschafter eine sachliche Rechtfertigung im Sinne der *Kali+Salz*-Formel fordern, wobei dies ausschließlich im Rahmen der Konstellation des Direktausschlusses im Ermächtigungsbeschluss vorgetragen wird.[525] Für die Konstellation des Direktausschlusses in der Gründungssatzung wird dagegen auch

523 Scholz/*Priester*, GmbHG, § 55a Rn. 35 ff.; *ders.*, GmbHR 2008, 1177, 1182.
524 *Cramer*, GmbHR 2009, 406, 411.
525 MünchKommAktG/*Bayer* § 203 Rn. 131, 145 f.

im Aktienrecht unter Bezugnahme auf den inhaltlich übereinstimmenden Willen der Gründungsgesellschafter auf jedwede sachliche Rechtfertigung verzichtet.[526]

b) Ausübungsentscheidung

Die Geschäftsführer haben bei der Ausnutzung des bezugsrechtsfrei geschaffenen genehmigten Kapitals dagegen neben der Einhaltung der allgemeinen Anforderungen an ihre Beschlussfassung dafür Sorge zu tragen, dass ihre Ausübungsentscheidung die materielle Voraussetzung der sachlichen Rechtfertigung erfüllt und die Gesellschafter mittels eines Vorabberichts über die anstehende bezugsrechtsfreie Kapitalerhöhung informiert werden.[527]

aa) Formelle Anforderungen

In formeller Hinsicht sind an den Beschluss der Geschäftsführer, das bezugsrechtsfrei geschaffene genehmigte Kapital auszunutzen, keine besonderen Anforderungen zu stellen. Vielmehr ist die Entscheidung über die Ausnutzung des genehmigten Kapitals und somit über die Durchführung der Kapitalerhöhung zu einer Geschäftsführungsmaßnahme geworden, sodass die Geschäftsführer innerhalb der Ermächtigung nach freiem Ermessen entscheiden.[528] Die Beschlussfassung richtet sich primär nach Maßgabe der im Gesellschaftsvertrag und in der gegebenenfalls bestehenden Geschäftsordnung für die Geschäftsführung geregelten Vorgaben für Geschäftsführerbeschlüsse, wobei der Beschluss nicht eintragungsfähig und demnach schon gar nicht eintragungspflichtig ist.[529] Vorbehaltlich abweichender Satzungsregelungen hat die formlose Beschlussfassung über die Ausnutzung des genehmigten Kapitals einstimmig zu erfolgen.[530] Die Ausnutzung des (bezugsrechtsfreien) genehmigten Kapitals bedarf keiner Zustimmung eines etwaig bestehenden Aufsichtsrats analog §§ 202 Abs. 3 S. 2, 204 Abs. 1 S. 2 AktG, da aufgrund der Weisungsbefugnis der GmbH-Gesellschafter[531]

---

526 MünchKommAktG/*Bayer* § 203 Rn. 85 m. w. N.

527 MünchKommGmbHG/*Lieder* § 55a Rn. 63 a. E., 71 ff.; *ders.*, DNotZ 2010, 655, 670 a. E., 675 ff.

528 MünchKommGmbHG/*Lieder* § 55a Rn. 29, 71 m. w. N.

529 MünchKommGmbHG/*Lieder* § 55a Rn. 63 a. E., 71.

530 *Schnorbus/Donner*, NZG 2009, 1241, 1243 m. w. N.

531 MünchKommGmbHG/*Lieder* § 55a Rn. 63 a. E., 72. Siehe zur umstrittenen Weisungsbefugnis im Rahmen des genehmigten Kapitals C.III.1.b)bb)(3)(a) Weisungsrecht im Rahmen des genehmigten Kapitals, S. 115.

kein mit dem Aktienrecht vergleichbares Bedürfnis nach Kontrolle durch den Aufsichtsrat besteht.[532]

bb) Materielle Anforderungen

In materieller Hinsicht haben die Geschäftsführer bei der Ausnutzung des in der Gründungssatzung bezugsrechtsfrei geschaffenen genehmigten Kapitals die Einhaltung der materiellen Schranken der sachlichen Rechtfertigung sowie der Berichterstattung zu berücksichtigen.[533]

(1) Sachliche Rechtfertigung

Für das Aktienrecht entwickelte der Bundesgerichtshof die sachliche Rechtfertigung als materielle Schranke des Bezugsrechtsausschlusses in der *Kali+Salz*-Entscheidung[534] zunächst für die ordentliche Kapitalerhöhung, bevor er sie in der *Holzmann*-Entscheidung[535] auf das Verfahren des genehmigten Kapitals übertrug.[536] Der vorliegend behandelte Fall des Direktausschlusses wurde höchstrichterlich erstmalig in der *Deutsche Bank*-Entscheidung[537] behandelt. Dabei setzte sich der Bundesgerichtshof jedoch ausschließlich mit den im Zeitpunkt des Direktausschlusses durch die Hauptversammlung einzuhaltenden Voraussetzungen auseinander. Die bei der Ausnutzung des genehmigten Kapitals vom Vorstand zu wahrenden Voraussetzungen wurden dagegen nicht thematisiert. Diesbezüglich stellte der Bundesgerichtshof in der *Siemens/Nold*-Entscheidung fest, dass „es Pflicht des Vorstandes [ist], im Rahmen seines unternehmerischen Ermessens sorgfältig zu prüfen, ob der allein ihm bekannte vollständige Sachverhalt die Durchführung des Hauptversammlungsbeschlusses, der den Ausschluß des Bezugsrechts der Aktionäre umfaßt, im Gesellschaftsinteresse rechtfertigt."[538]

Dass es einer Rechtfertigungsprüfung im Zeitpunkt der Ausnutzungsentscheidung des bezugsrechtsfreien genehmigten Kapitals grundsätzlich auch im Rahmen der Gesellschaft mit beschränkter Haftung bedarf, ist soweit ersichtlich unbestritten. Vielmehr ist sie gerade im GmbH-Recht erforderlich, um das berechtigte Interesse der GmbH-Gesellschafter an der Wahrung ihres aufgrund

---

532 MünchKommGmbHG/*Lieder* § 55a Rn. 34 f. m. w. N.

533 MünchKommGmbHG/*Lieder* § 55a Rn. 63 a. E., 72 f.; *ders.*, DNotZ 2010, 655, 670 a. E., 675 ff.

534 BGHZ 71, 40 (46).

535 BGHZ 83, 319 (321).

536 Siehe zum Aktienrecht bereits B.II.2.a)aa)(2)(b) Materielle Voraussetzungen, S. 74.

537 BGHZ 125, 239.

538 BGHZ 136, 133 (139).

der personalistischen Struktur „ihrer" Gesellschaft besonders bedeutsamen Bezugsrechts zu schützen.[539]

Hinsichtlich des Maßstabs der sachlichen Rechtfertigung wird im Aktienrecht teilweise vertreten, der Bundesgerichtshof sei in seiner *Siemens/Nold*-Entscheidung von dem ursprünglichen Prüfungsmaßstab der *Kali+Salz*-Formel dahingehend abgewichen, dass es künftig keiner Erforderlichkeits- und Verhältnismäßigkeitsprüfung mehr bedürfe.[540] Ausreichend sei vielmehr, dass der Bezugsrechtsausschluss im wohlverstandenen Interesse der Gesellschaft liege und eine Verhältnismäßigkeitsprüfung gerade nicht mehr erforderlich sei. Wenngleich dies wie bereits aufgezeigt aufgrund der im *Siemens/Nold*-Urteil gewählten und von den vorherigen Entscheidungen abweichenden Formulierungen jedenfalls für das Aktienrecht nicht gänzlich von der Hand zu weisen ist,[541] ist dem im Rahmen des GmbH-Rechts mit Vehemenz entgegenzutreten. Schließlich ist in Erinnerung zu rufen, dass das Bezugsrecht für die Gesellschafter einer regelmäßig personalistisch strukturierten Gesellschaft mit beschränkter Haftung von weitaus größerer Bedeutung ist als für die Aktionäre einer kapitalistischen Aktiengesellschaft. Insofern bedarf das Bezugsrecht der GmbH-Gesellschafter eines größeren Schutzes und sein Ausschluss höherer Hürden. Unter dieser Prämisse wäre es geradezu absurd, würde man den Prüfungsmaßstab für die sachliche Rechtfertigung des Bezugsrechtsausschlusses reduzieren. Mithin ist eine etwaige Reduzierung des Prüfungsmaßstabs im Aktienrecht jedenfalls nicht auf das GmbH-Recht zu übertragen, sodass es bei dem Erfordernis der Verhältnismäßigkeit im Zeitpunkt der Entscheidung der Geschäftsführer über die Ausnutzung des in der Gründungssatzung bezugsrechtsfrei geschaffenen genehmigten Kapitals bleibt. Folglich muss die Entscheidung der Geschäftsführer der Prüfung der sachlichen Rechtfertigung standhalten, sodass entsprechend der *Kali+Salz*-Formel[542] ein im Interesse der Gesellschaft liegender sachlicher Grund für den Bezugsrechtsausschluss existieren und ebenjener Bezugsrechtsausschluss zur Erreichung des mit ihm bezweckten Zieles geeignet, erforderlich und verhältnismäßig sein muss.

---

539 Siehe zur besonderen Bedeutung des Bezugsrechts für GmbH-Gesellschafter nur Scholz/*Priester*, GmbHG, § 55 Rn. 54 a. E.

540 *Hofmeister*, NZG 2000, 713, 714, 718; *Kerber*, DZWiR 1998, 326, 327; *Kindler*, ZGR 1998, 35, 39, 59 f.; wohl auch *Henze*, ZHR 167 (2003), 1, 3. Siehe zum Aktienrecht auch bereits B.II.2.a)bb) Ausübungsentscheidung der Geschäftsführung, S. 76.

541 Siehe dazu erneut B.II.2.a)bb) Ausübungsentscheidung der Geschäftsführung, S. 76.

542 BGHZ 71, 40 (46).

Bereits angedeutet wurde die Frage, ob es der sachlichen Rechtfertigung auch dann bedarf, wenn alle Gesellschafter dem Bezugsrechtsausschluss zugestimmt haben. Im Rahmen der ordentlichen Kapitalerhöhung ist anerkannt, dass die Prüfung der sachlichen Rechtfertigung aufgrund des hinfällig gewordenen Minderheitenschutzes entbehrlich ist, wenn sämtliche Gesellschafter dem Bezugsrechtsausschluss im Kapitalerhöhungsbeschluss zustimmen.[543] Dies mag für die ordentliche Kapitalerhöhung überzeugend sein, gibt es dort doch nur diesen einen Kapitalerhöhungsbeschluss, der den Bezugsrechtsausschluss und zugleich die endgültige Kapitalerhöhung besiegelt. Im Rahmen des genehmigten Kapitals dagegen liegt die Situation anders. Hier können zwischen Schaffung des bezugsrechtsfreien genehmigten Kapitals in der Gründungssatzung und dessen Ausnutzung gemäß § 55a Abs. 1 S. 1 GmbHG bis zu fünf Jahre vergehen, in denen sich eine weitgehende Änderung der die Kapitalerhöhung begleitenden Umstände ergeben kann. Dies kann dazu führen, dass sich einerseits Umstände, die die Gesellschafter bei der Schaffung des genehmigten Kapitals und der Zustimmung zum Bezugsrechtsausschluss berücksichtigt haben, verändert haben oder entfallen sind und andererseits Umstände, die seinerzeit nicht vorlagen oder in Erwägung gezogen wurden inzwischen eingetreten sind. Insofern ist es geboten, auch bei einem ursprünglich einstimmigen Bezugsrechtsausschluss durch die Gesellschafter im Zeitpunkt der Ausnutzung des genehmigten Kapitals eine an den aktuellen Gegebenheiten orientierte sachliche Rechtfertigung zu fordern.[544]

Dem widerspricht auch nicht die zuvor getroffene Feststellung, dass ein einstimmiger Gesellschafterbeschluss zum Bezugsrechtsausschluss gerade keiner sachlichen Rechtfertigung bedarf. Dies ist für den Zeitpunkt der einstimmigen Ausschlussentscheidung richtig, kann jedoch aufgrund der gegebenenfalls großen Zeitspanne bis zur Ausübungsentscheidung der Geschäftsführung nicht für letztere gelten. Darüber hinaus ist zu bedenken, dass die Ausschlussentscheidung gerade durch die Gesellschafter selbst getroffen wird, die ihr eigenes Bezugsrecht ausschließen, während die Ausübungsentscheidung von der Geschäftsführung getroffen wird, die über fremde Bezugsrechte entscheidet. Die fehlende sachliche Rechtfertigung der einstimmigen Ausschlussentscheidung der Gesellschafter wurde außerdem nicht zuletzt mit der Existenz einer materiellen Kontrolle

543 MünchKommGmbHG/*Lieder* § 55 Rn. 86; Michalski/*Hermanns*, GmbHG, § 55 Rn. 48.

544 So ohne den Vergleich zur ordentlichen Kapitalerhöhung und demnach ohne die Frage, ob es einer sachlichen Rechtfertigung überhaupt bedarf auch MünchKommGmbHG/*Lieder* § 55a Rn. 63 a. E., 72; *ders.*, DNotZ 2010, 655, 670 a. E., 675.

im Zeitpunkt der Ausübungsentscheidung begründet, sodass es widersprüchlich wäre, ebenjene materielle Kontrolle nun doch nicht für erforderlich zu halten.

Aufgrund der überragenden Bedeutung des Bezugsrechts für die Gesellschafter der typischerweise personalistisch strukturierten Gesellschaft mit beschränkter Haftung ist die sachliche Rechtfertigung des Bezugsrechtsausschlusses zwingend. Mithin können die Gesellschafter weder im Ermächtigungsbeschluss noch zu einer späteren Zeit beschließen, dass die sachliche Rechtfertigung ausnahmsweise nicht erforderlich sein soll.

(2) Kein vereinfachter Bezugsrechtsausschluss

Im Rahmen des Aktienrechts bietet § 186 Abs. 3 S. 4 AktG die Möglichkeit eines sog. vereinfachten Bezugsrechtsausschlusses, welcher gemäß § 203 Abs. 1 S. 1 AktG auch im Rahmen des genehmigten Kapitals Anwendung findet. Demnach ist der Bezugsrechtsausschluss insbesondere zulässig, wenn es sich erstens um eine Barkapitalerhöhung handelt, diese zweitens 10 % des Grundkapitals nicht übersteigt und drittens der Ausgabebetrag den Börsenpreis nicht wesentlich unterschreitet. Liegen diese Voraussetzungen vor, so bedarf es ausweislich der Gesetzesbegründung keiner sachlichen Rechtfertigungsgründe und insbesondere keiner Interessensabwägung zum Ausschluss des Bezugsrechts.[545]

Im GmbH-Recht findet der vereinfachte Bezugsrechtsausschluss dagegen keine Anwendung.[546] Sowohl der Wortlaut des § 186 Abs. 3 S. 4 AktG („Börsenpreis") als auch die aktienrechtliche Gesetzesbegründung erfordern eine börsennotierte Gesellschaft, da die Vorschrift eine flexible Beschaffung von Eigenkapital am Kapitalmarkt bezweckt[547]. Mangels Börsenzugangs der Gesellschaft mit beschränkter Haftung lässt sich der vereinfachte Bezugsrechtsausschuss daher nicht auf selbige übertragen. Ein etwaiger vereinfachter Bezugsrechtsausschluss wäre im Rahmen der personalistisch strukturierten Gesellschaft mit beschränkter Haftung darüber hinaus widersinnig. Mittels strengerer Anforderungen an die materielle Kontrolle soll das besondere Interesse der GmbH-Gesellschafter an der Wahrung ihres Bezugsrechts gerade geschützt werden. Diese strengen Anforderungen für bestimmte Kapitalerhöhungen im Rahmen eines vereinfachten

---

545 Begründung Fraktionsentwurf, BT-Drucks. 12/6721, S. 5, 10. Siehe zum wissenschaftlichen Diskurs, ob es sich dabei um eine widerlegliche oder unwiderlegliche Vermutung handelt MünchKommAktG/*Schürnbrand* § 186 Rn. 137 m. w. N.

546 MünchKommGmbHG/*Lieder* § 55a Rn. 68, § 55 Rn. 93; Scholz/*Priester*, GmbHG, § 55 Rn. 56; Baumbach/Hueck/*Zöllner*/*Fastrich*, GmbHG, § 55 Rn. 27 a. E.

547 Begründung Fraktionsentwurf, BT-Drucks. 12/6721, S. 5, 10.

Bezugsrechtsausschlusses sogleich wieder aufzuheben würde ein dahingehendes Bemühen torpedieren.

(3) Berichterstattung

Für das Aktienrecht hat der Bundesgerichtshof die lange Zeit umstrittene Frage nach dem Erfordernis einer Vorabberichterstattung in seiner *Mangusta/Commerzbank I*-Entscheidung[548] jedenfalls für die Rechtspraxis geklärt. Dieser Entscheidung zufolge muss der Vorstand der Hauptversammlung vor der Ausnutzung der Ermächtigung zum Bezugsrechtsausschluss keinen Vorabbericht über den Bezugsrechtsausschluss und dessen Gründe übermitteln.[549] Dies wird überzeugend erst recht auf die Ausnutzung eines bezugsrechtsfreien genehmigten Kapitals übertragen.[550]

Dieses Ergebnis lässt sich aufgrund der organisationsstrukturellen Unterschiede zwischen der Aktiengesellschaft und der Gesellschaft mit beschränkter Haftung jedoch nicht ohne Weiteres auf letztere übertragen.[551] Vielmehr erfordern die unterschiedliche Organisationsverfassung sowie die personalistische Beteiligungsstruktur der Gesellschaft mit beschränkter Haftung eine eigenständige Beurteilung für diese Rechtsform.[552] Eine vom Aktienrecht abweichende Beurteilung, die ihm Rahmen des GmbH-Rechts einen Vorabbericht erforderlich machen würde, ließe sich insbesondere mit der nur auf diesem Wege möglichen effektiven Durchsetzung des Weisungsrechts der GmbH-Gesellschafter begründen.[553] Ob den GmbH-Gesellschaftern auch im Rahmen des genehmigten Kapitals ein solches Weisungsrecht jedoch überhaupt zusteht, ist selbst höchst umstritten und erfordert demnach vorab einer Klärung.

---

548 BGHZ 164, 241.

549 BGHZ 164, 241 (244).

550 Hüffer/*Koch*, AktG, § 203 Rn. 11a a. E.; Hölters/*v. Dryander/Niggemann*, AktG, § 203 Rn. 21. Siehe zum Aktienrecht ferner bereits B.II.2.a)bb) Ausübungsentscheidung der Geschäftsführung, S. 76 sowie die kritische Beurteilung der *Mangusta/Commerzbank I*-Entscheidung bei MünchKommAktG/*Bayer* § 203 Rn. 157 ff.

551 MünchKommGmbHG/*Lieder* § 55a Rn. 73; *ders.*, DNotZ 2010, 655, 675.

552 MünchKommGmbHG/*Lieder* § 55a Rn. 73.

553 So beispielsweise MünchKommGmbHG/*Lieder* § 55a Rn. 73; Gehrlein/Ekkenga/Simon/*Bormann*, GmbHG, § 55a Rn. 43 f., 48 f.; *Kindler*, FS Hoffmann-Becking, S. 669, 676; *Lieder*, DNotZ 2010, 655, 675; *Cramer*, GmbHR 2009, 406, 409.

(a) Weisungsrecht im Rahmen des genehmigten Kapitals

§ 37 Abs. 1 GmbHG räumt den Gesellschaftern einer Gesellschaft mit beschränkter Haftung ein umfassendes Weisungsrecht ein, mithilfe dessen selbige den Geschäftsführern allgemeine oder spezielle Ge- oder Verbote in verbindlicher Form erteilen können.[554] Ob dieses Weisungsrecht jedoch auch im Rahmen des genehmigten Kapitals besteht und die Geschäftsführer zur Ausnutzung bzw. zum Unterlassen der Ausnutzung desselben (oder im Falle der Ausschlussermächtigung noch weitergehend zum Ausschluss des Bezugsrechts bzw. dessen Beibehaltung) angewiesen werden können, ist umstritten.

(aa) Ablehnung eines Weisungsrechts

Gegen die Weisungsgebundenheit der Geschäftsführer bei Entscheidungen über das genehmigte Kapital wird durchaus einleuchtend angeführt, dass es dem Charakter der Ermächtigung widerspreche, wenn mittels eines Weisungsbeschlusses in die von ebenjener Ermächtigung umfassten Entscheidungsbefugnisse eingegriffen werden könne.[555] Es erscheint in der Tat fragwürdig, ob es sich mit dem Charakter einer Ermächtigung, die ja gerade den Zweck hat, dass der Ermächtigte die Entscheidung für den Ermächtigenden treffen soll, vereinbaren lässt, wenn der Ermächtigende im Nachhinein durch die Weisung doch alleine entscheidet. Vielmehr hätte es in diesem Fall der Ermächtigung der Geschäftsführung zur Kapitalerhöhung und der anschließenden Weisung gar nicht bedurft, da die Gesellschafter die Kapitalmaßnahme mittels der ordentlichen Kapitalerhöhung den eigenen Wünschen entsprechend selbst hätten durchführen können.[556]

Darüber hinaus drohe durch das Zugeständnis eines Weisungsrechts die Unterwanderung der Voraussetzungen des als Satzungsänderung ausgestalteten genehmigten Kapitals und somit ein Wertungswiderspruch.[557] Schließlich erfolge die Ausübung des Weisungsrechts des § 37 Abs. 1 GmbHG nach § 47 Abs. 1 GmbHG lediglich durch einfache Mehrheit, während die Schaffung und

---

554 MünchKommGmbHG/*Stephan*/*Tieves* § 37 Rn. 115.

555 So BeckOK GmbHG/*Ziemons* § 55a Rn. 53; *Wicke*, GmbHG, § 55a Rn. 7; *Trautmann*, S. 45 ff.; *Klett*, GmbHR 2008, 1312, 1315. Gegen inhaltliche Vorgaben gegenüber den Geschäftsführern jedoch ohne konkreten Bezug zum Weisungsrecht Michalski/*Hermanns*, GmbHG, § 55a Rn. 11.

556 Dahingehend auch *Trautmann*, S. 45.

557 *Wicke*, GmbHG, § 55a Rn. 7. Jedenfalls für den Fall der Untersagungsweisung dahingehend auch *Nietsch*, FS Schneider, S. 873, 883 sowie sich dem anschließend *Trautmann*, S. 47.

Änderung des genehmigten Kapitals als Satzungsänderung ausgestaltet sei und die Einhaltung insbesondere der §§ 53 ff. GmbHG erfordere.

(bb) Differenzierung zwischen Untersagungsweisung und Durchführungsweisung

Nietsch[558] unterscheidet die Zulässigkeit von Weisungen im Rahmen des genehmigten Kapitals nach der Art der Anordnung. Demnach seien Weisungen, die die Ausnutzung des genehmigten Kapitals untersagen, unzulässig, während Weisungen zur Durchführung des Vorhabens für zulässig befunden werden. Der maßgebliche Unterschied liege darin, dass die Untersagungsweisung eine verdeckte Satzungsänderung darstelle, indem mittels der Weisung die den Anforderungen an eine Satzungsänderung unterliegende Aufhebung der Ermächtigung umgangen werde, während die Durchführungsweisung lediglich die Verwirklichung der Ermächtigung verfolge und gerade keine verdeckte Satzungsänderung darstelle. Bei Bezugsrechtsausschlüssen sollen dagegen auch konstruktive Weisungen ausgeschlossen sein, da andernfalls die Gefahr drohe, darüber Konflikte zwischen den Gesellschaftern auszutragen.

Darüber hinaus schütze das Verbot von untersagenden Weisungen vor Streitigkeiten zwischen den Gesellschaftern über die Rechtmäßigkeit bzw. Unrechtmäßigkeit des Weisungsbeschlusses, die die Geschäfte der Gesellschaft lähmen können. Dies begründet jedoch keine Differenzierung zwischen Untersagungs- und Durchführungsweisung, da derartige Streitigkeiten auch über eine konstruktive, die Durchführung anordnende Weisung auftreten können. Weiterhin sei das Weisungsrecht der Gesellschafter nicht zu deren Schutz erforderlich, da sie durch die Höchstfrist der Ermächtigungsdauer auf der einen Seite und einer fehlenden Pflicht zur Übernahme der neuen Geschäftsanteile auf der anderen Seite ausreichend abgesichert seien.

(cc) Stellungnahme

Trotz der vorgenannten Bedenken ist auch im Rahmen des genehmigten Kapitals ein Weisungsrecht der GmbH-Gesellschafter anzuerkennen.[559] Ausgangspunkt

558 *Nietsch*, FS Schneider, S. 873, 882 ff.

559 So auch MünchKommGmbHG/*Lieder* § 55a Rn. 30 ff.; Ulmer/*Casper*, GmbHG, § 55a Rn. 21 f.; Scholz/*Priester*, GmbHG, § 55a Rn. 21; Baumbach/Hueck/*Zöllner/Fastrich*, GmbHG, § 55a Rn. 3, 12 a. E.; *Roth*/Altmeppen, GmbHG, § 55a Rn. 7; Lutter/Hommelhoff/*Lutter/Bayer*, GmbHG, § 55a Rn. 9; Rowedder/Schmidt-Leithoff/*Schnorbus*, GmbHG, § 55a Rn. 24; Henssler/Strohn/*Gummert*, GmbHG, § 55a Rn. 27; *Eggert*, GmbHR 2014, 856, 858 ff.; *Cramer*, GmbHR 2009, 406, 408; *Priester*, GmbHR

ist zunächst, dass die Ausnutzung des genehmigten Kapitals durch die Geschäftsführer richtigerweise – und soweit ersichtlich auch von den Gegnern eines Weisungsrechts im Rahmen des § 55a GmbHG unbestritten – als Geschäftsführungsmaßnahme zu qualifizieren ist.[560] Daraus folgt zunächst, dass die Geschäftsführer ihre Entscheidung unter Wahrung der Grenzen der erteilten Ermächtigung grundsätzlich eigenständig und nach pflichtgemäßem Ermessen treffen.[561] Daraus folgt aber ebenso zwingend, dass die Geschäftsführer der gesetzlichen Regelung des § 37 Abs. 1 GmbHG entsprechend grundsätzlich auch hinsichtlich des genehmigten Kapitals verpflichtet sind, die Weisungen der Gesellschafter zu beachten.[562]

Der Einwand eines fehlenden, die Weisungsbefugnis rechtfertigenden Schutzbedürfnisses der Gesellschafter geht bereits von einer falschen Grundannahme aus.[563] Indem die Durchführung der Kapitalerhöhung zu einer Geschäftsführungsmaßnahme geworden ist, besteht der gesetzlichen Konzeption entsprechend auch diesbezüglich ein Weisungsrecht gemäß § 37 Abs. 1 GmbHG, ohne dass es zu dessen Begründung einer besonderen Schutzbedürftigkeit bedarf. Folgerichtig wird demnach darauf hingewiesen, dass vielmehr Anhaltspunkte vorliegen müssten, die einen Vorrang des neuen § 55a GmbHG vor dem § 37 Abs. 1 GmbHG nahelegen.[564] Mithin ist richtigerweise zu fragen, ob eine Durchbrechung des Grundsatzes der Weisungsabhängigkeit bei Geschäftsführungsmaßnahmen durch im Rechtsinstitut des genehmigten Kapitals liegende Umstände geboten ist.[565]

Zu Recht wird zwar bemerkt, dass Fälle denkbar sind, in denen eine Durchbrechung dieses Grundsatzes in Betracht zu ziehen und ggf. gar anerkannt ist.[566] Dies ändert jedoch nichts daran, dass auch diese Fälle eine Durchbrechung des weiterhin bestehenden Grundsatzes des Weisungsrechts bei Geschäftsführungsmaßnahmen darstellen. Genauso würde auch die Einschränkung des

---

2008, 1177, 1179; *Schnorbus/Donner*, NZG 2009, 1241, 1244; *Herrler*, DNotZ 2008, 903, 910.

560 Ulmer/*Casper*, GmbHG, § 55a Rn. 21 f. m. w. N.; einzig zweifelnd Baumbach/Hueck/*Zöllner/Fastrich*, GmbHG, § 55a Rn. 12.

561 MünchKommGmbHG/*Lieder* § 55a Rn. 29.

562 MünchKommGmbHG/*Lieder* § 55a Rn. 30.

563 Dennoch so von *Trautmann*, S. 47 f. erhoben sowie von *Nietsch*, FS Schneider, S. 873, 883 angedeutet.

564 *Cramer*, GmbHR 2009, 406, 409.

565 Siehe auch *Lieder*, DNotZ 2010, 655, 661; *ders.*, ZGR 2010, 868, 902, der dies als „den Kern der Problematik" bezeichnet.

566 So *Trautmann*, S. 45.

Weisungsrechts im Rahmen des genehmigten Kapitals diesen Grundsatz und somit die GmbH-spezifische Organisationsstruktur durchbrechen.[567] Die bloße Aufzählung derartiger Fallgestaltungen zeigt zwar, dass eine Durchbrechung bei entsprechender Interessenlage grundsätzlich möglich ist, führt aber nicht dazu, dass es sich dabei nicht um eine Durchbrechung des prinzipiell bestehenden Grundsatzes handelt.

Im Rahmen des genehmigten Kapitals wird vertreten, dass eine Durchbrechung des Grundsatzes der Weisungsabhängigkeit bei Geschäftsführungsmaßnahmen durch den Normzweck des § 55a GmbHG geboten sei.[568] Aufgrund der Alternative der durch die Gesellschafter selbst durchzuführenden ordentlichen Kapitalerhöhung nach § 55 Abs. 1 GmbHG[569] bestehe das alleinige Bedürfnis für eine Weisung zur Ausnutzung des genehmigten Kapitals in der Umgehung der weiteren notariellen Beurkundung, die die ordentliche Kapitalerhöhung mit sich bringen würde. Dass die von § 55a GmbHG bezweckte Kostenersparnis gerade durch die Weisung erzielt werden sollte, wird dabei zwar zu Recht bezweifelt, spricht jedoch nicht im Geringsten gegen die Weisungsbefugnis. Selbstverständlich wurde bei der Schaffung des § 55a GmbHG weniger an den Umweg der Weisung gedacht, als vielmehr an die selbstständige Geschäftsführerentscheidung, die den beurkundungspflichtigen Gesellschafterbeschluss ersetzen und somit zur Kostenersparnis führen sollte.[570] Nichts desto trotz führt neben dem eigenständigen Geschäftsführungsbeschluss *auch* die Weisung zu der gewünschten Kostenersparnis und somit zum Normzweck des § 55a GmbHG. Jedenfalls aber droht durch den Weisungsfall keine Vereitelung des Normzwecks der Kostenersparnis, die den Ausschluss der Weisungsbefugnis rechtfertigen würde.[571]

Hinsichtlich des zweiten Normzwecks des § 55a GmbHG, der schnelleren und flexibleren Kapitalbeschaffung, führt die Möglichkeit der Weisung obendrein eher zu einer Erhöhung der Flexibilität und Geschwindigkeit.[572] Da die Weisung verglichen mit der bestehenden Alternative der Satzungsänderung der

---

567 So auch *Lieder,* DNotZ 2010, 655, 661; *ders.*, ZGR 2010, 868, 902; a. A. *Trautmann*, S. 45.

568 *Trautmann*, S. 45 f.

569 Von *Trautmann*, S. 45 fälschlicherweise als § 53 Abs. 1 GmbHG angegeben.

570 Siehe dazu den Bericht des Rechtsausschusses, BT-Drucks. 16/9737, S. 50, 56.

571 So sieht auch *Nietsch*, FS Schneider, S. 873, 881 jedenfalls im Normzweck der Kostenersparnis „keinen Grund für die Weisungsfreiheit des Geschäftsführers“.

572 *Eggert*, GmbHR 2014, 856, 859; *Lieder*, DNotZ 2010, 655, 661; *ders.*, ZGR 2010, 868, 903; a. A. *Nietsch*, FS Schneider, S. 873, 881 mit einer für diesen Normzweck umgekehrten Wertung.

wesentlich einfachere Weg der Einflussnahme ist, können die Gesellschafter darüber flexibel und schnell Einfluss auf das Verfahren nehmen.[573] Der Einwand, Flexibilisierung im Sinne des Normzwecks meine nur eine Steigerung der Flexibilität der Geschäftsführung und keine allgemeine Steigerung der Flexibilität erscheint wenig überzeugend.[574] Vielmehr muss bei richtigem Verständnis des Rechtsinstituts des genehmigten Kapitals festgehalten werden, dass das Rechtsinstitut als Ganzes zu einer Beschleunigung und Flexibilisierung der Kapitalbeschaffung bei Gesellschaften mit beschränkter Haftung führen sollte. Schließlich waren die Geschäftsführer vor der Existenz des § 55a GmbHG überhaupt nicht in die Kapitalerhöhung eingebunden. Das genehmigte Kapital bezweckte also nur, die Geschäftsführung überhaupt in das Kapitalerhöhungsverfahren einzubinden, um das Verfahren als Ganzes zu flexibilisieren und zu beschleunigen und nicht, dem vorher gar nicht beteiligten Geschäftsführer „noch mehr" Flexibilität zu verschaffen. Die Geschäftsführer sind folglich nicht Ziel der Flexibilisierung, sondern vielmehr Mittel zur Flexibilisierung der Kapitalerhöhung.

Für die Existenz eines Weisungsrechts der GmbH-Gesellschafter im Rahmen des genehmigten Kapitals spricht weiterhin das Fehlen eines obligatorischen Aufsichtsrats. Bei der Aktiengesellschaft stellt der Aufsichtsrat auch beim genehmigten Kapital eine Kontrollinstanz dar, die den Vorstand überwacht.[575] Diese Überwachungs- und Kontrollfunktion übernimmt im GmbH-Recht die Gesellschafterversammlung. Das Weisungsrecht stellt dabei das zentrale Einwirkungsmittel dar, um den Gesellschaftern die effektive Ausübung ihrer Überwachungs- und Kontrollfunktion zu ermöglichen.[576] Würde den Gesellschaftern dieses Weisungsrecht abgesprochen, würde eine dem Aktienrecht vergleichbare Kontrolle entfallen,[577] obwohl die Geschäftsführung der Gesellschaft mit beschränkter Haftung verglichen mit dem Vorstand der Aktiengesellschaft einer strengeren Bindung unterliegen.

Die berechtigten Interessen der Minderheitsgesellschafter wurden bei den bisherigen Überlegungen zur Existenz eines Weisungsrechts im Rahmen des genehmigten Kapitals vollständig ausgeklammert. Ebenjene könnten jedoch eine Durchbrechung des Grundsatzes der Weisungsabhängigkeit erfordern, wenn ihnen anderweitig nicht ebenso gut Rechnung getragen werden kann. In diesem Zusammenhang stellen sich insbesondere zwei Fragen. Zum einen die nach der

---

573 *Lieder*, DNotZ 2010, 655, 661; *ders.*, ZGR 2010, 868, 903.

574 So erhoben von *Trautmann*, S. 46.

575 *Eggert*, GmbHR 2014, 856, 859.

576 *Kindler*, FS Hoffmann-Becking, S. 669, 676; *Lieder*, DNotZ 2010, 655, 676.

577 *Eggert*, GmbHR 2014, 856, 859.

Zulässigkeit von Weisungen in Bezug auf den Bezugsrechtsausschluss und zum anderen die nach der für den Weisungsbeschluss erforderlichen Mehrheit.

Hinsichtlich der Reichweite des Weisungsrechts ist zunächst festzustellen, dass sich selbiges jedenfalls auf die ursprüngliche Ermächtigung erstreckt,[578] die Gesellschafter also auf das „Ob" der Ausnutzung des genehmigten Kapitals, deren Zeitpunkt sowie deren Ausmaß Einfluss nehmen können.[579] Zur Begrenzung schlägt *Priester* auf den ersten Blick naheliegend vor, dass das Weisungsrecht die Bezugsrechte der Gesellschafter dagegen nicht berühren dürfe.[580] Dies scheint zum Schutze des Bezugsrechts der (Minderheits-) Gesellschafter sinnvoll und erforderlich. Verbreiteter ist die Lösung, das Bezugsrecht zwar nicht vollständig von der Weisungsgebundenheit auszunehmen, Weisungen diesbezüglich jedoch unter das Erfordernis einer Dreiviertelmehrheit zu stellen.[581] Bei genauerer Betrachtung ist beides allerdings nicht erforderlich. Sofern die Ermächtigung zum Ausschluss des Bezugsrechts von der ursprünglichen Ermächtigung zur Kapitalerhöhung umfasst ist, spricht nichts dagegen, auch dahingehende Weisungen zuzulassen.[582] Dazu sollte auch die für das Weisungsrecht allgemein geltende einfache Mehrheit des § 47 Abs. 1 GmbHG ausreichen.[583] Andernfalls würde kein wesentlich größerer Schutz der berechtigten Interessen der (Minderheits-) Gesellschafter erzielt, die GmbH-spezifische Organisationsstruktur mit dem Grundsatz der Weisungsabhängigkeit jedoch beeinträchtigt. Schließlich sind die (Minderheits-) Gesellschafter durch die zum Zeitpunkt der Weisung bereits eingehaltenen Voraussetzungen bei der Schaffung des genehmigten Kapitals sowie die später im Rahmen der Geschäftsführerentscheidung noch stattfindende materielle Kontrolle ausreichend geschützt. Insbesondere das Erfordernis einer Dreiviertelmehrheit des Weisungsbeschlusses würde lediglich die bereits bei der Schaffung des genehmigten Kapitals erforderliche Dreiviertelmehrheit wiederholen und keinen weitergehenden Schutz bieten. Auch ein vollständiger Ausschluss aller Weisungen hinsichtlich des Bezugsrechts ist dann nicht erforderlich,

---

578 *Lieder*, DNotZ 2010, 655, 661; *Priester*, GmbHR 2008, 1177, 1179.

579 *Lieder*, ZGR 2010, 868, 904.

580 Scholz/*Priester*, GmbHG, § 55a Rn. 21; *ders.*, GmbHR 2008, 1177, 1179; diesem zustimmend Henssler/Strohn/*Gummert*, GmbHG, § 55a Rn. 27.

581 Gehrlein/Ekkenga/Simon/*Bormann*, GmbHG, § 55a Rn. 48; *Trautmann*, S. 47; *Eggert*, GmbHR 2014, 856, 860 ff.

582 So ausdrücklich auch MünchKommGmbHG/*Lieder* § 55a Rn. 72.

583 Siehe zur – soweit ersichtlich nach einhelliger Meinung – ausreichenden einfachen Mehrheit bei nicht bezugsrechtsbezogenen Weisungen nur Ulmer/*Casper*, GmbHG, § 55a Rn. 22 m. w. N.

wenn das in der vorliegenden Arbeit dargestellte System der formellen und materiellen Kontrolle des Bezugsrechtsausschlusses in den jeweils vor- bzw. nachgelagerten Zeitpunkten des Gesellschafter- bzw. Geschäftsführerbeschlusses eingehalten wird. Letztlich darf nicht vergessen werden, dass die Weisung lediglich einen zusätzlichen Schritt zwischen Schaffung und Ausnutzung des genehmigten Kapitals (ggf. unter Ausschluss des Bezugsrechts) darstellt und die zu den jeweiligen Zeitpunkten erforderlichen Voraussetzungen weder zu umgehen noch zu beeinflussen im Stande ist.

Wie beim Bezugsrechtsausschluss wird eine Abweichung von der für den Weisungsbeschluss normalerweise erforderlichen einfachen Mehrheit auch bei Weisungen, die über die Ermächtigung hinausgehen oder davon abweichen, diskutiert.[584] An dieser Stelle scheint die Frage nach der erforderlichen Mehrheit jedoch vorschnell gestellt. Wie bereits erörtert, erstreckt sich die Reichweite möglicher Weisungen zunächst nur auf den Umfang der ursprünglichen Ermächtigung.[585] Eine darüber hinausgehende Weisung, die die Geschäftsführer beispielsweise anweist, die Kapitalerhöhung in einer nicht von der Ermächtigung gedeckten Höhe oder zu einem nicht von der Ermächtigung umfassten Zweck durchzuführen, ist auch unter Einhaltung einer Dreiviertelmehrheit nicht möglich. Vielmehr ist dazu eine Satzungsänderung erforderlich, die zusätzlich zur Dreiviertelmehrheit insbesondere der Form der notariellen Beurkundung sowie der Eintragung und Bekanntmachung im Handelsregister bedarf.[586] Selbstredend ist eine solche Satzungsänderung nur im Rahmen der materiellen Grenzen des § 55a Abs. 1 GmbHG zulässig. Eine Erweiterung der Höhe oder des Zwecks erfordert eine Satzungsänderung, da die Geschäftsführung andernfalls zu einer Maßnahme angewiesen würde, die nicht von ihrer Ermächtigung gedeckt ist, sodass sie insoweit ohne Vertretungsmacht wäre. Nach der Abänderung der Höhe bzw. des Zwecks ist es den Gesellschaftern dagegen unbenommen, im Rahmen der nun von der Ermächtigung umfassten Höhe bzw. Zwecke Weisungen zu erteilen.

---

584 Ulmer/*Casper*, GmbHG, § 55a Rn. 22; *Lieder*, DNotZ 2010, 655, 661; *ders.*, ZGR 2010, 868, 904.

585 *Lieder*, DNotZ 2010, 655, 661; *Priester*, GmbHR 2008, 1177, 1179.

586 Anders ausdrücklich Ulmer/*Casper*, GmbHG, § 55a Rn. 22, der neben einer Satzungsänderung auch eine Weisung mit Dreiviertelmehrheit zulassen will. Unklar insoweit *Lieder*, DNotZ 2010, 655, 661, dem zufolge es eines „mit satzungsändernder Mehrheit gefassten Beschlusses" bedarf, wobei unklar bleibt, ob damit ein Weisungsbeschluss oder ein neuer Satzungsbeschluss gemeint ist; wie hier dagegen *ders.*, ZGR 2010, 868, 904 mit dem Erfordernis eines „satzungsändernden Beschlusses".

Durch das vorstehende Konzept, welches in Übereinstimmung mit der gesetzlichen Konzeption für Weisungen im Rahmen der Ermächtigung eine einfache Mehrheit ausreichen lässt und Weisungen außerhalb der Ermächtigung nicht ohne vorherige Satzungsänderung zulässt, wird im Übrigen eine vermeintlich bestehende Rechtsunsicherheit hinsichtlich der Existenz und der Voraussetzungen des Weisungsrechts im Rahmen des genehmigten Kapitals vermieden.[587]

Abschließend sei noch angemerkt, dass der Grundsatz der Satzungsfreiheit es den Gesellschaftern selbstredend unbenommen lässt, die Stellung der Geschäftsführung gegenüber der Gesellschafterversammlung abweichend vom vorgestellten gesetzlichen Regelfall nach ihren Vorstellungen auszugestalten. So ist eine Stärkung der Eigenverantwortlichkeit der Geschäftsführer in Anlehnung an § 76 Abs. 1 AktG möglich, indem unter anderem das Weisungsrecht der Gesellschafter für die entsprechenden Maßnahmen ausgeschlossen wird.[588]

(b) Vorabberichterstattung

Die Existenz ebenjenes Weisungsrechts wirkt sich, wie bereits angedeutet, nicht zuletzt in erheblichem Maße auf die Frage nach dem Erfordernis eines Vorabberichts vor Ausnutzung des genehmigten Kapitals (ggf. unter Ausschluss des Bezugsrechts) aus. Das soeben auch im Rahmen des genehmigten Kapitals des GmbH-Rechts befürwortete Weisungsrecht als maßgebliche organisationsrechtliche Abweichung vom Aktienrecht sowie die personalistische Beteiligungsstruktur der Gesellschaft mit beschränkter Haftung stehen einer bedenkenlosen Übertragung der für das Aktienrecht ergangenen *Mangusta/Commerzbank I*-Entscheidung[589] des Bundesgerichtshofs auf die Gesellschaft mit beschränkter Haftung einerseits entgegen. Andererseits spricht der Normzweck der schnellen und flexiblen Kapitalbeschaffung des § 55a GmbHG dafür, auch im GmbH-Recht keinen Vorabbericht vor Ausnutzung des genehmigten Kapitals zu fordern. Je nach Gewichtung der Organisationsverfassung und der personalistischen Beteiligungsstruktur einerseits und dem Normzweck des § 55a GmbHG andererseits fallen die Antworten auf die Frage nach dem Erfordernis des Vorabberichts aus.

---

587 *Trautmann*, S. 47 trägt die vermeintliche Rechtsunsicherheit jedoch als „wesentliches Gegenargument" vor.

588 Scholz/*Uwe H. Schneider/Sven H. Schneider*, GmbHG, § 37 Rn. 24; *Nietsch*, FS Schneider, S. 873, 881.

589 BGHZ 164, 241.

(aa) Vorabbericht erforderlich

So wird teilweise vertreten, dass ein Vorabbericht vor Ausnutzung des genehmigten Kapitals stets erforderlich sei, unabhängig davon, ob eine bezugsrechtswahrende oder bezugsrechtsfreie genehmigte Kapitalerhöhung beabsichtigt werde.[590] Dies wird insbesondere damit begründet, dass der Vorabbericht erforderlich sei, um der Gesellschaftermehrheit die effektive Durchsetzung ihres Weisungsrechts zu ermöglichen. Schließlich könnten die Gesellschafter von ihrem Weisungsrecht nur dann sinnvoll Gebrauch machen und Einfluss auf die Kapitalerhöhung nehmen, wenn sie vorab über deren Bevorstehen informiert würden. Für die Gesellschafterminderheit sei der Vorabbericht dagegen von Interesse, um die vermeintlich rechtswidrige Kapitalmaßnahme im Wege der Unterlassungsklage und der einstweiligen Verfügung rechtzeitig zu rügen und der Eintragung zuvorzukommen.[591] Darüber hinaus widerspreche die alleinverantwortliche Entscheidung der prinzipiell weisungsgebundenen Geschäftsführer über die Durchführung der Kapitalerhöhung der Struktur der Gesellschaft mit beschränkter Haftung.[592]

Zur rechtsdogmatischen Begründung stellt *Cramer* unter Verweis auf § 49 Abs. 2 GmbHG darauf ab, dass die Beteiligung der Gesellschafter an der Kapitalmaßnahme durch das Interesse der Gesellschaft notwendig werde.[593]

(bb) Vorabbericht nicht erforderlich

Dagegen wird unter wohl stärkerer Gewichtung des Regelungszwecks des genehmigten Kapitals und eingeschränkter Bedeutung des Weisungsrechts ein Vorabbericht vereinzelt weder vor der Ausnutzung des genehmigten Kapitals noch vor dem Ausschluss des Bezugsrechts für erforderlich gehalten.[594] *Ziemons* erkennt im Rahmen des genehmigten Kapitals bei Gesellschaften mit beschränkter

---

590 Gehrlein/Ekkenga/Simon/*Bormann*, GmbHG, § 55a Rn. 43, 49; *Nietsch*, FS Schneider, S. 873, 879 f., 888; *Cramer*, GmbHR 2009, 406, 409; wohl auch *Eggert*, GmbHR 2014, 856, 862 f.

591 *Eggert*, GmbHR 2014, 856, 862.

592 *Cramer*, GmbHR 2009, 406, 409.

593 *Cramer*, GmbHR 2009, 406, 409.

594 Bork/Schäfer/*Arnold/Born*, GmbHG, § 55a Rn. 18, 22; jedenfalls „in Bezug auf die Ausnutzung des genehmigten Kapitals" verneinend auch Rowedder/Schmidt-Leithoff/*Schnorbus*, GmbHG, § 55a Rn. 34 sowie *ders./Donner*, NZG 2009, 1241, 1245.

Haftung schon kein Weisungsrecht an,[595] sodass konsequenterweise auch kein Vorabbericht zu dessen Durchsetzung erforderlich sei.[596]

Jedenfalls im Falle der Ausnutzung der Ermächtigung zum Bezugsrechtsausschluss dürfte die Geschäftsführung jedoch selbst bei Ablehnung des Vorabberichtserfordernisses nicht von jedweder Berichterstattung befreit sein. Vielmehr hätten die Geschäftsführer zumindest den aktienrechtlichen Mindeststandard einzuhalten und den Gesellschaftern in Übereinstimmung mit der Rechtsprechung des Bundesgerichtshofs in den Sachen *Mangusta/Commerzbank I* und *Siemens/Nold* mittels einer Nachberichterstattung auf der nächsten Gesellschafterversammlung „über die Einzelheiten […] zu berichten und Rede und Antwort zu stehen“[597].[598]

(cc) Differenzierende Lösungswege

Daneben werden zwei differenzierende Ansichten vertreten, die sich an unterschiedlichen Kriterien orientieren und einen angemessenen Ausgleich zwischen dem Schutzinteresse der Gesellschafter und der Zielsetzung der schnellen und flexiblen Kapitalerhöhung herzustellen versuchen. *Lieder* differenziert zwischen dem Erfordernis eines Vorabberichts vor der Ausnutzung des genehmigten Kapitals (ohne Bezugsrechtsausschluss) und dem Erfordernis eines Vorabberichts vor dem Ausschluss des Bezugsrechts.[599] Vor der bloßen Ausnutzung des genehmigten Kapitals sei demnach kein Vorabbericht erforderlich, da die bezugsrechtswahrende Kapitalerhöhung die Interessen der Gesellschafter nicht gefährde, die Schnelligkeit und Flexibilität der Kapitalerhöhung durch einen Vorabbericht jedoch beeinträchtigt werde.[600] Vor dem Ausschluss des Bezugsrechts dagegen erfordere das Interesse der Gesellschafter an einer verhältniswahrenden Beteiligung an der Kapitalerhöhung einen Vorabbericht.[601] *Casper* dagegen differenziert

595 BeckOK GmbHG/*Ziemons* § 55a Rn. 52 ff.

596 BeckOK GmbHG/*Ziemons* § 55a Rn. 52, 60a.

597 BGHZ 136, 133 (140); BGHZ 164, 241 (244).

598 Bork/Schäfer/*Arnold/Born*, GmbHG, § 55a Rn. 22. Dahingehend ist wohl auch der Hinweis auf die *Mangusta/Commerzbank I*-Entscheidung von *Schnorbus/Donner*, NZG 2009, 1241, 1245 Fn. 66 zu verstehen sein.

599 MünchKommGmbHG/*Lieder* § 55a Rn. 33, 73; *ders.*, DNotZ 2010, 655, 675 ff.; *ders.*, ZGR 2010, 868, 904 ff.; zustimmend Saenger/*Inhester*, GmbHG, § 55a Rn. 30 a. E. sowie Fn. 21; Ring/Grziwotz/*Herrler*, GmbHG, § 55a Rn. 16, 36. Ohne ausdrückliche Differenzierung, einen Vorabbericht ausdrücklich jedoch nur „[i]m Rahmen der Ausübung der Ermächtigung zum Bezugsrechtsausschluss“ fordernd auch Baumbach/Hueck/*Zöllner/Fastrich*, GmbHG, § 55a Rn. 14.

600 MünchKommGmbHG/*Lieder* § 55a Rn. 33; *ders.*, ZGR 2010, 868, 904 f.

601 MünchKommGmbHG/*Lieder* § 55a Rn. 73; *ders.*, ZGR 2010, 868, 906 f.

nach dem Kriterium der Gesellschaftsgröße.[602] Demnach sei bei Gesellschaften mit kleinem Gesellschafterkreis eine Vorabinformation ohne größere Beeinträchtigung der Geschwindigkeit und Flexibilität der Kapitalerhöhung möglich und demnach zum Schutze der Gesellschafter erforderlich, während bei Gesellschaften mit mehr als zehn Gesellschaftern eine Ermächtigung zulässig sei, der zufolge in Fällen besonderer Eilbedürftigkeit eine nachträgliche Information ausreiche.

(dd) Stellungnahme

Die sachgemäße Beantwortung der Frage nach dem Vorabberichtserfordernis setzt zunächst zwingend eine Differenzierung zwischen dem Vorabbericht vor der geplanten Ausnutzung des bezugsrechtswahrenden genehmigten Kapitals und dem Vorabbericht vor dem beabsichtigten Ausschluss des Bezugsrechts voraus. Dies beugt zum einen missverständlichen Interpretationen vor und ermöglicht zum anderen eine präzise Abwägung der je nach Fallkonstellation unterschiedlichen betroffenen Interessen.

Jedenfalls vor Ausnutzung des bezugsrechtswahrenden genehmigten Kapitals ist ein Vorabbericht nicht erforderlich. Zuzugeben ist, dass den Gesellschaftern auch und gerade im Rahmen der bezugsrechtswahrenden genehmigten Kapitalerhöhung ein Weisungsrecht zusteht, dessen Wirksamkeit durch die fehlende Vorabinformation zumindest beeinträchtigt wird[603]. Dies allein rechtfertigt jedoch noch keinen Vorabbericht, der seinerseits die von § 55a GmbHG bezweckte schnelle und flexible Kapitalbeschaffung gefährdet. Dabei darf nicht in Vergessenheit geraten, dass die Gesellschafter das genehmigte Kapital regelmäßig gerade zum Zweck der Beschleunigung und Flexibilisierung geschaffen haben. Würde nun gefordert, dass die Geschäftsführer vor jeder Ausnutzung des genehmigten Kapitals einen Vorabbericht erstatten und ggf. eine bestimmte Wartezeit verstreichen lassen müssten, um den Gesellschaftern die Gelegenheit zu bieten, mit Weisungen reagieren zu können, wäre dem genehmigten Kapital dieser Vorteil genommen.[604] Vielmehr ist zu berücksichtigen, dass den Geschäftsführern mit der Ermächtigung zur Erhöhung des Stammkapitals ein hohes Maß an Vertrauen entgegengebracht wurde. Dieses Vertrauen mit dem generellen Erfordernis eines Vorabberichts nachträglich zu beschneiden ist wenig konsequent.

602 Ulmer/*Casper*, GmbHG, § 55a Rn. 33.

603 *Eggert*, GmbHR 2014, 856, 862; *Cramer*, GmbHR 2009, 406, 409.

604 So auch *Lieder*, ZGR 2010, 868, 905.

Auf der Seite der Gesellschafter sind im Falle der bezugsrechtswahrenden genehmigten Kapitalerhöhung dagegen keine über die Beeinträchtigung des Weisungsrechts hinausgehenden bedeutsamen Interessen ersichtlich, die einen Vorabbericht und damit eine Beeinträchtigung des Zwecks des genehmigten Kapitals rechtfertigen würden. Aufgrund des bezugsrechtswahrenden Charakters der Kapitalerhöhung besteht jedenfalls keine durch die Gesellschafter mittels der Ausübung ihres Bezugsrechts nicht zu kontrollierende Gefahr einer Verwässerung der Stimmanteils- und Gewinnquoten und demnach ebenso wenig eine Gefahr für die personalistische Struktur der Gesellschaft. Die aufgrund des fehlenden Vorabberichts ggf. ohne Weisungsmöglichkeit der Gesellschafter stattfindende Kapitalerhöhung begründet somit keine Gefahr für elementare Mitgliedschaftsrechte der Gesellschafter. Dass der fehlende Vorabbericht das Weisungsrecht der Gesellschafter beeinträchtigt, ist wie bereits getan zwar zuzugeben. Aufgrund der im Rahmen der bezugsrechtswahrenden Kapitalerhöhung geringeren Gefahren für die Interessen der Gesellschafter ist das Weisungsrecht in dieser Konstellation jedoch von geringerer Bedeutung, sodass dessen Beeinträchtigung weniger schwer wiegt als eine Beeinträchtigung des Regelungszwecks des § 55a GmbHG. Angemerkt sei noch, dass ein Vorabbericht jedoch auch vor der bloßen Ausnutzung des bezugsrechtswahrenden genehmigten Kapitals erforderlich ist, wenn dies in der Satzung ausdrücklich angeordnet ist.[605]

Im Falle der Ausnutzung des genehmigten Kapitals unter Ausschluss des Bezugsrechts ist dagegen eine abweichende Beurteilung angezeigt.[606] Freilich werden in dieser Konstellation Geschwindigkeit und Flexibilität der Kapitalerhöhung durch das Erfordernis des Vorabberichts in gleichem Maße beeinträchtigt wie dies bei der bezugsrechtswahrenden genehmigten Kapitalerhöhung der Fall wäre.[607] Dem stehen auf Seiten der Gesellschafter jedoch berücksichtigenswerte Interessen gegenüber, die ebenjene Beeinträchtigung rechtfertigen. Namentlich das Interesse an der Wahrung des Bezugsrechts oder jedenfalls dessen nur rechtmäßigem Ausschluss lässt die Abwägung zugunsten der Gesellschafter ausfallen. Wie bereits mehrfach erwähnt, ist das Bezugsrecht gerade für die Gesellschafter der eher personalistisch strukturierten Gesellschaft mit beschränkter Haftung von maßgeblicher Bedeutung. Droht dieses Bezugsrecht durch die

---

605 *Lieder*, ZGR 2010, 868, 908; zustimmend Bork/Schäfer/*Arnold/Born*, GmbHG, § 55a Rn. 18.

606 Ebenso *Lieder*, ZGR 2010, 868, 905 ff., der den Bezugsrechtsausschluss durch die Geschäftsführung als Ausnahmefall der grundsätzlich nicht erforderlichen Vorlagepflicht ansieht.

607 *Lieder*, ZGR 2010, 868, 904 f., 907.

Kapitalmaßnahme der Geschäftsführung ausgeschlossen zu werden, ist den Gesellschaftern dies vorher anzuzeigen.[608] Dadurch werden die Gesellschafter in die Lage versetzt, die Rechtmäßigkeit des beabsichtigten Bezugsrechtsausschlusses auf einer hinreichenden Informationsgrundlage zu prüfen und entscheiden zu können, ob und wie sie darauf reagieren.[609] Als Reaktionsmöglichkeiten dienen das – aufgrund des Mehrheitserfordernisses nur der Gesellschaftermehrheit zur Verfügung stehende – Weisungsrecht sowie die auf der fehlenden sachlichen Rechtfertigung beruhende Unterlassungsklage bzw. einstweilige Verfügung.[610] Die vorbeugende Rechtsschutzmöglichkeit vor Eintragung der Kapitalerhöhung in das Handelsregister ist für die Minderheitsgesellschafter von großer Bedeutung, da selbst die nachträgliche Feststellung der Nichtigkeit der Kapitalerhöhung nach Entstehung und Eintragung der neuen Geschäftsanteile nicht zur Wiederherstellung des ursprünglichen Zustands führen würde.[611]

Eine an der Gesellschaftsgröße orientierte Differenzierung vermag dagegen nicht zu überzeugen.[612] Sofern gegen diesen Lösungsansatz jedoch eingewandt wird, dass weniger die Anzahl der Gesellschafter als vielmehr deren Erreichbarkeit und Einigkeit für die Zweckbeeinträchtigung des genehmigten Kapitals durch den Vorabbericht entscheidend sei, ist dem nur teilweise zuzustimmen, da die Erreichbarkeit und Einigkeit der Gesellschafter nicht selten mit der Größe der Gesellschaft einhergehen wird.[613] Maßgeblich gegen die Differenzierung nach der Gesellschaftsgröße spricht jedoch der in diesem Falle lückenhafte Schutz der (Minderheits-) Gesellschafter.[614] Während bei der zuvor dargestellten Lösung im Falle des Bezugsrechtsausschlusses stets ein Vorabbericht erforderlich und demnach ein ausreichender Schutz der (Minderheits-) Gesellschafter sichergestellt ist, sind nach dieser Ansicht Konstellationen möglich, bei denen trotz des Ausschlusses des für die GmbH-Gesellschafter außerordentlich wichtigen Bezugsrechts ein Vorabbericht nicht erforderlich und ein vorbeugender Rechtsschutz demnach nicht möglich ist. Ob dies gerade in Fällen der Eilbedürftigkeit bei Gesellschaften mit mehr als zehn Gesellschaftern gerechtfertigt ist, erscheint zweifelhaft. Zwar ist die Voraussetzung der Eilbedürftigkeit sachgerecht,

608 *Lieder*, ZGR 2010, 868, 907.

609 *Lieder*, DNotZ 2010, 655, 676.

610 *Eggert*, GmbHR 2014, 856, 862.

611 Bork/Schäfer/*Arnold/Born*, GmbHG, § 55a Rn. 24; *Eggert*, GmbHR 2014, 856, 862.

612 So aber Ulmer/*Casper*, GmbHG, § 55a Rn. 33.

613 So letztendlich auch *Eggert*, GmbHR 2014, 856, 862 f., der im Ergebnis von einem „Indiz“ ausgeht.

614 Vgl. *Eggert*, GmbHR 2014, 856, 862.

um die Möglichkeit der Ausnahme vom prinzipiell erforderlichen Vorabbericht auf Fälle zu begrenzen, in denen andernfalls die schnell und flexibel erforderliche Kapitalerhöhung gefährdet würde. Dass die Minderheitsgesellschafter in größeren Gesellschaften weniger schützenswert seien als diejenigen in kleineren Gesellschaften, ist dagegen nicht zwingend. Vielmehr ließe sich genau gegenteilig vertreten, dass gerade in größeren Gesellschaften ein höheres Rechtsschutzbedürfnis der Minderheitsgesellschafter bestehe.[615] Letztlich ist die Möglichkeit zur Ausnahme vom grundsätzlich erforderlichen Vorabbericht mithin auf der einen Seite zu eng gefasst, als sie nur großen Gesellschaften mit mehr als zehn Gesellschaftern zur Verfügung steht, auf der anderen Seite dagegen zu weit, als sie sich auch auf die Fallkonstellation der Ausnutzung des genehmigten Kapitals unter Ausschluss des Bezugsrechts erstreckt.

Wird für das Vorabberichtserfordernis nun wie hier vertreten danach differenziert, ob das genehmigte Kapital bezugsrechtswahrend ausgenutzt wird oder die Ausnutzung unter Ausschluss des Bezugsrechts durchgeführt wird, fragt sich bei genauer Betrachtung, ob ein Vorabbericht auch im Falle der vorliegend behandelten Fallkonstellation des Direktausschlusses erforderlich ist. Auf den ersten Blick scheint diese Frage schnell beantwortet, schließlich findet auch in diesem Fall ein Ausschluss des Bezugsrechts statt, sodass nach dem zuvor Gesagten grundsätzlich ein Vorabbericht erforderlich wäre.[616] Dagegen ließe sich jedoch einwenden, dass die Gesellschafter ihr Bezugsrecht in diesem Falle selbst ausgeschlossen haben und der Geschäftsführung nur die Alternativen der Ausnutzung des genehmigten Kapitals (unter Bezugsrechtsausschluss) oder das Unterlassen der Ausnutzung zur Verfügung stehen. Den Gesellschaftern sei in diesem Falle mithin durchaus bewusst, dass ihr Bezugsrecht im Falle der genehmigten Kapitalerhöhung ausgeschlossen werde. Sie dennoch mittels eines Vorabberichts über diese von ihnen selbst geschaffene Situation zu informieren sei daher nicht erforderlich. Folglich wäre im Falle des Direktausschlusses vor

615 So Baumbach/Hueck/*Zöllner/Fastrich*, GmbHG, § 55a Rn. 23 sowie darauf bezugnehmend *Eggert*, GmbHR 2014, 856, 862.

616 Dahingehend wohl jedenfalls für das Aktienrecht auch MünchKommAktG/*Bayer* § 203 Rn. 155, dem zufolge stellt sich „[d]iese Frage […] nicht nur im Falle der Ausschlussermächtigung, sondern in gleicher Weise, wenn der Vorstand beabsichtigt, das auf Grund eines Direktausschlusses bereits bezugsrechtsfreie genehmigte Kapital auszunutzen." Ebenfalls dahingehend zu verstehen sind die Verweise auf die Kontrolle des Ausnutzungsbeschlusses der Geschäftsführer und damit das Erfordernis eines Vorabberichts im Rahmen des Direktausschlusses bei MünchKommGmbHG/*Lieder* § 55a Rn. 63 a. E. und 64 a. E.

der Ausnutzung des bezugsrechtsfrei geschaffenen genehmigten Kapitals kein Vorabbericht an die Gesellschafter erforderlich.[617] Dieser Einwand überzeugt jedoch nicht. Schließlich wird dabei übersehen, dass zwischen dem Ausschluss des Bezugsrechts durch die Gesellschafter und dem Zeitpunkt der Ausübungsentscheidung der Geschäftsführung ein Zeitraum von bis zu fünf Jahren liegen kann, den die Gesellschafter bei ihrer Beschlussfassung unmöglich vollständig überblicken konnten. Entschließt sich die Geschäftsführung dazu, von dem bezugsrechtsfreien genehmigten Kapital Gebrauch zu machen, bedarf es der vorherigen Information der Gesellschafter, um diesen zu ermöglichen, den Bezugsrechtsausschluss anhand der nunmehr bekannten Tatsachen zu überprüfen und gegebenenfalls dagegen vorzugehen.

Haben die Geschäftsführer die Gesellschafter vor der Ausnutzung ihrer Ermächtigung zum Bezugsrechtsausschluss mithin mittels eines Vorabberichts zu informieren, fragt sich konsequent fortgedacht, ob darauf eine bestimmte Wartefrist folgen muss, die den Gesellschaftern die Prüfung des beabsichtigten Bezugsrechtsausschlusses und ein etwaiges Einschreiten ermöglicht. Eine dahingehende Wartefrist offenbart die Schwierigkeit, den Regelungszweck des genehmigten Kapitals einerseits und das Schutzinteresse der Gesellschafter andererseits miteinander zu vereinbaren. So ist *Trautmann* zwar zuzugeben, dass eine ausdrückliche Reaktion der Gesellschafter nicht final abzuwarten ist[618], eine gewisse Wartefrist jedoch, die selbigen überhaupt eine Reaktion ermöglicht, wird der Geschäftsführung zuzumuten sein. Andernfalls würden die Gesellschafter vor vollendete Tatsachen gestellt und es würde ihnen die mit dem Vorabbericht bezweckte Interventionsmöglichkeit genommen. Die Dauer der Wartezeit ist dabei so kurz wie möglich zu halten, um die Geschwindigkeit und Flexibilität der genehmigten Kapitalerhöhung so wenig wie möglich zu beeinträchtigen. Auf der anderen Seite muss sie lang genug sein, um den Gesellschaftern die Möglichkeit zu bieten, sich auf Grundlage des Berichts ein ausreichend klares Bild über den beabsichtigten Bezugsrechtsausschluss und dessen Rechtmäßigkeit verschaffen

---

617 Dahingehend zu verstehen MünchKommGmbHG/*Lieder* § 55a Rn. 33, dem zufolge die „Geschäftsführer zur Vorabberichterstattung verpflichtet [sind], wenn sie in eigener Verantwortlichkeit über den Ausschluss des Bezugsrechts entscheiden" sowie *ders.*, ZGR 2010, 868, 906 „Besonderheiten gelten außerdem für den Fall, dass die Geschäftsführer ermächtigt sind, eigenverantwortlich über den Ausschluss des Bezugsrechts zu entscheiden". Im Falle des Direktausschlusses sind die Geschäftsführer im Gegensatz zur Ausschlussermächtigung jedoch gerade nicht zur eigenverantwortlichen Entscheidung über das Bezugsrecht ermächtigt.

618 *Trautmann*, S. 90.

und gegebenenfalls darauf reagieren zu können. Dies ist innerhalb von drei Werktagen möglich.[619]

Den Gesellschaftern bleibt es trotz des grundsätzlichen Erfordernisses des Vorabberichts jedoch unbenommen, auf selbigen zu verzichten. Dies gibt den Gesellschaftern die Möglichkeit, den ihnen durch den Vorabbericht vermittelten Schutz zugunsten der Geschwindigkeit der Kapitalerhöhung aufzugeben. Da das Erfordernis des Vorabberichts jedoch gerade auch den Minderheitenschutz zu stärken beabsichtigt, sind an diesen Verzicht besondere Anforderungen zu stellen. Andernfalls bestünde die Gefahr, dass den Minderheitsgesellschaftern aufgrund des Verzichts auf den Vorabbericht die Möglichkeit des vorbeugenden Rechtsschutzes vor Eintragung der Kapitalerhöhung in das Handelsregister faktisch genommen würde, da sie ohne Vorabbericht keine Kenntnis von dem künftigen Bezugsrechtsausschluss erlangen würden. Daher ist der Verzicht auf den Vorabbericht nur mit einer dreiviertel Stimmenmehrheit möglich. Wird das Vorabberichtserfordernis bereits in der Ermächtigung zur Kapitalerhöhung ausgeschlossen, ist diese Mehrheit ohnehin gegeben und somit unproblematisch möglich. Sofern die Gesellschafter das Vorabberichtserfordernis bereits zusammen mit der Ermächtigung zur Kapitalerhöhung in der Gründungssatzung ausschließen, ist diese Mehrheit gegeben, da die Gründungssatzung einstimmig zu beschließen ist. Sofern das Vorabberichtserfordernis in Zusammenhang mit der Ermächtigung zur Kapitalerhöhung im Ermächtigungsbeschluss ausgeschlossen wird, ist diese Mehrheit ebenfalls gegeben, da die Ermächtigung zur Kapitalerhöhung gemäß § 53 Abs. 2 S. 1 GmbHG auch der dreiviertel Stimmenmehrheit unterliegt.

Zur dogmatischen Herleitung der Vorlagepflicht vor der Ausnutzung der Ausschlussermächtigung durch die Geschäftsführung wird regelmäßig ohne weitere Begründung auf eine analoge Anwendung des § 186 Abs. 4 S. 2 i. V. m. § 203 Abs. 1 S. 1, Abs. 2 S. 2 AktG[620] abgestellt.[621] Dies ist jedoch problematisch, da § 186 Abs. 4 S. 2 AktG unabhängig von der jeweiligen Verweisnorm lediglich die Berichterstattung vor dem Ermächtigungsbeschluss regelt und gerade

619 Siehe zur Länge der Wartezeit auch *Eggert*, GmbHR 2014, 856, 862, der „wenige Tage" ausreichen lässt sowie Gehrlein/Ekkenga/Simon/*Bormann*, GmbHG, § 55a Rn. 43, der die Wartefrist auf den seiner Ansicht nach erforderlichen Vorabbericht vor der Ausnutzung des genehmigten Kapitals ebenfalls auf drei Werktage beziffert.

620 Jeweils wohl fälschlicherweise als § 186 Abs. 4 S. 2 i. V. m. § 202 Abs. 1 S. 1, Abs. 2 S. 2 AktG angegeben.

621 MünchKommGmbHG/*Lieder* § 55a Rn. 73; *ders.*, DNotZ 2010, 655, 675 f.; *ders.*, ZGR 2010, 868, 906; *Kindler*, FS Hoffmann-Becking, S. 669, 676.

nicht den Bericht vor Ausnutzung ebenjener Ermächtigung.[622] Im Rahmen des Aktienrechts lässt sich daraus – sofern man dort entgegen der *Mangusta/Commerzbank I*-Entscheidung überhaupt ein Vorabberichtserfordernis annehmen will – mit größerem Begründungsaufwand vertretbar auch ein Vorabberichtserfordernis vor der Ausnutzung der Ausschlussermächtigung herleiten.[623] Ausgangspunkt dafür sind die reduzierten Anforderungen, die an den gemäß § 203 Abs. 1 S. 1, Abs. 2 S. 2 i. V. m. § 186 Abs. 4 S. 2 AktG vor dem Ermächtigungsbeschluss zu erstattenden Bericht zu stellen sind. Schließlich korrelieren die inhaltlichen Anforderungen an ebendiesen Bericht und der Maßstab der materiellen Kontrolle, da der Bericht die Gesellschafter in die Lage versetzen soll, eine sachgerechte Entscheidung über das Vorliegen der materiellen Anforderungen zu treffen.[624] Wird in Übereinstimmung mit dem *Siemens/Nold*-Urteil des Bundesgerichtshofs im Zeitpunkt des Direktausschlusses bzw. der Erteilung der Ausschlussermächtigung durch die Hauptversammlung keine sachliche Rechtfertigung gefordert, bedarf es zu diesem Zeitpunkt keiner umfangreichen Informationsgrundlage, sodass der nach § 186 Abs. 4 S. 2 AktG zu erbringende Bericht geringere inhaltliche Anforderungen erfüllen muss.[625] Um diese reduzierten Anforderungen auszugleichen, sei deshalb der Vorabbericht vor Ausnutzung des bezugsrechtsfreien genehmigten Kapitals erforderlich, wolle man den Zweck des § 186 Abs. 4 S. 2 AktG nicht unterlaufen.[626]

Diese Herleitung vermag den Vorabbericht vor der Geschäftsführerentscheidung über die Ausnutzung des bezugsrechtsfreien genehmigten Kapitals bzw. der Ausschlussermächtigung jedoch nur für die Konstellationen begründen, in denen der Direktausschluss bzw. die Ausschlussermächtigung in dem durch nachträgliche Satzungsänderung geschaffenen genehmigten Kapital erfolgen. In der vorliegend behandelten Konstellation wurde das genehmigte Kapital jedoch in der Gründungssatzung geschaffen. In diesem Fall ist ein Vorabbericht vor der Ermächtigungserteilung aufgrund der besonderen Gründungssituation unabhängig von den an die Gesellschafterentscheidung zu stellenden materiellen Anforderungen weder möglich noch erforderlich.[627] Folglich dient der hier

622 MünchKommAktG/*Bayer* § 203 Rn. 157.
623 So MünchKommAktG/*Bayer* § 203 Rn. 158.
624 Hüffer/*Koch*, AktG, § 203 Rn. 11, 26.
625 Hüffer/*Koch*, AktG, § 203 Rn. 11, 26.
626 MünchKommAktG/*Bayer* § 203 Rn. 158.
627 Siehe zu den mangels (analoger) Anwendbarkeit des § 186 Abs. 3 S. 2–4, Abs. 4 AktG fehlenden formellen Voraussetzungen im Zeitpunkt der Gesellschafterentscheidung C.III.2.a) Erteilung der Ausschlussermächtigung, S. 133.

diskutierte Vorabbericht selbst bei durch die *Siemens/Nold*-Rechtsprechung reduzierten Anforderungen im Zeitpunkt des Direktausschlusses bzw. der Erteilung der Ausschlussermächtigung nicht dem Ausgleich des reduzierten Informationsgehalts des davor erforderlichen Berichts. Zwar ließe sich einwenden, dass der Bericht vor der Geschäftsführerentscheidung erst recht erforderlich sei, wenn nicht nur ein reduzierter Bericht, sondern vielmehr gar kein Bericht vor der Gesellschafterentscheidung erforderlich ist. Dies vermag jedoch nur das Erfordernis eines Vorabberichts vor der Geschäftsführerentscheidung an sich zu begründen, ohne dass sich daraus Rückschlüsse auf dessen dogmatische Grundlage ziehen lassen.

(4) Keine Beteiligung der Gesellschafter erforderlich

Einer über die Weisungsmöglichkeit hinausgehenden Beteiligung der Gesellschafter bedarf es grundsätzlich nicht. Insbesondere ein genereller Zustimmungsvorbehalt der Gesellschafterversammlung würde der genehmigten Kapitalerhöhung die bezweckte Beschleunigung und Flexibilität nehmen und somit den Normzweck des § 55a GmbHG torpedieren.[628] Darüber hinaus läge dem Rechtsinstitut des genehmigten Kapitals ein innerer Widerspruch zugrunde, würde die Ermächtigung der Geschäftsführer zur Kapitalerhöhung stets mit einer nachträglich erforderlichen Zustimmung der Gesellschafter einhergehen.[629] Nichts desto trotz ist es den Gesellschafter unbenommen, einen Zustimmungsvorbehalt individuell im Ermächtigungsbeschluss zu regeln.[630] Rechtstatsächliche Untersuchungen zeigen, dass von dieser Möglichkeit nicht selten Gebrauch gemacht wird.[631]

Schon wesentlich bedenkenswerter ist dagegen das von *Nietsch* vorgeschlagene Widerspruchsrecht der Gesellschafter.[632] Schließlich beeinträchtigt ein solches, jedenfalls ohne Wartezeit, die ggf. zur Ausübung des Widerspruchsrechts für erforderlich gehalten werden könnte, weder Geschwindigkeit noch Flexibilität

---

628 *Klett*, GmbHR 2008, 1312, 1315.

629 Dies gar als Zirkelschluss bezeichnend *Klett*, GmbHR 2008, 1312, 1315.

630 *Wicke*, GmbHG, § 55a Rn. 13; *Nietsch*, FS Schneider, S. 873, 888; *Lieder*, ZGR 2010, 868, 908. Beachte jedoch *Klett*, GmbHR 2008, 1312, 1315, die selbst in diesem Fall eine Prüfung dahingehend für erforderlich hält, „ob die Zustimmung nicht bereits mit dem Ermächtigungsbeschluss vorweggenommen werden sollte". A. A. *Trautmann*, S. 53 ff., der die Zulässigkeit eines solchen Zustimmungsvorbehalts wohl auf genannte Einzelfälle beschränken will.

631 *Bayer/Hoffmann/Lieder*, GmbHR 2010, 9, 15.

632 *Nietsch*, FS Schneider, S. 873, 888 f.

der Kapitalerhöhung. Wie von *Nietsch* selbst vorgeschlagen, ist ein solches Widerspruchsrecht jedoch ausdrücklich in der Satzung der Gesellschaft oder dem Ermächtigungsbeschluss anzuordnen. Ein generelles Widerspruchsrecht der Gesellschafter ist dagegen aufgrund der Weisungsbefugnis nicht erforderlich und würde zudem das Ermessen der Geschäftsführer unnötig einschränken.[633] Für diese Einschränkung besteht jedoch kein Bedürfnis, wenn wie hier bereits eine sachliche Rechtfertigung im Sinne der *Kali+Salz*-Formel für erforderlich gehalten wird. Diese wahrt die Interessen der Gesellschafter im Falle des drohenden Bezugsrechtsausschlusses in ausreichendem Maße. Darüber hinaus ist der durch ein generelles Widerspruchsrecht zusätzliche Schutz für die Gesellschafterinteressen zu hinterfragen. Das für die Ausübung des Widerspruchsrechts erforderliche Quorum wird, wenn überhaupt, wohl selten hinter der für Weisungen erforderlichen Mehrheit zurückbleiben, sodass jedenfalls die Minderheitsgesellschafter keinen zusätzlichen Schutz erhielten.

2. Ausschlussermächtigung in der Gründungssatzung

Schaffen die Gesellschafter das genehmigte Kapital gemäß § 55a Abs. 1 S. 1 GmbHG bereits bei der Gründung der Gesellschaft in der Gründungssatzung, besteht neben dem Direktausschluss auch zu diesem Zeitpunkt bereits die Möglichkeit, die Geschäftsführer zum Ausschluss des Bezugsrechts zu ermächtigen.

a) Erteilung der Ausschlussermächtigung

Die Erteilung der Ausschlussermächtigung in der Gründungssatzung ist – wie auch schon der Direktausschluss im gleichen Zeitpunkt – keinen über die Satzungsfeststellung hinausgehenden formellen oder materiellen Anforderungen unterworfen.[634] Da die Gründungssatzung einen übereinstimmenden Willen aller Gründer erfordert, haben alle Gesellschafter der in der Gründungssatzung enthaltenen Ausschlussermächtigung zugestimmt, sodass weder formelle noch materielle Voraussetzungen zur Wahrung der Eigentumsgarantie des Art. 14 Abs. 1 GG oder zum Schutze etwaiger Minderheitsgesellschafter erforderlich sind.[635]

---

633 Letzteres zugebend *Nietsch*, FS Schneider, S. 873, 888 f.

634 MünchKommGmbHG/*Lieder* § 55a Rn. 63, 69; Gehrlein/Ekkenga/Simon/*Bormann*, GmbHG, § 55a Rn. 21; *Lieder*, DNotZ 2010, 655, 670; *Herrler*, DNotZ 2008, 903, 912.

635 *Herrler*, DNotZ 2008, 903, 912. Zur AG MünchKommAktG/*Bayer* § 203 Rn. 85; Hüffer/Koch, AktG, § 203 Rn. 22. Siehe auch bereits C.III.1.a) Ausschlussentscheidung, S. 106.

Mangels Differenzierung der Konstellationen der Ausschlussermächtigung in der Gründungssatzung und der Ausschlussermächtigung im Ermächtigungsbeschluss fordert *Priester* dagegen wohl auch für die Ausschlussermächtigung in der Gründungssatzung die Einhaltung einer materiellen Schranke.[636] Dazu müsse die Maßnahme, zu deren Durchführung die Geschäftsführung ermächtigt werden soll, jedoch noch nicht näher umrissen sein. Vielmehr sei unter Rückgriff auf die *Siemens/Nold*-Kriterien ausreichend, dass die abstrakt umschriebene Maßnahme im Zeitpunkt der Gesellschafterentscheidung im Interesse der Gesellschaft liege[637].

Cramer differenziert ebenso wenig zwischen der Erteilung der Ausschlussermächtigung in der Gründungssatzung und derjenigen im späteren Ermächtigungsbeschluss, kommt aber hinsichtlich des Maßstabs der materiellen Kontrolle im Zeitpunkt der Gesellschafterentscheidung zu einem anderen Ergebnis.[638] Demnach könne die *Siemens/Nold*-Rechtsprechung aufgrund der typischerweise personalistischen Struktur der Gesellschaft mit beschränkter Haftung nicht auf diese Gesellschaftsform übertragen werden, sodass entsprechend der *Holzmann*-Kriterien bereits die Entscheidung über die Ermächtigung der Geschäftsführer einer sachlichen Rechtfertigung zu unterstellen sei.

Den beiden zuvor skizzierten Ansichten liegt – wie bereits im Rahmen des Direktausschlusses in der Gründungssatzung ausgeführt[639] – eine nicht ausreichende Differenzierung der verschiedenen Konstellationen zugrunde, was dazu führt, dass die Besonderheit der Gründungssituation keine Berücksichtigung findet. Ebendiese sowie die ausreichende Kontrollmöglichkeit im Zeitpunkt der Geschäftsführerentscheidung rechtfertigen es jedoch, im Zeitpunkt der Gesellschafterentscheidung über die Erteilung der Ausschlussermächtigung auf eine materielle Kontrolle jedweden Maßstabs zu verzichten.

Nietsch fordert zwar keine materielle Kontrolle, stellt vor dem Hintergrund des Weisungsrechts jedoch ebenfalls eine zusätzliche Anforderung an die Zulässigkeit der Ausschlussermächtigung.[640] Demnach sei die Ermächtigung der Geschäftsführung zum Ausschluss des Bezugsrechts in der Gründungssatzung nur zulässig, sofern zugleich das Weisungsrecht der Gesellschafter ausgeschlossen werde und die

---

636 Scholz/*Priester*, GmbHG, § 55a Rn. 38; *ders.*, GmbHR 2008, 1177, 1182. Ebenfalls nicht ausdrücklich differenzierend Baumbach/Hueck/*Zöllner/Fastrich*, GmbHG, § 55a Rn. 14 sowie Ulmer/*Casper*, GmbHG, § 55a Rn. 33.

637 BGHZ 136, 133 (139).

638 *Cramer*, GmbHR 2009, 406, 410 f.

639 C.III.1.a) Ausschlussentscheidung, S. 106.

640 *Nietsch*, FS Schneider, S. 873, 885.

Geschäftsführung somit die Befugnis zum eigenverantwortlichen Handeln erhalte. Andernfalls bestehe die Gefahr, dass aufgrund der jedenfalls bei konstruktiven Weisungen bestehenden Folgepflicht zwischen den Gesellschaftern schwelende Konflikte über bezugsrechtsbezogene Weisungen ausgetragen würden.

Dem ist in mehrfacher Hinsicht entgegenzutreten. Erstens vermag dies nicht zu erklären, warum nicht auch im Falle des Direktausschlusses in der Gründungssatzung die Weisungsbefugnis der Gesellschafter ausgeschlossen werden müsste. Schließlich kann in diesem Fall mittels des Weisungsrechts ebenso Einfluss auf die Ausübung des bezugsrechtsfrei geschaffenen genehmigten Kapitals genommen und damit das Bezugsrecht der Gesellschafter zur Austragung von Konflikten zwischen den Gesellschaftern missbraucht werden. Zweitens entbehrt es nicht eines gewissen Widerspruchs, den Gesellschaftern zunächst auch hinsichtlich des Bezugsrechtsausschlusses im Rahmen des genehmigten Kapitals ein Weisungsrecht zuzusprechen, es sodann aber aufgrund potentieller Missbrauchsgefahren für die wohl häufigste Konstellation des Bezugsrechtsausschlusses auszuschließen. Drittens erscheint es überzogen, einer zwar durchaus bestehenden, wohl aber nicht allzu wahrscheinlichen Gefahr missbräuchlicher Weisungen dadurch entgegenzutreten, sie generell zu untersagen. Sofern die Weisung rechtmäßig erteilt wird und die angewiesene Maßnahme ebenfalls rechtmäßig ist, ist der Weisung unabhängig von der Motivlage der anweisenden Gesellschafter Folge zu leisten. Durch die Weisung droht insbesondere auch keine darüber hinausgehende Beeinträchtigung der Kapitalmaßnahme, da widersprüchliche Weisungen der Konfliktparteien aufgrund des Mehrheitserfordernisses des Weisungsbeschlusses regelmäßig ausgeschlossen sind.

b) Ausübung der Ausschlussermächtigung

Die von den Geschäftsführern bei der Ausübung der Ausschlussermächtigung einzuhaltenden Anforderungen gleichen im Wesentlichen den von ihnen im Falle der zuvor behandelten Konstellation des Direktausschlusses in der Gründungssatzung einzuhaltenden Anforderungen bei der Ausübung des bezugsrechtsfreien genehmigten Kapitals.

aa) Formelle Anforderungen

In formeller Hinsicht sind an den Beschluss der Geschäftsführer, das Bezugsrecht der Gesellschafter auszuschließen, keine besonderen Anforderungen zu stellen. Wie im Falle der Ausnutzung des in der Gründungssatzung bezugsrechtsfrei geschaffenen genehmigten Kapitals entscheiden die Geschäftsführer frei nach Maßgabe der im Gesellschaftsvertrag und in der gegebenenfalls bestehenden Geschäftsordnung für die Geschäftsführung geregelten Vorgaben für Geschäftsführerbeschlüsse über den Ausschluss des Bezugsrechts, wobei der Beschluss nicht eintragungsfähig und somit erst recht nicht eintragungspflichtig ist.[641] Vorbehaltlich abweichender Satzungsregelungen erfolgt die Beschlussfassung formlos und einstimmig.[642] Der Ausschluss des Bezugsrechts erfordert keine Zustimmung eines etwaig bestehenden Aufsichtsrats analog § 204 Abs. 1 S. 2 Hs. 2 AktG, da aufgrund der Weisungsbefugnis der GmbH-Gesellschafter[643] kein mit dem Aktienrecht vergleichbares Bedürfnis nach Kontrolle durch den Aufsichtsrat besteht.[644]

bb) Materielle Anforderungen

In materieller Hinsicht haben die Geschäftsführer bei der Ausnutzung ihrer Ausschlussermächtigung neben den Vorgaben aus den Ermächtigungen die materiellen Schranken der sachlichen Rechtfertigung sowie der Vorabberichterstattung zu berücksichtigen.[645]

(1) Grenzen der Ermächtigungen

Die Ermächtigung zum Bezugsrechtsausschluss kann über die in der Ermächtigung zur Kapitalerhöhung enthaltenen Vorgaben[646] hinausgehende Beschränkungen enthalten, die von den Geschäftsführern bei ihrer Entscheidung über den Bezugsrechtsausschluss zu berücksichtigen sind. So kann die Ausschlussermächtigung insbesondere vorsehen, dass das Bezugsrecht nur zur Erreichung eines bestimmten Zwecks ausgeschlossen werden darf.[647]

---

641 MünchKommGmbHG/*Lieder* § 55a Rn. 71.

642 *Schnorbus/Donner*, NZG 2009, 1241, 1243 m. w. N.

643 MünchKommGmbHG/*Lieder* § 55a Rn. 72. Siehe zur umstrittenen Weisungsbefugnis im Rahmen des genehmigten Kapitals bereits C.III.1.b)bb)(3)(a) Weisungsrecht im Rahmen des genehmigten Kapitals, S. 115.

644 *Lieder*, ZGR 2010, 868, 907 (dort insbesondere Fn. 216), 908 ff.; *ders.*, DNotZ 2010, 655, 676.

645 MünchKommGmbHG/*Lieder* § 55a Rn. 72 f.; *ders.*, DNotZ 2010, 655, 675 ff.

646 Die Ermächtigung zur Kapitalerhöhung kann beispielsweise Vorgaben über einen bestimmten Ausgabe- oder Mindestbetrag sowie Anzahl und Nennbeträge der neuen Geschäftsanteile enthalten oder die genehmigte Kapitalerhöhung lediglich zur Erreichung bestimmter Zwecke zulassen. Siehe dazu und zu möglichen weiteren Vorgaben der Ermächtigung MünchKommGmbHG/*Lieder* § 55a Rn. 24 ff.

647 *Lieder*, DNotZ 2010, 655, 675.

(2) Sachliche Rechtfertigung

Die Entscheidung der Geschäftsführer, das Bezugsrecht der Gesellschafter auszuschließen, bedarf der sachlichen Rechtfertigung.[648] Entsprechend der *Kali+Salz*-Formel muss dazu ein im Interesse der Gesellschaft liegender sachlicher Grund für den Bezugsrechtsausschluss existieren und ebenjener Bezugsrechtsausschluss zur Erreichung des mit ihm bezweckten Zieles geeignet, erforderlich und verhältnismäßig sein.[649] Eine im Aktienrecht diskutierte Lockerung dieses Prüfungsmaßstabs durch die *Siemens/Nold*-Entscheidung dahingehend, dass ausreichend sei, dass der Bezugsrechtsausschluss im Interesse der Gesellschaft liege, ist aufgrund des im Rahmen der personalistisch strukturierten Gesellschaft mit beschränkter Haftung besonders bedeutsamen Bezugsrechts nicht auf diese Gesellschaftsform zu übertragen.[650]

Damit übereinstimmend geht auch *Priester* davon aus, dass der Bezugsrechtsausschluss im Zeitpunkt der konkreten Entscheidung der Geschäftsführer sachlich im Sinne der *Kali+Salz*-Formel gerechtfertigt sein müsse.[651] Darüber hinaus sei der Ausschluss durch die Geschäftsführung jedoch nur zulässig, wenn die Situation ein rasches Handeln im Interesse der Gesellschaft erfordere. Andernfalls sei den Gesellschaftern die Möglichkeit zu geben, die Kapitalmaßnahme im Wege der ordentlichen Kapitalerhöhung selbständig durchzuführen und dabei über den Ausschluss ihres Bezugsrechts zu entscheiden. Dies liefe im Ergebnis auf einen Vorrang der ordentlichen bzw. eine Subsidiarität der genehmigten Kapitalerhöhung hinaus. Dass der Gesetzgeber das Verhältnis der beiden Kapitalerhöhungsverfahren dahingehend ausgestalten wollte, lässt sich den Gesetzgebungsmaterialien jedoch nicht entnehmen.[652] Vielmehr sollte ein weiteres Kapitalerhöhungsverfahren geschaffen werden, welches eine schnelle, flexible und kostengünstige Kapitalbeschaffung ermöglicht.[653] Die Subsidiarität

---

648 MünchKommGmbHG/*Lieder* § 55a Rn. 72; Gehrlein/Ekkenga/Simon/*Bormann*, GmbHG, § 55a Rn. 47; *Terbrack*, DNotZ 2012, 917, 925; *Lieder*, DNotZ 2010, 655, 675; *Herrler*, DNotZ 2008, 903, 913; im Ergebnis ähnlich, mangels Akzeptanz eines gesetzlichen Bezugsrechts jedoch die Einhaltung des Gleichbehandlungsgrundsatzes und der Treuepflicht fordernd Rowedder/Schmidt-Leithoff/*Schnorbus*, GmbHG, § 55a Rn. 27; *ders./Donner*, NZG 2009, 1241, 1244.

649 BGHZ 71, 40 (46).

650 Siehe dazu im Rahmen des Direktausschlusses in der Gründungssatzung bereits C.III.1.b)bb)(1) Sachliche Rechtfertigung, S. 110.

651 Scholz/*Priester*, GmbHG, § 55a Rn. 38; *ders.*, GmbHR 2008, 1177, 1182.

652 *Schnorbus/Donner*, NZG 2009, 1241, 1244.

653 Bericht des Rechtsausschusses, BT-Drucks. 16/9737, S. 50, 56.

des genehmigten Kapitals würde dem widersprechen. Darüber hinaus sind die im Rahmen des Aktienrechts zugunsten einer Subsidiarität vorgetragenen Überlegungen zum Aktionärsschutz nicht unverändert auf das GmbH-Recht zu übertragen, da den GmbH-Gesellschaftern aufgrund ihres Weisungsrechts deutlich weitreichendere Einflussmöglichkeiten auf das Verfahren der genehmigten Kapitalerhöhung zur Verfügung stehen als den Aktionären bei der Aktiengesellschaft.[654] Eine Subsidiarität des genehmigten Kapitals und damit eine Beschränkung des Bezugsrechtsausschlusses durch die Geschäftsführung auf Fälle, die ein rasches Handeln erfordern, ist somit abzulehnen.

Die in § 186 Abs. 3 S. 4 AktG vorgesehene Möglichkeit des vereinfachten Bezugsrechtsausschlusses für Barkapitalerhöhungen, die das Erfordernis der sachlichen Rechtfertigung ausnahmsweise unter bestimmten Voraussetzungen entfallen lässt, findet im GmbH-Recht keine Anwendung.[655] Zum einen passt ein vereinfachter Bezugsrechtsausschluss nicht in das strenge System des Bezugsrechtsausschlusses bei der personalistisch strukturierten Gesellschaft mit beschränkter Haftung. Zum anderen fehlt der vom Wortlaut des § 186 Abs. 3 S. 4 AktG („Börsenpreis") und der aktienrechtlichen Gesetzesbegründung[656] geforderte Börsenzugang.

(3) Vorabberichterstattung

Sind die Geschäftsführer zur eigenverantwortlichen Entscheidung über den Ausschluss des Bezugsrechts ermächtigt, sind sie verpflichtet, die Gesellschafter vor dem Bezugsrechtsausschluss mittels eines Berichts zu informieren.[657] Das Erfordernis der Vorabberichterstattung ist zwar geeignet, Geschwindigkeit und Flexibilität der Kapitalerhöhung und damit den Normzweck des § 55a

---

654 *Lieder*, ZGR 2010, 868, 899.

655 Siehe dazu bereits C.III.1.b)bb)(2) Kein vereinfachter Bezugsrechtsausschluss, S. 113 sowie MünchKommGmbHG/*Lieder* § 55a Rn. 68, § 55 Rn. 93; Scholz/*Priester*, GmbHG, § 55 Rn. 56; Baumbach/Hueck/*Zöllner/Fastrich*, GmbHG, § 55 Rn. 27 a. E.

656 Begründung Fraktionsentwurf, BT-Drucks. 12/6721, S. 5, 10.

657 MünchKommGmbHG/*Lieder* § 55a Rn. 73; Baumbach/Hueck/*Zöllner/Fastrich*, GmbHG, § 55a Rn. 14; Gehrlein/Ekkenga/Simon/*Bormann*, GmbHG, § 55a Rn. 49; Saenger/*Inhester*, GmbHG, § 55a Rn. 30 a. E. sowie Fn. 21; Ring/Grziwotz/*Herrler*, GmbHG, § 55a Rn. 36; *Nietsch*, FS Schneider, S. 873, 888; *Eggert*, GmbHR 2014, 856, 862 f.; *Lieder*, ZGR 2010, 868, 906 f.; *ders.*, DNotZ 2010, 655, 675 ff.; *Cramer*, GmbHR 2009, 406, 409. Siehe ausführlich zum Erfordernis der Vorabberichterstattung vor dem Hintergrund des Weisungsrechts der GmbH-Gesellschafter C.III.1.b)bb)(3)(b) Vorabberichterstattung, S. 122.

GmbHG zu beeinträchtigen.[658] Diese Beeinträchtigung ist vor dem Hintergrund der überwiegenden Interessen der Gesellschafter an der Wahrung bzw. dem rechtmäßigen Ausschluss des Bezugsrechts und der Überprüfbarkeit der Rechtmäßigkeit jedoch grundsätzlich hinzunehmen. Es bleibt den Gesellschaftern jedoch unbenommen, zugunsten der Geschwindigkeit der Kapitalerhöhung auf das Erfordernis des Vorabberichts zu verzichten.[659]

(4) Keine Beteiligung der Gesellschafter erforderlich

Eine Beteiligung der Gesellschafter im Zeitpunkt der Ausübungsentscheidung der Geschäftsführung ist nicht erforderlich. Insbesondere ein genereller Zustimmungsvorbehalt würde dem Zweck des genehmigten Kapitals zuwiderlaufen und dem Charakter des genehmigten Kapitals als Ermächtigung widersprechen.[660]

3. Direktausschluss im Ermächtigungsbeschluss

Die Gesellschafter können das genehmigte Kapital auch nach der Gründung der Gesellschaft jederzeit durch Satzungsänderung schaffen (§ 55a Abs. 2 GmbHG). Dabei steht ihnen erneut offen, das Bezugsrecht bereits selbst auszuschließen oder die Geschäftsführung zum Bezugsrechtsausschluss zu ermächtigen. Schließen die Gesellschafter ihr Bezugsrecht bei der Schaffung eines genehmigten Kapitals durch Satzungsänderung selbst aus, sind die nachfolgenden Anforderungen an den Bezugsrechtsausschluss zu berücksichtigen.

a) Ausschlussentscheidung

Da die nachträgliche Schaffung eines genehmigten Kapitals im Ermächtigungsbeschluss einschließlich Direktausschluss als Satzungsänderung ausgestaltet ist, unterliegt bereits die Ausschlussentscheidung der Gesellschaft – anders als bei der Konstellation des Direktausschlusses in der Gründungssatzung – formellen und materiellen Voraussetzungen.

aa) Formelle Anforderungen

Zunächst ist zu beachten, dass der Direktausschluss des Bezugsrechts durch die Gesellschafter entsprechend der aktienrechtlichen Regelungen auch im GmbH-Recht

---

658 *Lieder*, ZGR 2010, 868, 904 f., 907.

659 Siehe dazu bereits C.III.1.b)bb)(3)(b)(dd) Stellungnahme, S. 125.

660 *Klett*, GmbHR 2008, 1312, 1315. Siehe dazu auch bereits ausführlich C.III.1.b)bb)(4) Keine Beteiligung der Gesellschafter erforderlich, S. 132.

zwingend im Ermächtigungsbeschluss selbst erfolgen muss.[661] Schließlich verweist § 203 Abs. 1 S. 1 AktG auf § 186 Abs. 3 S. 1 AktG, der ausdrücklich klarstellt, dass „[d]as Bezugsrecht [...] ganz oder zum Teil nur im Beschluß über die Erhöhung des Grundkapitals ausgeschlossen werden" kann, wobei gemäß § 203 Abs. 1 S. 2 AktG die Ermächtigung zur Ausgabe neuer Aktien an die Stelle des Beschlusses über die Erhöhung des Grundkapitals tritt.[662] Dies schließt einen nachträglichen Bezugsrechtsausschluss durch die Gesellschafter nach Schaffung des genehmigten Kapitals aus. Daraus folgt weiterhin, dass der Bezugsrechtsausschluss (zusammen mit dem Ermächtigungsbeschluss) als satzungsändernder Beschluss gemäß § 53 Abs. 2 S. 1 GmbHG einer dreiviertel Stimmenmehrheit sowie der notariellen Beurkundung bedarf.[663]

Abweichend von der Konstellation des Direktausschlusses in der Gründungssatzung finden im Falle des Direktausschlusses im Ermächtigungsbeschluss darüber hinaus § 186 Abs. 3 S. 2–4, Abs. 4 AktG analog Anwendung. Schließlich verweist § 203 Abs. 1 S. 1 AktG auf die §§ 185 bis 191 AktG. Im Falle des Direktausschlusses im Ermächtigungsbeschluss ist auch der von § 186 Abs. 3 S. 2–4, Abs. 4 AktG ersichtlich geregelte Kapitalerhöhungsbeschluss mit satzungsändernder Mehrheit einschlägig, dessen Fehlen einer Anwendung im Rahmen des Direktausschlusses in der Gründungssatzung entgegensteht. Ob die analoge Anwendung des § 186 Abs. 3 S. 2 AktG bei der Gesellschaft mit beschränkter Haftung zusätzlich zur dreiviertel Stimmenmehrheit des § 53 Abs. 2 S. 1 GmbHG eine Mehrheit von drei Viertel des bei der Beschlussfassung vertretenen Grundkapitals erforderlich werden lässt, ist unklar.[664] Für das Bedürfnis einer zusätzlich erforderlichen dreiviertel Kapitalmehrheit werden die bei der Gesellschaft mit beschränkter Haftung zulässigen Mehrstimmrechte angeführt,[665] die Gesellschaftern ein ihren Geschäftsanteil übersteigendes Stimmrecht verleihen können. Das zwingende Erfordernis einer zusätzlichen dreiviertel Kapitalmehrheit resultiert daraus meines Erachtens jedoch nicht. Vielmehr spricht das bei Abstimmungen

---

661 MünchKommGmbHG/*Lieder* § 55a Rn. 64; *Cramer*, GmbHR 2009, 906, 910. Soweit noch übereinstimmend mit der Konstellation des Direktausschlusses in der Gründungssatzung, siehe dazu C.III.1.a) Ausschlussentscheidung, S. 106.

662 Siehe zum Aktienrecht Hüffer/*Koch*, AktG, § 203 Rn. 10.

663 MünchKommGmbHG/*Lieder* § 55a Rn. 64.

664 Dafür Baumbach/Hueck/*Zöllner/Fastrich*, GmbHG, § 55a Rn. 9, § 55 Rn. 25; *Klett*, GmbHR 2008, 1312, 1314. Dagegen MünchKommGmbHG/*Lieder* § 55a Rn. 64; *Terbrack*, DNotZ 2012, 917, 924 f. sowie im Rahmen der ordentlichen Kapitalerhöhung Scholz/*Priester*, GmbHG, § 55 Rn. 61.

665 Baumbach/Hueck/*Zöllner/Fastrich*, GmbHG, § 55 Rn. 25.

generell (§ 47 Abs. 1 GmbHG) und bei Satzungsänderungen im Gegensatz zum Aktienrecht (§ 179 Abs. 2 S. 1 AktG) im Besonderen auf Stimmen abstellende System des GmbH-Rechts (§ 53 Abs. 2 S. 1 GmbH) für eine Beibehaltung des ausschließlich stimmenorientierten Mehrheitserfordernisses.[666]

Der Bezugsrechtsausschluss ist analog § 203 Abs. 1 S. 1 i. V. m. § 186 Abs. 4 S. 1 AktG in der Tagesordnung (§ 51 Abs. 2 GmbHG) anzukündigen.[667] Analog § 203 Abs. 1 S. 1 i. V. m. § 186 Abs. 4 S. 2 AktG haben die Geschäftsführer den Bezugsrechtsausschluss darüber hinaus vorab schriftlichen zu begründen.[668] Im Rahmen der ordentlichen Kapitalerhöhung hat sich *Priester* gegen die Übertragung der starren Bestimmung des § 186 Abs. 4 S. 2 AktG ausgesprochen.[669] Der regelmäßig kleinere Gesellschafterkreis ermögliche bei der Gesellschaft mit beschränkter Haftung eine flexiblere Handhabung, sodass je nach Schwere des Eingriffs und Informationsbedürfnis der Gesellschafter auf die Schriftlichkeit der Berichterstattung verzichtet werden könne. Eine derart flexible Handhabung ist zwar vor dem Hintergrund der für den jeweiligen Einzelfall passenden Ergebnisse zu begrüßen, aufgrund der damit einhergehenden Rechtsunsicherheit im Ergebnis jedoch abzulehnen. Es bleibt somit stets bei dem Schriftlichkeitserfordernis analog § 186 Abs. 4 S. 2 AktG.[670] Inhaltlich muss der Bericht die Gesellschafter in die Lage versetzen, über die Zulässigkeit des Bezugsrechtsausschlusses entscheiden zu können.[671] Die an den Berichtsinhalt zu stellenden Anforderungen hängen folglich insbesondere von den materiellen Anforderungen an den Bezugsrechtsausschluss ab. Um den Gesellschaftern die Abwägung zwischen dem Interesse der Gesellschaft am Bezugsrechtsausschluss und demjenigen der betroffenen Gesellschafter an der Wahrung ihres Bezugsrechts zu ermöglichen, muss der Bericht die Bedeutung des Bezugsrechtsausschlusses für die Gesellschaft sowie die

---

666 So auch MünchKommGmbHG/*Lieder* § 55a Rn. 64; *Terbrack*, DNotZ 2012, 917, 924 f. sowie für die ordentliche Kapitalerhöhung Scholz/*Priester*, GmbHG, § 55 Rn. 61.

667 MünchKommGmbHG/*Lieder* § 55a Rn. 65; Bork/Schäfer/*Arnold/Born*, GmbHG, § 55a Rn. 22; *Cramer*, GmbHR 2009, 406, 410.

668 MünchKommGmbHG/*Lieder* § 55a Rn. 65; *Cramer*, GmbHR 2009, 406, 410; *Klett*, GmbHR 2008, 1312, 1314; a. A. ohne Begründung Bork/Schäfer/*Arnold/Born*, GmbHG, § 55a Rn. 22.

669 Scholz/*Priester*, GmbHG, § 55 Rn. 61. Dem zustimmend Michalski/*Hermanns*, GmbHG, § 55 Rn. 46 a. E.

670 So auch MünchKommGmbHG/*Lieder* § 55a Rn. 65, § 55 Rn. 84; Baumbach/Hueck/*Zöllner/Fastrich*, GmbHG, § 55a Rn. 9, § 55 Rn. 25; *Cramer*, GmbHR 2009, 406, 410; *Klett*, GmbHR 2008, 1312, 1314.

671 MünchKommGmbHG/*Lieder* § 55a Rn. 66.

mit ihm verbundene Belastung für die betroffenen Gesellschafter enthalten.[672] Da der Bezugsrechtsausschluss nach der hier vertretenen Auffassung im Falle des Direktausschlusses im Ermächtigungsbeschluss jedoch noch keine konkreten Umstände der anvisierten Maßnahme erfordert, kann auch eine allgemeine und abstrakte Beschreibung des geplanten Vorhabens ausreichen, wenn ebensolche konkreten Umstände noch nicht vorliegen.[673]

Vereinzelt wird vertreten, dass es der vorgenannten formellen Voraussetzungen dann nicht bedürfe, wenn der Gesellschafterbeschluss über die Schaffung des genehmigten Kapitals unter Ausschluss des Bezugsrechts einstimmig mit der Zustimmung aller Gesellschafter zustande komme.[674] Dem ist jedoch entgegenzutreten. Das Mehrheitserfordernis außen vorgelassen, da bei Einstimmigkeit ohnehin erfüllt, bedarf es jedenfalls der Ankündigung des beabsichtigten Bezugsrechtsausschlusses in der Tagesordnung analog § 203 Abs. 1 S. 1 i. V. m. § 186 Abs. 4 S. 1 AktG. Dies schon allein deshalb, da im Zeitpunkt der Einberufung der Gesellschafterversammlung noch ungewiss ist, ob und wenn ja mit welcher Mehrheit der Gesellschafterbeschluss gefasst wird. Die an die wirksame Einberufung der Gesellschafterversammlung zu stellenden Anforderungen rückblickend von der Einstimmigkeit des Gesellschafterbeschlusses abhängig zu machen, ist insbesondere vor dem Hintergrund der erforderlichen Rechtssicherheit nicht haltbar. Darüber hinaus ist der Normzweck des § 186 Abs. 4 S. 2 AktG, die Gesellschafter angemessen über die Gründe für den Bezugsrechtsausschluss zu informieren und ihnen damit eine sachgerechte Entscheidung zu ermöglichen,[675] auf die Gesellschaft mit beschränkter Haftung übertragbar, sodass bei selbiger auch im Falle der Einstimmigkeit des Gesellschafterbeschlusses ein dahingehender Bericht erforderlich ist. Eine zu einem einstimmigen Beschluss führende (sachgerechte) Entscheidung können die einzelnen Gesellschafter nämlich nur treffen, wenn sie vorher mittels des Berichts über die Gründe des Bezugsrechtsausschlusses unterrichtet wurden.

---

672 MünchKommGmbHG/*Lieder* § 55a Rn. 66.

673 MünchKommGmbHG/*Lieder* § 55a Rn. 67. Siehe zu den materiellen Anforderungen an den Bezugsrechtsausschluss im Falle des Direktausschlusses im Ermächtigungsbeschluss sogleich C.III.3.a)bb) Materielle Anforderungen, S. 143.

674 Michalski/*Hermanns*, GmbHG, § 55a Rn. 10 a. E., der dann schon kein Bezugsrechtsausschluss vorliegen sieht; wohl auch Baumbach/Hueck/*Zöllner/Fastrich*, GmbHG, § 55a Rn. 9, § 55 Rn. 25.

675 BGHZ 83, 319 (326); Hüffer/*Koch*, AktG, § 203 Rn. 23; MünchKommAktG/*Bayer* § 203 Rn. 65.

bb) Materielle Anforderungen

In der zum Aktienrecht ergangenen *Siemens/Nold*-Entscheidung hat der Bundesgerichtshof die materiellen Anforderungen, die an die Entscheidung der Hauptversammlung, das Bezugsrecht im Ermächtigungsbeschluss direkt auszuschließen zu stellen sind, reduziert. Bis dahin musste entsprechend der *Deutsche Bank*-Entscheidung auch der durch die Hauptversammlung im Wege des Direktausschlusses vorgenommene Bezugsrechtsausschluss nach der *Kali+Salz*-Formel sachlich gerechtfertigt, mithin verhältnismäßig sein.[676] Diese Verhältnismäßigkeit war unter Hinweis auf die *Holzmann*-Entscheidung „dann als gegeben anzusehen, wenn die Hauptversammlung der Überzeugung sein durfte, der Bezugsrechtsausschluß sei das angemessene und am besten geeignete Mittel zur Verfolgung überwiegender Gesellschaftsinteressen“[677]. Eine dahingehende Prüfung setzte bereits zum Zeitpunkt der Entscheidung der Hauptversammlung konkrete Tatsachen der in Aussicht genommenen Maßnahme voraus, anhand derer die Verhältnismäßigkeit geprüft werden konnte. Unter ausdrücklicher Aufgabe[678] der *Holzmann*-Entscheidung setzt der Bezugsrechtsausschluss nach der neuen Rechtsprechung des Bundesgerichtshofs nunmehr lediglich voraus, dass „[d]ie Maßnahme, zu deren Durchführung der Vorstand ermächtigt werden soll, [...] allgemein umschrieben und in dieser Form der Hauptversammlung bekanntgegeben werden [muss]. Sie muß ferner im Interesse der Gesellschaft liegen.“[679] Diese Prüfung erfordere nicht mehr das Vorliegen konkreter Tatsachen, um die Verhältnismäßigkeit des Bezugsrechtsausschlusses überprüfen zu können. In Fällen, in denen sich das zukünftige Vorhaben bei Beschlussfassung noch nicht konkret abzeichne, sondern lediglich eine abstrakte Umschreibung des Vorhabens vorliege, sei der Bezugsrechtsausschluss nicht per se ausgeschlossen, sondern vielmehr eine an den abstrakt umschriebenen Umständen ausgerichtete Überprüfung des Bezugsrechtsausschlusses ausreichend.[680] Sofern der Hauptversammlung dagegen bereits bei Beschlussfassung konkrete Tatsachen des Vorhabens bekannt seien, habe die Prüfung der Rechtmäßigkeit des Bezugsrechtsausschlusses anhand dieser Tatsachen geprüft und bejaht zu werden.[681] Konkrete Tatsachen der

---

676 BGHZ 125, 239 (244).
677 BGHZ 125, 239 (244).
678 BGHZ 136, 133 (133).
679 BGHZ 136, 133 (139).
680 BGHZ 136, 133 (139).
681 BGHZ 136, 133 (139).

zukünftigen Maßnahme sind demnach für die Rechtmäßigkeit des Bezugsrechtsausschlusses zwar nicht erforderlich, im Falle deren Vorliegens jedoch für die Prüfung maßgeblich.

Ob die *Siemens/Nold*-Rechtsprechung im Falle des Direktausschlusses im Ermächtigungsbeschluss auf die Gesellschaft mit beschränkter Haftung zu übertragen ist oder dort entsprechend der *Deutsche Bank*-Entscheidung bereits im Zeitpunkt des Gesellschafterbeschlusses konkrete Tatsachen der zukünftigen Maßnahme vorliegen müssen, um die Verhältnismäßigkeit des Bezugsrechtsausschlusses bereits in diesem Zeitpunkt prüfen zu können, ist unklar.

Gegen die Übertragung der *Siemens/Nold*-Rechtsprechung werden insbesondere die personalistische Struktur der Gesellschaft mit beschränkter Haftung sowie die fehlende Kontrolle durch einen Aufsichtsrat angeführt.[682] So sei entsprechend der *Holzmann*-Grundsätze auch im Zeitpunkt des Gesellschafterbeschlusses bereits erforderlich, dass der Bezugsrechtausschluss einen im Interesse der Gesellschaft liegenden Zweck verfolge und nicht außer Verhältnis zu den Nachteilen der betroffenen Gesellschafter stehe, was sich jedoch nur prüfen lasse, wenn die beabsichtigte Maßnahme bereits hinreichend konkret sei.[683] Dies sei erforderlich, da das Bezugsrecht für die Gesellschafter der personalistisch strukturierten Gesellschaft mit beschränkter Haftung von besonderer Bedeutung sei und dessen Ausschluss dementsprechend grundsätzlich strengeren Voraussetzungen unterliege.[684] Darüber hinaus sei bereits vor der Entscheidung der Geschäftsführung über die Ausnutzung des bezugsrechtsfreien genehmigten Kapitals eine sachliche Rechtfertigung des Bezugsrechtsausschlusses erforderlich, da eine nachträgliche Kontrolle der Geschäftsführerentscheidung durch den Aufsichtsrat bei der Gesellschaft mit beschränkter Haftung fehle und andernfalls kein Schutz vor übermütigen Geschäftsführerentscheidungen bestehe.[685] Auch widerspreche es der Eigenart der personalistisch strukturierten Gesellschaft mit

682 Scholz/*Priester*, GmbHG, § 55a Rn. 36 f.; Bork/Schäfer/*Arnold/Born*, GmbHG, § 55a Rn. 23; BeckOK GmbHG/*Ziemons* § 55a Rn. 59a; *Cramer*, GmbHR 2009, 406, 411; *Priester*, GmbHR 2008, 1177, 1182. Wohl auch Bunnemann/Zirngibl/*Thun*, 2. Aufl., § 6 Rn. 86 sowie *Kindler*, FS Hoffmann-Becking, S. 669, 675.

683 Scholz/*Priester*, GmbHG, § 55a Rn. 37; *ders.*, GmbHR 2008, 1177, 1182.

684 Scholz/*Priester*, GmbHG, § 55a Rn. 37; Bork/Schäfer/*Arnold/Born*, GmbHG, § 55a Rn. 23; *Kindler*, FS Hoffmann-Becking, S. 669, 675; *Priester*, GmbHR 2008, 1177, 1182.

685 Scholz/*Priester*, GmbHG, § 55a Rn. 37; Bork/Schäfer/*Arnold/Born*, GmbHG, § 55a Rn. 23; *Kindler*, FS Hoffmann-Becking, S. 669, 675; *Priester*, GmbHR 2008, 1177, 1182.

beschränkter Haftung, den Geschäftsführern die Entscheidung über die sachliche Rechtfertigung des Bezugsrechtsausschlusses alleine zu überlassen.[686]

Gegen die Übertragung der an den Bezugsrechtsausschluss zu stellenden reduzierten Anforderungen vom Aktien- auf das GmbH-Recht spreche weiterhin, dass die im Rahmen des Aktienrechts gegen die *Holzmann*-Rechtsprechung vorgebrachten Bedenken im Rahmen des GmbH-Rechts nicht gleichermaßen durchschlagen.[687] Die Lockerung wurde im Aktienrecht insbesondere gefordert, um die Bewegungsfreiheit der Aktiengesellschaften zu erhöhen, die aus der primären Funktion der Aktie als Finanzierungsinstrument resultiert.[688] Aufgrund der dem GmbH-Geschäftsanteil fehlenden reinen Finanzierungsfunktion lasse sich diese Erwägung nicht auf die Gesellschaft mit beschränkter Haftung übertragen.[689] Darüber hinaus bedürfe es im Rahmen des GmbH-Rechts keiner dem Aktienrecht vergleichbaren Bemühungen die Präventivkontrolle des Bezugsrechtsausschlusses zu reduzieren, um missbräuchliche Anfechtungsklagen gegen ebenjene Kontrolle zu verhindern.[690]

Schließlich wird die *Siemens/Nold*-Entscheidung selbst im Aktienrecht dahingehend kritisiert, dass sie unzureichend zwischen den Konstellationen des Direktausschlusses und der Ausschlussermächtigung im Ermächtigungsbeschluss differenziere.[691] Lägen im Zeitpunkt des Direktausschlusses noch keine Anzeichen dafür vor, dass der Bezugsrechtsausschluss sachlich gerechtfertigt sein könnte, erhalte der Vorstand eine Blankoermächtigung, deren Gebrauch lediglich von der eigenen Überprüfung der Voraussetzungen abhänge. In diesem Fall könne die Hauptversammlung dem Vorstand jedoch zweckmäßiger gleich eine Ausschlussermächtigung erteilen und ihm die alleinige Entscheidung über den Ausschluss des Bezugsrechts übertragen. Folglich dürfe ein Direktausschluss entgegen der *Siemens/Nold*-Rechtsprechung nur vorgenommen werden, wenn er im Zeitpunkt der Beschlussfassung bereits anhand konkreter Tatsachen sachlich gerechtfertigt sei.[692]

Die vorgenannte Ansicht überzeugt jedoch nicht. Vielmehr ist eine jedenfalls teilweise Übertragung der *Siemens/Nold*-Entscheidung auf das GmbH-Recht

---

686 *Cramer*, GmbHR 2009, 406, 411.
687 *Cramer*, GmbHR 2009, 406, 411.
688 *Martens*, ZIP 1992, 1677 ff.
689 *Cramer*, GmbHR 2009, 406, 411.
690 *Cramer*, GmbHR 2009, 406, 411.
691 MünchKommAktG/*Bayer* § 203 Rn. 131 m. w. N.
692 MünchKommAktG/*Bayer* § 203 Rn. 131; *Natterer*, ZIP 2002, 1672, 1678 f.

vorzunehmen.[693] Entgegen der auf der *Holzmann*-Entscheidung beruhenden vorgenannten Ansicht und in Übereinstimmung mit der *Siemens/Nold*-Entscheidung sind im Zeitpunkt der Ausschlussentscheidung der Gesellschafter keine konkreten Tatsachen des künftigen Vorhabens erforderlich. In diesem Fall hat die Prüfung, ob der Bezugsrechtsausschluss im Interesse der Gesellschaft gerechtfertigt ist, anhand der abstrakt umschriebenen Umstände stattzufinden.[694] Zwar ermöglichen die abstrakt umschriebenen Umstände keine Verhältnismäßigkeitsprüfung des Bezugsrechtsausschlusses im Sinne der *Kali+Salz*-Formel, es ist jedoch eine Prüfung dahingehend möglich, ob der Bezugsrechtsausschluss unter Zugrundelegung der abstrakten Umschreibung des Vorhabens notwendig ist, um das Gesellschaftsinteresse zu wahren.[695] Ist im Zeitpunkt des Direktausschlusses dagegen bereits ein konkretes Vorhaben ins Auge gefasst und sind demnach bereits konkrete Tatsachen des Vorhabens bekannt, ist schon zum Zeitpunkt der Ausschlussentscheidung der Gesellschafter eine Verhältnismäßigkeitsprüfung im Sinne der *Kali+Salz*-Formel möglich und notwendig.[696] Insofern sind in Übereinstimmung mit der *Siemens/Nold*-Rechtsprechung zwar keine konkreten Tatsachen der zukünftigen Maßnahme erforderlich, entgegen der Rechtslage im Aktienrecht reicht es im GmbH-Recht jedoch nicht aus, dass der Bezugsrechtsausschluss im Interesse der Gesellschaft liegt. Vielmehr sind bereits im Zeitpunkt der Gesellschafterentscheidung – je nach Tatsachengrundlage unterschiedliche – strengere materielle Anforderungen zu erfüllen.

Das vorstehende Konzept bietet den bestmöglichen Ausgleich zwischen dem Interesse der Gesellschaft an einer flexiblen Kapitalbeschaffung und dem der Gesellschafter am Schutz ihres Bezugsrechts. Sofern noch keine konkreten Tatsachen des künftigen Vorhabens bekannt sind, scheidet der Bezugsrechtsausschluss nicht per se aus und beschränkt die Gesellschaft dadurch nicht in ihrer Kapitalbeschaffung, sondern dieser bleibt vielmehr unter angepassten Voraussetzungen weiterhin möglich. Dabei hat das Interesse der Gesellschafter an einem

---

693 So mit Unterschieden im Detail auch MünchKommGmbHG/*Lieder* § 55a Rn. 67 f.; Ring/Grziwotz/*Herrler*, GmbHG, § 55a Rn. 34; Gehrlein/Ekkenga/Simon/*Bormann*, GmbHG, § 55a Rn. 33 f.; Rowedder/Schmidt-Leithoff/*Schnorbus*, GmbHG, § 55a Rn. 27; *Trautmann*, S. 92 ff.; *Lieder*, DNotZ 2010, 655, 673 f.; *Schnorbus/Donner*, NZG 2009, 1241, 1244.

694 BGHZ 136, 133 (139).

695 Vgl. MünchKommGmbHG/*Lieder* § 55a Rn. 68; *ders.*, DNotZ 2010, 655, 674.

696 So auch *Trautmann*, S. 96. Zurückhaltender dagegen MünchKommGmbHG/*Lieder* § 55a Rn. 68; *ders.*, DNotZ 2010, 655, 674, der ausreichen lässt, dass der Bezugsrechtsausschluss „geeignet ist, den Gesellschaftszweck zu fördern“.

umfassenden Schutz ihres Bezugsrechts durch möglichst strenge Anforderungen an dessen Ausschluss zurückzutreten. Sofern dagegen ein konkretes Vorhaben ins Auge gefasst wurde und konkrete Tatsachen dieses Vorhabens bekannt sind, kann dem Interesse der Gesellschafter an einem effektiven Schutz ihres Bezugsrechts mittels an dessen Ausschluss zu stellender strenger Anforderungen ohne Beeinträchtigung der Flexibilität der Kapitalbeschaffung nachgekommen werden.

Gegen die Übertragung der *Holzmann*-Grundsätze und demnach das Erfordernis stets erforderlicher konkreter Tatsachen des zukünftigen Vorhabens spricht insbesondere die andernfalls stattfindende Beeinträchtigung der durch das genehmigte Kapital bezweckten Flexibilität der Kapitalbeschaffung.[697] Schließlich wäre die Schaffung eines bezugsrechtsfreien genehmigten Kapitals danach in solchen Fällen ausgeschlossen, in denen das künftige Vorhaben noch nicht näher umrissen ist. Hatten die Gesellschafter für das entsprechende genehmigte Kapital jedoch einen Verwendungszweck im Auge, der den Bezugsrechtsausschluss zwangsläufig erfordert, wäre ihnen die Möglichkeit der Schaffung eines genehmigten Kapitals zur Erreichung ebenjenen Zwecks verwehrt. Dies beeinträchtigt die Funktionsfähigkeit und den Zweck des genehmigten Kapitals, welches gerade zukünftige, ungewisse Kapitalerhöhungen zu ermöglichen und zu flexibilisieren beabsichtigt.[698]

Sofern dagegen vorgetragen wird, dass die im Aktienrecht gegen die *Holzmann*-Entscheidung vorgetragenen Bedenken nicht auf die Gesellschaft mit beschränkter Haftung zu übertragen sind,[699] ist einzuwenden, dass das Hauptbedenken des Bundesgerichtshofs gegen seine bisherige Rechtsprechung dessen flexibilitätsbeschränkende Wirkung war[700]. Die Flexibilisierung der Kapitalbeschaffung ist jedoch im GmbH-Recht genauso Zweck des genehmigten Kapitals wie im Aktienrecht, sodass sich jedenfalls dieses Bedenken gegen die *Holzmann*-Rechtsprechung – wie soeben getan – durchaus auch im GmbH-Recht vorbringen lässt.

Die bereits im Aktienrecht an der *Siemens/Nold*-Entscheidung geübte Kritik, selbige differenziere nicht ausreichend zwischen Direktausschluss und Ausschlussermächtigung und im Falle fehlender konkreter Tatsachen könne ohnehin zweckmäßiger eine Ausschlussermächtigung erteilt werden, vermag schon im Rahmen

---

697 Vgl. *Trautmann*, S. 95. Dies zugebend auch *Cramer*, GmbHR 2009, 406, 411.

698 Gegen eine Beeinträchtigung der Funktionsfähigkeit des genehmigten Kapitals unter Hinweis auf die im Rahmen der GmbH regelmäßig schnelle Einberufung der Gesellschafterversammlung dagegen *Priester*, GmbHR 2008, 1177, 1182.

699 So *Cramer*, GmbHR 2009, 406, 411.

700 Vgl. BGHZ 136, 133 (136).

des Aktienrechts nicht zu überzeugen.[701] Zwar ist zuzugeben, dass ein Direktausschluss ohne konkret ins Auge gefasstes Vorhaben der Geschäftsführung einen großen Handlungsspielraum eröffnet. Inwiefern dies zu einer „Blankoermächtigung"[702] führt, hängt dagegen von weiteren Faktoren, wie beispielsweise einer etwaigen Zweckbindung des genehmigten Kapitals, ab. Im Rahmen des GmbH-Rechts ist darüber hinaus das Weisungsrecht der Gesellschafter zu berücksichtigen, welches weitere Einwirkungsmöglichkeiten auf die Geschäftsführer bietet und insofern zu einer Begrenzung einer etwaigen „Blankoermächtigung" führen kann. Der Einwand, die Ausschlussermächtigung sei der ohnehin zweckmäßigere Weg, verliert den Blick dafür, dass es sich dabei um zwei gänzlich unterschiedliche Situationen handelt. Im Falle des Direktausschlusses entscheiden sich die Gesellschafter bewusst dafür, ihr Bezugsrecht auszuschließen und wollen diese Entscheidung gerade nicht der Geschäftsführung überlassen. Vielmehr soll die Ausnutzung des genehmigten Kapitals von vornherein auf Situationen beschränkt sein, die gerade eine bezugsrechtsfreie Kapitalerhöhung erfordern. Dagegen ist das genehmigte Kapital mit Ausschlussermächtigung erheblich weiter gefasst und enthält keinerlei Beschränkungen auf bestimmte Situationen. Würde man den Gesellschaftern die gesetzlich zugelassene Möglichkeit des Direktausschlusses unter Verweis auf die Ausschlussermächtigung für Fälle nicht konkreter Vorhaben vorenthalten, würden damit die Anwendungsmöglichkeiten des genehmigten Kapitals in nicht erforderlicher Weise beschränkt.[703] Schließlich bietet die Kontrolle der Ausübungsentscheidung der Geschäftsführung den Gesellschaftern doch ausreichend Schutz vor einer Kapitalerhöhung unter rechtswidrigem Bezugsrechtsausschluss. Mit der vorbeugenden Unterlassungsklage und der Möglichkeit der einstweiligen Verfügung sind den Gesellschaftern auch Mittel an die Hand gegeben, die eine rechtzeitige Sicherung ihrer Rechte ermöglichen.[704]

Hinsichtlich des genauen Maßstabs der materiellen Kontrolle herrscht allerdings auch unter den Befürwortern einer grundsätzlichen Übertragung der *Siemens/Nold*-Rechtsprechung auf die Gesellschaft mit beschränkter Haftung keine Einigkeit. Liegen im Zeitpunkt des Direktausschlusses bereits konkrete Tatsachen eines bestimmen anvisierten Vorhabens vor, wird einerseits vertreten, dass eine Verhältnismäßigkeitsprüfung im Sinne der *Kali+Salz*-Formel

701 So aber MünchKommAktG/*Bayer* § 203 Rn. 131 m. w. N. Wie hier Großkomm. AktG/Hirte § 203 Rn. 22.

702 So MünchKommAktG/*Bayer* § 203 Rn. 131.

703 Vgl. auch Großkomm. AktG/Hirte § 203 Rn. 22.

704 Vgl. Henssler/Strohn/*Gummert*, GmbHG, § 55a Rn. 14 a. E.

möglich und dementsprechend auch erforderlich sei.[705] Andererseits wird eine Prüfung der Erforderlichkeit und Verhältnismäßigkeit auch in diesem Fall für nicht erforderlich gehalten. Vielmehr müsse der Bezugsrechtsausschluss lediglich geeignet sein, den Gesellschaftszweck zu fördern.[706] Jedenfalls eine vollständige Übertragung der *Siemens/Nold*-Kriterien, die im Zeitpunkt der Gesellschafterentscheidung ausreichen lassen, dass der Bezugsrechtsausschluss im Interesse der Gesellschafter liegt, wird für den Fall des Direktausschlusses soweit ersichtlich nicht vertreten.

Vergegenwärtigt man sich die Gründe für den Verzicht auf die Verhältnismäßigkeitsprüfung für den Fall, dass im Zeitpunkt des Direktausschlusses noch keine konkreten Tatsachen der zukünftigen Kapitalmaßnahme bekannt sind, wird deutlich, dass diese nicht auch die Fallgestaltung bereits bekannter Tatsachen erfassen. Im Falle einer ungewissen Kapitalerhöhung ist eine Verhältnismäßigkeitsprüfung im Zeitpunkt des Direktausschlusses schlicht nicht möglich, weil die dazu erforderliche Tatsachengrundlage fehlt. Dass der Direktausschluss in diesem Fall auch ohne Verhältnismäßigkeitsprüfung möglich sein soll, bezweckt in erster Linie die Aufrechterhaltung der Funktionsfähigkeit und Flexibilität des genehmigten Kapitals.[707] Die damit einhergehende Reduzierung des Schutzes des Bezugsrechts der Gesellschafter war dabei nicht bezweckt, sondern vielmehr unausweichliche Nebenfolge der anderweitig nicht aufrechtzuerhaltenden Möglichkeit des Direktausschlusses bei ungewissen Vorhaben. Sind im Zeitpunkt des Direktausschlusses dagegen konkrete Tatsachen eines anvisierten Vorhabens bekannt, bedarf es der Reduktion des Prüfungsmaßstabes nicht. Vielmehr ist in diesem Fall auch unter dem Erfordernis einer Verhältnismäßigkeitsprüfung die Möglichkeit des Direktausschlusses gewahrt, da selbige anhand der bekannten Tatsachen vorgenommen werden kann. Einer Reduktion des Prüfungsmaßstabs – zumal mit im GmbH-Recht erst recht unerwünschter Erleichterung des Bezugsrechtsausschlusses – bedarf es in diesem Fall mithin nicht. Das Erfordernis einer Verhältnismäßigkeitsprüfung beeinträchtigt dabei auch nicht die Flexibilität der Kapitalerhöhung, da diese Prüfung aufgrund der bekannten Tatsachen vorgenommen werden kann, ohne weitere Einschränkungen hervorzurufen. Vielmehr trägt es dem aus der personalistischen Struktur der Gesellschaft mit beschränkter Haftung resultierenden Bedürfnis nach größtmöglichem Schutz der Wahrung des Bezugsrechts der Gesellschafter Rechnung. Dementsprechend ist eine

705 Ring/Grziwotz/*Herrler*, GmbHG, § 55a Rn. 34; *Trautmann*, S. 96.
706 MünchKommGmbHG/*Lieder* § 55a Rn. 67 f.; Gehrlein/Ekkenga/Simon/*Bormann*, GmbHG, § 55a Rn. 33 f.; *Lieder*, DNotZ 2010, 655, 674.
707 Vgl. BGHZ 136, 133 (136).

Verhältnismäßigkeitsprüfung des Bezugsrechtsausschlusses dann erforderlich, wenn sie aufgrund bekannter Umstände des künftigen Vorhabens möglich ist.

Sind im Zeitpunkt des Direktausschlusses dagegen noch keine konkreten Tatsachen des zukünftigen Vorhabens bekannt, wird sowohl vertreten, dass der Bezugsrechtsausschluss in Übereinstimmung mit der *Siemens/Nold*-Rechtsprechung lediglich im wohlverstandenen Interesse der Gesellschaft liegen müsse,[708] als auch, dass er bei generell-abstrakter Betrachtung zur hinreichenden Wahrung des Gesellschaftsinteresses notwendig sein müsse[709]. Mangels ausreichender Tatsachengrundlage scheidet in diesem Fall eine Verhältnismäßigkeitsprüfung im Sinne der *Kali+Salz*-Formel von vornherein aus. Dies darf jedoch nicht dazu führen, dass die Anforderungen an den Bezugsrechtsausschluss auf das Minimum des wohlverstandenen Gesellschaftsinteresses zurückfallen. Vielmehr sind im Rahmen der Gesellschaft mit beschränkter Haftung aufgrund deren personalistischer Struktur zum Schutze des Bezugsrechts ihrer Gesellschafter strengere Anforderungen an den Bezugsrechtsausschluss zu stellen als im Aktienrecht. Insofern ist zu fordern, dass der Bezugsrechtsausschluss auf Grundlage der abstrakten Umschreibung der zukünftigen Maßnahme zur Wahrung des Gesellschaftsinteresses notwendig sein muss.[710]

Bei einstimmiger Beschlussfassung der Gesellschafter über den Ermächtigungsbeschluss und damit den Direktausschluss bedarf es dagegen keiner materiellen Kontrolle. Vergleichbar mit der Situation bei Ausschluss des Bezugsrechts in der Gründungssatzung ist dies nicht erforderlich, da im Falle der Einstimmigkeit kein aus Art. 14 Abs. 1 GG resultierendes Schutzbedürfnis der Minderheitsgesellschafter besteht.[711] Dem widerspricht auch nicht die vorherige Feststellung, dass die Einstimmigkeit der Beschlussfassung jedenfalls die formellen Anforderungen nicht entfallen lässt.[712] Dies war der Besonderheit geschuldet, dass Teile der formellen Anforderungen wie die Ankündigung in der Tagesordnung sowie die Berichterstattung über die Gründe des Direktausschlusses vor der Beschlussfassung der Gesellschafter vorliegen müssen. Da zu diesem Zeitpunkt jedoch noch ungewiss ist, ob die spätere Beschlussfassung der Gesellschafter über den

---

708 *Trautmann*, S. 96.

709 MünchKommGmbHG/*Lieder* § 55a Rn. 68; *ders.*, DNotZ 2010, 655, 674.

710 MünchKommGmbHG/*Lieder* § 55a Rn. 68; *ders.*, DNotZ 2010, 655, 674.

711 Michalski/*Hermanns*, GmbHG, § 55a Rn. 10 a. E., der dann schon keinen Bezugsrechtsausschluss vorliegen sieht sowie *Trautmann*, S. 92 f. Siehe dazu bereits ausführlich im Rahmen des Direktausschlusses in der Gründungssatzung C.III.1.a) Ausschlussentscheidung, S. 106.

712 Siehe dazu C.III.3.a)aa) Formelle Anforderungen, S. 139.

Direktausschluss überhaupt einstimmig erfolgt, ist eine von der Mehrheit der Beschlussfassung abhängige Bestimmung dieser formellen Voraussetzungen nicht möglich. Dies liegt im Falle der materiellen Kontrolle anders, da die beschlussfassende Mehrheit zu dem Zeitpunkt, in dem die materiellen Anforderungen erfüllt sein müssen, bekannt ist.

Sofern es materieller Anforderungen bedarf, können diese im GmbH-Recht auch nicht aufgrund einer entsprechenden Anwendung des in § 186 Abs. 3 S. 4 AktG vorgesehenen vereinfachten Bezugsrechtsausschlusses entfallen.[713] Zum einen passt ein vereinfachter Bezugsrechtsausschluss nicht in das strenge System des Bezugsrechtsausschlusses bei der personalistisch strukturierten Gesellschaft mit beschränkter Haftung. Zum anderen fehlt der vom Wortlaut des § 186 Abs. 3 S. 4 AktG („Börsenpreis“) und der aktienrechtlichen Gesetzesbegründung[714] geforderte Börsenzugang.

b) Ausübungsentscheidung

Die Geschäftsführer haben bei der Ausnutzung des bezugsrechtsfrei geschaffenen genehmigten Kapitals die allgemeinen Anforderungen an ihre Beschlussfassung einzuhalten und darüber hinaus dafür Sorge zu tragen, dass ihre Ausübungsentscheidung der materiellen Schranke der sachlichen Rechtfertigung entspricht und die Gesellschafter mittels eines Vorabberichts über die anstehende bezugsrechtsfreie Kapitalerhöhung informiert werden.[715]

aa) Formelle Anforderungen

In formeller Hinsicht haben die Geschäftsführer entsprechend der vorgenannten Konstellationen die im Gesellschaftsvertrag oder in einer etwaig bestehenden Geschäftsordnung für die Geschäftsführung geregelten Vorgaben für Geschäftsführungsbeschlüsse zu beachten.[716] Enthalten weder Gesellschaftsvertrag noch Geschäftsordnung Regelungen für die Beschlussfassung, ist selbige formlos möglich und hat einstimmig zu erfolgen,[717] wobei es keiner Zustimmung eines etwaig

---

713 Siehe dazu bereits C.III.1.b)bb)(2) Kein vereinfachter Bezugsrechtsausschluss, S. 113 sowie MünchKommGmbHG/*Lieder* § 55a Rn. 68, § 55 Rn. 93; Scholz/*Priester*, GmbHG, § 55 Rn. 56; Baumbach/Hueck/*Zöllner/Fastrich*, GmbHG, § 55 Rn. 27 a. E.

714 Begründung Fraktionsentwurf, BT-Drucks. 12/6721, S. 5, 10.

715 MünchKommGmbHG/*Lieder* § 55a Rn. 63 a. E., 71 ff.; *ders.*, DNotZ 2010, 655, 670 a. E., 675 ff.

716 MünchKommGmbHG/*Lieder* § 55a Rn. 64 a. E., 71.

717 *Schnorbus/Donner*, NZG 2009, 1241, 1243 m. w. N.

bestehenden Aufsichtsrats analog §§ 202 Abs. 3 S. 2, 204 Abs. 1 S. 2 AktG bedarf.[718] Die Geschäftsführung unterliegt jedoch den Weisungen der Gesellschafter.[719]

bb) Materielle Anforderungen

In materieller Hinsicht haben die Geschäftsführer bei der Ausnutzung des in der Gründungssatzung bezugsrechtsfrei geschaffenen genehmigten Kapitals die Einhaltung der materiellen Schranken der sachlichen Rechtfertigung sowie der Berichterstattung zu berücksichtigen.[720]

(1) Sachliche Rechtfertigung

Die Ausnutzung des bezugsrechtsfrei geschaffenen genehmigten Kapitals durch die Geschäftsführung bedarf der sachlichen Rechtfertigung,[721] sodass entsprechend der *Kali+Salz*-Formel ein im Interesse der Gesellschaft liegender sachlicher Grund für den Bezugsrechtsausschluss existieren und ebenjener Bezugsrechtsausschluss zur Erreichung des mit ihm bezweckten Zieles geeignet, erforderlich und verhältnismäßig sein muss.[722] Diese Prüfung ist erforderlich, da erst im Zeitpunkt der Ausübungsentscheidung der Geschäftsführung der vollständige Sachverhalt bekannt und demnach eine Abwägung der Interessen von Gesellschaft und Gesellschaftern möglich ist. Ist der Bezugsrechtsausschluss im Gesellschaftsinteresse gerechtfertigt, kann die Geschäftsführung das bezugsrechtsfrei geschaffene genehmigte Kapital ausnutzen. Rechtfertigt das Gesellschaftsinteresse den Ausschluss des Bezugsrechts der Gesellschafter dagegen nicht, ist der Geschäftsführung die Ausnutzung untersagt und die Kapitalerhöhung hat zu unterbleiben.[723]

---

718 MünchKommGmbHG/*Lieder* § 55a Rn. 34 f. m. w. N.

719 MünchKommGmbHG/*Lieder* § 55a Rn. 64 a. E., 72. Siehe zur umstrittenen Weisungsbefugnis im Rahmen des genehmigten Kapitals bereits C.III.1.b)bb)(3)(a) Weisungsrecht im Rahmen des genehmigten Kapitals, S. 115.

720 MünchKommGmbHG/*Lieder* § 55a Rn. 64 a. E., 72 f.

721 MünchKommGmbHG/*Lieder* § 55a Rn. 64 a. E., 72.

722 Siehe zur sachlichen Rechtfertigung des Bezugsrechtsausschlusses bei der AG BGHZ 71, 40 (46); BGHZ 83, 319 (320 f.); BGHZ 125, 239 (240); MünchKommAktG/*Bayer* § 203 Rn. 61 f. sowie bereits B.II.2.a)aa)(2)(b) Materielle Voraussetzungen, S. 74.

723 Vgl. BGHZ 136, 133 (139).

Eine etwaige Reduktion des Prüfungsmaßstabs der sachlichen Rechtfertigung durch die *Siemens/Nold*-Entscheidung des Bundesgerichtshofs im Aktienrecht[724] ist aufgrund der besonderen Bedeutung des Bezugsrechts für die Gesellschafter einer regelmäßig personalistisch strukturierten Gesellschaft mit beschränkter Haftung jedenfalls nicht auf selbige zu übertragen. Im Gegensatz zur Ausschlussentscheidung der Gesellschafter bedarf die Ausübungsentscheidung der Geschäftsführung auch dann der sachlichen Rechtfertigung, wenn das Bezugsrecht durch einstimmige Beschlussfassung der Gesellschafter ausgeschlossen wurde.[725]

Die sachliche Rechtfertigung kann auch nicht in entsprechender Anwendung des im Aktienrecht in § 186 Abs. 3 S. 4 AktG vorgesehenen vereinfachten Bezugsrechtsausschlusses entfallen,[726] da die Gesellschaft mit beschränkter Haftung zum einen nicht über den erforderlichen Börsenzugang verfügt und eine solche Erleichterung zum anderen nicht in das strenge System des Bezugsrechtsausschlusses bei der personalistisch strukturierten Gesellschaft mit beschränkter Haftung passt.

(2) Vorabberichterstattung

Bevor die Geschäftsführung das bezugsrechtsfreie genehmigte Kapital ausnutzt und damit die Kapitalerhöhung unter Ausschluss des Bezugsrechts der Gesellschafter durchführt, muss sie selbige über den beabsichtigten Bezugsrechtsausschluss und dessen maßgebliche Gesichtspunkte informieren.[727] Andernfalls würde den Gesellschaftern die Möglichkeit genommen, die Rechtmäßigkeit des Ausschlusses ihres Bezugsrechts unter Berücksichtigung der im maßgeblichen Zeitpunkt der Geschäftsführerentscheidung bekannten Tatsachen zu prüfen und selbigem gegebenenfalls entgegenzutreten. Eine dadurch etwaig hervorgerufene Beeinträchtigung der Geschwindigkeit und Flexibilität der Kapitalerhöhung ist vor dem Hintergrund der überwiegenden Interessen der Gesellschafter an der Wahrung ihres Bezugsrechts bzw. dessen nur rechtmäßigen Ausschlusses grund-

---

724 Siehe dazu nur MünchKommAktG/*Bayer* § 203 Rn. 112 ff. sowie bereits B.II.2.a)bb) Ausübungsentscheidung der Geschäftsführung, S. 76.

725 Siehe dazu insgesamt bereits ausführlich C.III.1.b)bb)(1) Sachliche Rechtfertigung, S. 110.

726 Siehe dazu bereits C.III.1.b)bb)(2) Kein vereinfachter Bezugsrechtsausschluss, S. 113 sowie MünchKommGmbHG/*Lieder* § 55a Rn. 68, § 55 Rn. 93; Scholz/*Priester*, GmbHG, § 55 Rn. 56; Baumbach/Hueck/*Zöllner/Fastrich*, GmbHG, § 55 Rn. 27 a. E.

727 MünchKommGmbHG/*Lieder* § 55a Rn. 64 a. E., 73; *Eggert*, GmbHR 2014, 856, 862 f.; *Cramer*, GmbHR 2009, 406, 409.

sätzlich hinzunehmen. Es bleibt den Gesellschaftern jedoch unbenommen, zugunsten der Geschwindigkeit der Kapitalerhöhung auf das Erfordernis des Vorabberichts zu verzichten.[728]

Hinsichtlich der dogmatischen Herleitung der Vorabberichterstattungspflicht lässt sich nicht auf eine analoge Anwendung des § 186 Abs. 4 S. 2 i. V. m. § 203 Abs. 1 S. 1, Abs. 2 S. 2 AktG zurückgreifen,[729] da § 186 Abs. 4 S. 2 AktG lediglich die Berichterstattung vor dem Ermächtigungsbeschluss regelt.[730] Im Aktienrecht wird dagegen argumentiert, dass der Bericht vor Ausnutzung des genehmigten Kapitals erforderlich sei, um die durch die *Siemens/Nold*-Rechtsprechung reduzierten Anforderungen an den Bericht vor dem Ermächtigungsbeschluss auszugleichen, sodass die Pflicht zur Vorabberichterstattung aus einer „richtig verstandenen „entsprechenden" Anwendung des § 186 Abs. 4 S. 2 AktG in *analoger* Anwendung der §§ 203 Abs. 1 S. 1, Abs. 2 S. 2 AktG"[731] resultiere.[732] Eine Übertragung dieser Argumentation auf das GmbH-Recht scheitert in der Konstellation des Direktausschlusses außerhalb der Gründungssatzung zwar anders als in den Gründungssituationen nicht am Fehlen des Vorabberichts vor der Gesellschafterentscheidung gemäß § 203 Abs. 1 S. 1, Abs. 2 S. 2 i. V. m. § 186 Abs. 4 S. 2 AktG.[733] Sie lässt sich dennoch für das GmbH-Recht nicht aufrechterhalten, wenn die Anforderungen an den Bericht vor dem Ermächtigungsbeschluss im GmbH-Recht gar nicht reduziert sind, da die *Siemens/Nold*-Rechtsprechung nicht auf die Gesellschaft mit beschränkter Haftung übertragen wird. Nach hier vertretener Ansicht bedarf es im GmbH-Recht nämlich bereits im Zeitpunkt des Ermächtigungsbeschlusses einer strengeren materiellen Kontrolle als im Aktienrecht und somit eines ausführlichen, diese Kontrolle überprüfenden Berichts. Folglich ist der Bericht vor Ausnutzung des bezugsrechtsfreien genehmigten Kapitals jedenfalls nicht zum Ausgleich dieses vorherigen Berichts erforderlich, sodass dies als Begründung für die dogmatische Herleitung aus § 203 Abs. 1 S. 1, Abs. 2 S. 2 i. V. m. § 186 Abs. 4 S. 2 AktG analog ausscheidet.

---

728 Siehe dazu bereits ausführlich C.III.1.b)bb)(3)(b)(dd) Stellungnahme, S. 125.

729 So aber MünchKommGmbHG/*Lieder* § 55a Rn. 73; *ders.*, DNotZ 2010, 655, 675 f.; *ders.*, ZGR 2010, 868, 906 sowie *Kindler*, FS Hoffmann-Becking, S. 669, 676, die jedoch jeweils fälschlicherweise auf § 186 Abs. 4 S. 2 i. V. m. § 202 Abs. 1 S. 1, Abs. 2 S. 2 AktG abstellen.

730 MünchKommAktG/*Bayer* § 203 Rn. 157.

731 MünchKommAktG/*Bayer* § 203 Rn. 158.

732 Siehe dazu auch bereits C.III.1.b)bb)(3)(b)(dd) Stellungnahme, S. 125.

733 Siehe dazu ebenfalls bereits C.III.1.b)bb)(3)(b)(dd) Stellungnahme, S. 125.

(3) Keine Beteiligung der Gesellschafter erforderlich

Da eine etwaige Beteiligung der Gesellschafter im Zeitpunkt der Ausübungsentscheidung der Geschäftsführung in Form eines generellen Zustimmungsvorbehalts dem Zweck des genehmigten Kapitals zuwiderläuft und dem Charakter des genehmigten Kapitals als Ermächtigung widerspricht, ist ein solcher nicht zu fordern.[734] Den Gesellschaftern bleibt jedoch anheimgestellt, einen Zustimmungsvorbehalt individuell im Ermächtigungsbeschluss zu regeln.[735]

4. Ausschlussermächtigung außerhalb der Gründungssatzung

Schaffen die Gesellschafter das genehmigte Kapital gemäß § 55a Abs. 2 GmbHG durch einen satzungsändernden Ermächtigungsbeschluss, besteht neben dem Direktausschluss auch die Möglichkeit, die Geschäftsführer zum Ausschluss des Bezugsrechts zu ermächtigen. Da die Ermächtigung zum Bezugsrechtsausschluss nichts bereits in der Ermächtigung zur Erhöhung des Stammkapitals enthalten sein muss,[736] gelten nachfolgende Anforderungen sowohl im Falle der bereits im Ermächtigungsbeschluss enthaltenen als auch im Falle der erst nachträglich erteilten Ausschlussermächtigung.

a) Erteilung der Ausschlussermächtigung

Die Erteilung der Ermächtigung der Geschäftsführung zum Ausschluss des Bezugsrechts ist unabhängig davon, ob sie bereits im Ermächtigungsbeschluss oder erst nachträglich erfolgt, folgenden Anforderungen unterworfen.

734 *Klett*, GmbHR 2008, 1312, 1315. Siehe dazu auch bereits ausführlich C.III.1.b)bb)(4) Keine Beteiligung der Gesellschafter erforderlich, S. 132.

735 *Wicke*, GmbHG, § 55a Rn. 13; *Nietsch*, FS Schneider, S. 873, 888; *Lieder*, ZGR 2010, 868, 908. Beachte jedoch *Klett*, GmbHR 2008, 1312, 1315, die selbst in diesem Fall eine Prüfung dahingehend für erforderlich hält, „ob die Zustimmung nicht bereits mit dem Ermächtigungsbeschluss vorweggenommen werden sollte". A. A. *Trautmann*, S. 53 ff., der die Zulässigkeit eines solchen Zustimmungsvorbehalts wohl auf genannte Einzelfälle beschränken will.

736 So auch MünchKommGmbHG/*Lieder* § 55a Rn. 70; Ulmer/*Casper*, GmbHG, § 55a Rn. 32; Ring/Grziwotz/*Herrler*, GmbHG, § 55a Rn. 35; *Cramer*, GmbHR 2009, 406, 410; a. A. dagegen BeckOK GmbHG/*Ziemons* § 55a Rn. 59. Siehe dazu ausführlich sogleich C.III.4.a)aa) Formelle Anforderungen, S. 156.

aa) Formelle Anforderungen

Zunächst ist festzustellen, dass die Ermächtigung der Geschäftsführer zur Entscheidung über den Bezugsrechtsausschluss – anders als der Direktausschluss[737] – nicht zeitgleich mit der Schaffung des genehmigten Kapitals erfolgen muss.[738] Vielmehr können die Gesellschafter die Geschäftsführer auch bei einem bereits bestehenden genehmigten Kapital nachträglich dazu ermächtigen, das in Zusammenhang mit ebenjener Kapitalerhöhung stehende Bezugsrecht auszuschließen. Dies wird vereinzelt mit dem Hinweis auf § 186 Abs. 3 AktG bestritten,[739] dessen erster Satz anordnet, dass der Bezugsrechtsausschluss nur im Kapitalerhöhungsbeschluss selbst erfolgen kann. Dabei scheint jedoch übersehen zu werden, dass diese Vorschrift die ordentliche Kapitalerhöhung regelt und § 203 Abs. 2 S. 2 AktG für die genehmigte Kapitalerhöhung im Aktienrecht gerade nicht auf § 186 Abs. 3 S. 1 AktG verweist. In der aktienrechtlichen Literatur wird dagegen wiederum angemerkt, dass es eines solchen Verweises gar nicht bedürfe, da bereits § 203 Abs. 2 S. 1 AktG für das genehmigte Kapital davon ausgehe, dass die Ausschlussermächtigung (nur) bei Schaffung des genehmigten Kapitals erteilt werde.[740] Zwar mag es durchaus sein, dass § 203 Abs. 2 S. 1 AktG davon für den Regelfall ausgeht, das sagt jedoch nichts über die Zulässigkeit oder Unzulässigkeit einer Abweichung aus. Da § 203 Abs. 2 S. 1 AktG jedoch dahingehend formuliert ist, dass „die Ermächtigung vorsehen kann, daß der Vorstand über den Ausschluß des Bezugsrechts entscheidet" und nicht *nur* die Ermächtigung dies vorsehen kann, ist die Ablehnung einer nachträglichen Ausschlussermächtigung mit dem Verweis auf § 203 Abs. 2 S. 1 AktG wenig überzeugend.

Zuzugeben ist, dass dies zu einer nicht überzeugenden unterschiedlichen Behandlung des ausschließlich im Ermächtigungsbeschluss möglichen Direktausschlusses und der auch nachträglich zulässigen Ausschlussermächtigung führt. Schließlich ist nicht ersichtlich, warum die Gesellschafter bei Wahrung

737 MünchKommGmbHG/*Lieder* § 55a Rn. 64; *Cramer*, GmbHR 2009, 906, 910. Siehe dazu bereits ausführlich C.III.1.a) Ausschlussentscheidung, S. 106 für den Direktausschluss in der Gründungssatzung sowie C.III.3.a)aa) Formelle Anforderungen, S. 139 für den Direktausschluss im Ermächtigungsbeschluss.

738 So auch MünchKommGmbHG/*Lieder* § 55a Rn. 70; Ulmer/*Casper*, GmbHG, § 55a Rn. 32; Ring/Grziwotz/*Herrler*, GmbHG, § 55a Rn. 35; *Cramer*, GmbHR 2009, 406, 410; a. A. dagegen BeckOK GmbHG/*Ziemons* § 55a Rn. 59.

739 So BeckOK GmbHG/*Ziemons* § 55a Rn. 59.

740 So MünchKommAktG/*Bayer* § 203 Rn. 92, der das hier befürwortete Ergebnis der auch nachträglich möglichen Ermächtigung jedoch aus „praktischen Gründen" ausdrücklich billigt.

der entsprechenden Voraussetzungen ihr Bezugsrecht eines bestehenden genehmigten Kapitals nicht selbst nachträglich ausschließen dürfen, wohl aber die Geschäftsführer dazu ermächtigen können. Mag dieses Ergebnis auch nicht überzeugen, die Gesetzessystematik des auf die Gesellschaft mit beschränkter Haftung analog anzuwendenden § 203 Abs. 1 i. V. m. § 186 Abs. 3 S. 1 AktG bzw. § 203 Abs. 2 AktG ist eindeutig. So vermag es nicht zu überraschen, dass die Möglichkeit der nachträglichen Ausschlussermächtigung im Aktienrecht richtigerweise weit überwiegend befürwortet wird.[741] Es spricht nichts dagegen, dieses Ergebnis auf die Gesellschaft mit beschränkter Haftung zu übertragen, sodass auch im GmbH-Recht eine nachträgliche Ausschlussermächtigung möglich ist.[742] Da ein dahingehender Beschluss ebenfalls eine Satzungsänderung darstellt, sind an die Rechtmäßigkeit einer solchen nachträglichen Ausschlussermächtigung konsequenterweise die gleichen Anforderungen zu stellen wie an die Ausschlussermächtigung im Rahmen des Ermächtigungsbeschlusses.[743]

In formeller Hinsicht bedeutet dies, dass der Beschluss als Satzungsänderung gemäß § 53 Abs. 2 S. 1 GmbHG der Mehrheit von drei Viertel der abgegebenen Stimmen sowie der notariellen Beurkundung bedarf.[744] Anders als § 203 Abs. 1 S. 1 AktG – für die Konstellation des Direktausschlusses im Ermächtigungsbeschluss – verweist § 203 Abs. 2 AktG für die Ausschlussermächtigung wie erwähnt nicht auf § 186 Abs. 3 AktG, sodass sich das Mehrheitserfordernis im Aktienrecht nicht nach § 186 Abs. 3 S. 2 AktG, sondern nach der allgemeinen Vorschrift des § 202 Abs. 2 S. 2 AktG richtet.[745] Da § 202 Abs. 2 S. 2 AktG und § 186 Abs. 3 S. 2 AktG jedoch inhaltsgleich sind, stellt sich wie bereits im Rahmen des Direktausschlusses im Ermächtigungsbeschluss die Frage, ob in analoger Anwendung des § 202 Abs. 2 S. 2 AktG auch im GmbH-Recht zu der für die Satzungsänderung aufgestellten dreiviertel Stimmenmehrheit (§ 53 Abs. 2 S. 1 GmbHG) eine dreiviertel Kapitalmehrheit erforderlich ist. Dies wurde bereits für die Konstellation des Direktausschlusses im Ermächtigungsbeschluss trotz dafür sprechender, im GmbH-Recht zulässiger Mehrstimmrechte[746] unter Hinweis auf

---

741 Hüffer/Koch, AktG, § 203 Rn. 40; Großkomm. AktG/*Hirte* § 203 Rn. 58; Kölner Kommentar zum AktG/Lutter § 203 Rn. 17; Heidel/Groß/Fischer, AktG, § 203 Rn. 62.

742 So auch MünchKommGmbHG/*Lieder* § 55a Rn. 70; Ulmer/*Casper*, GmbHG, § 55a Rn. 32; Ring/Grziwotz/*Herrler*, GmbHG, § 55a Rn. 35; *Cramer*, GmbHR 2009, 406, 410; a. A. dagegen BeckOK GmbHG/*Ziemons* § 55a Rn. 59.

743 So zur AG auch Hüffer/*Koch*, AktG, § 203 Rn. 40.

744 MünchKommGmbHG/*Lieder* § 55a Rn. 70.

745 MünchKommAktG/*Bayer* § 203 Rn. 91; Hüffer/*Koch*, AktG, § 203 Rn. 23.

746 Baumbach/Hueck/*Zöllner/Fastrich*, GmbHG, § 55 Rn. 25.

die vom Aktienrecht abweichenden Mehrheitserfordernisse im GmbH-Recht abgelehnt.[747] Schließlich stellt das GmbH-Recht bei Abstimmungen generell (§ 47 Abs. 1 GmbHG) und bei Satzungsänderungen im Besonderen (§ 53 Abs. 2 S. 1 GmbH) – im Gegensatz zum Aktienrecht (§ 179 Abs. 2 S. 1 AktG) – auf Stimmen ab, sodass es bei der Beibehaltung des ausschließlich stimmenorientierten Mehrheitserfordernisses bleibt.[748]

Weiterhin ist die Ermächtigung der Geschäftsführung zum Ausschluss des Bezugsrechts analog § 203 Abs. 2 S. 2 i. V. m. § 186 Abs. 4 S. 1 AktG in der Tagesordnung (§ 51 Abs. 2 GmbHG) anzukündigen sowie analog § 203 Abs. 2 S. 2 i. V. m. § 186 Abs. 4 S. 2 AktG schriftlich zu begründen.[749] Das Schriftlichkeitserfordernis entfällt bei der Gesellschaft mit beschränkter Haftung auch nicht vor dem Hintergrund regelmäßig kleinerer Gesellschafterkreise,[750] da das Bedürfnis einer sachgerechten Berichterstattung zur Vorbereitung der Beschlussfassung unabhängig von der Anzahl der Gesellschafter besteht.[751] Inhaltlich muss der Bericht es den Gesellschaftern ermöglichen, über die Zulässigkeit der Erteilung der Ausschlussermächtigung entscheiden zu können.[752] Die an den Berichtsinhalt zu stellenden Anforderungen hängen folglich von den materiellen Anforderungen ab, die an die Ermächtigung der Geschäftsführung zum Bezugsrechtsausschluss gestellt werden.

bb) Materielle Anforderungen

Wie bereits aufgezeigt, wird für die Konstellation des Direktausschlusses im Ermächtigungsbeschluss nicht selten die Meinung vertreten, dass die Erleichterungen der *Siemens/Nold*-Entscheidung aufgrund der personalistischen Struktur sowie der fehlenden Kontrolle durch einen Aufsichtsrat nicht auf die Gesellschaft mit beschränkter Haftung übertragen werden können. Vielmehr müsse der Bezugsrechtsausschluss entsprechend der *Deutsche Bank*-Entscheidung bereits zu diesem Zeitpunkt einer Verhältnismäßigkeitsprüfung standhalten, die nur dann

---

747 Siehe dazu bereits C.III.4.a)aa) Formelle Anforderungen, S. 156.

748 So auch MünchKommGmbHG/*Lieder* § 55a Rn. 64; *Terbrack*, DNotZ 2012, 917, 924 f. sowie für die ordentliche Kapitalerhöhung Scholz/*Priester*, GmbHG, § 55 Rn. 61.

749 MünchKommGmbHG/*Lieder* § 55a Rn. 70; *Cramer*, GmbHR 2009, 406, 410.

750 So aber jedenfalls für die ordentliche Kapitalerhöhung Scholz/*Priester*, GmbHG, § 55 Rn. 61. Dem zustimmend Michalski/*Hermanns*, GmbHG, § 55 Rn. 46 a. E.

751 So auch MünchKommGmbHG/*Lieder* § 55a Rn. 70, § 55 Rn. 84; Baumbach/Hueck/*Zöllner/Fastrich*, GmbHG, § 55a Rn. 9, § 55 Rn. 25; *Cramer*, GmbHR 2009, 406, 410; Klett, GmbHR 2008, 1312, 1314.

752 MünchKommGmbHG/*Lieder* § 55a Rn. 66.

vorgenommen werden könne, wenn bereits konkrete Tatsachen der in Aussicht genommenen Maßnahme bekannt seien.[753]

Im Rahmen der vorliegend zu behandelnden Konstellation der Ausschlussermächtigung wird die Übertragung der *Siemens/Nold*-Entscheidung dagegen weiter verbreitet befürwortet. Insbesondere *Priester*[754] und *Ziemons*[755] stellen für den Direktausschluss und die Ausschlussermächtigung differenzierte Anforderungen auf und weichen für die Konstellation der Ausschlussermächtigung von der im Rahmen des Direktausschlusses für erforderlich gehaltenen Verhältnismäßigkeitsprüfung ab.

Übereinstimmend mit der Konstellation des Direktausschlusses sprechen der fehlende obligatorische Aufsichtsrat sowie insbesondere die personalistische Struktur der Gesellschaft mit beschränkter Haftung jedoch auch im Falle der Ausschlussermächtigung zunächst gegen die Übertragung der Erleichterung aus der Siemens/Nold-Entscheidung.[756] Weiterhin wird angeführt, dass die im Aktienrecht gegen die *Holzmann*-Rechtsprechung vorgebrachten Bedenken im GmbH-Recht nicht gleichermaßen durchschlagend seien, sodass es im GmbH-Recht keiner Abweichung von den ursprünglichen *Holzmann*-Grundsätzen bedürfe.[757] In der Konsequenz sei eine Ermächtigung der Geschäftsführung zum Ausschluss des Bezugsrechts in Übereinstimmung mit der *Holzmann*-Entscheidung nur möglich, wenn bereits im Zeitpunkt der Ermächtigungserteilung konkrete Anhaltspunkte dafür vorliegen, dass sich der Bezugsrechtsausschluss innerhalb des Ermächtigungszeitraums als notwendig und hinsichtlich der Interessen der betroffenen Gesellschafter als vertretbar erweisen könnte.[758]

Jedenfalls hinsichtlich der personalistischen Struktur und des fehlenden Aufsichtsrats stimmt *Nietsch*[759] den vorgenannten Überlegungen zu und spricht sich

---

753 So Scholz/*Priester*, GmbHG, § 55a Rn. 36 f.; Bork/Schäfer/*Arnold/Born*, GmbHG, § 55a Rn. 23; BeckOK GmbHG/*Ziemons* § 55a Rn. 59a; *Cramer*, GmbHR 2009, 406, 411; *Priester*, GmbHR 2008, 1177, 1182. Wohl auch Bunnemann/Zirngibl/*Thun*, 2. Aufl., § 6 Rn. 86 sowie *Kindler*, FS Hoffmann-Becking, S. 669, 675. Siehe dazu ausführlich bereits C.III.3.a)bb) Materielle Anforderungen, S. 143.

754 Scholz/*Priester*, GmbHG, § 55a Rn. 36 ff.; *ders.*, GmbHR 2008, 1177, 1182.

755 BeckOK GmbHG/*Ziemons* § 55a Rn. 59a.

756 Bork/Schäfer/*Arnold/Born*, GmbHG, § 55a Rn. 23; Bunnemann/Zirngibl/*Thun*, 2. Aufl., § 6 Rn. 86; *Cramer*, GmbHR 2009, 406, 411. Ohne Begründung wohl ebenfalls gegen eine Übertragung der *Siemens/Nold*-Rechtsprechung Henssler/Strohn/*Gummert*, GmbHG, § 55a Rn. 16.

757 *Cramer*, GmbHR 2009, 406, 411.

758 *Cramer*, GmbHR 2009, 406, 411.

759 *Nietsch*, FS Schneider, S. 873, 885 ff.

ebenfalls gegen eine bedenkenlose Übertragung der *Siemens/Nold*-Grundsätze aus. Hinzu trete seiner Meinung nach die der *Siemens/Nold*-Entscheidung zugrunde liegende Eigenverantwortlichkeit des Vorstands der Aktiengesellschaft, die bei den weisungsgebundenen Geschäftsführen der Gesellschaft mit beschränkter Haftung gerade nicht vorliege. Abweichungen zur vorgenannten Ansicht ergeben sich jedoch bezüglich der Schlussfolgerung. Aus dem zur Aktiengesellschaft abweichenden Ausgangspunkt folge kein Rückgriff auf die *Holzmann*-Grundsätze, da selbige zu streng seien und den vom Gesetz grundsätzlich in Betracht gezogenen Bezugsrechtsausschluss praktisch unmöglich machten. Vielmehr seien die *Siemens/Nold*-Kriterien dahingehend zu modifizieren, dass die Ermächtigung nur zulässig sei, sofern sie mit der Ausgabe des Kapitals gegen Sacheinlagen verbunden werde. Anderes könne nur gelten, wenn das genehmigte Kapital der Verwirklichung einer satzungsmäßigen Option auf Anteilserhöhung eines Gesellschafters diene. Weiterhin müsse die Gesellschafterversammlung die mit der Sacheinlage verbundene unternehmerische Ausrichtung zuvor beschließen. Der Ausschlussgrund sei in diese Ausrichtung einzugliedern und möglichst konkret zu beschreiben. Abschließend bestehe die Möglichkeit, die Ausübung der Ermächtigung mit einer Kontrollmöglichkeit zu verbinden.[760]

Die vorgeschlagene Begrenzung der Ermächtigung zum Bezugsrechtsausschluss auf Kapitalerhöhungen gegen Sacheinlagen scheint zunächst einleuchtend. Vergegenwärtigt man sich, dass Kapitalerhöhungen gegen Sacheinlagen in aller Regel unter Ausschluss des Bezugsrechts erfolgen, ist § 55a Abs. 3 GmbHG[761] – der Sacheinlagen im Rahmen des genehmigten Kapitals ausdrücklich zulässt – das einzige Anzeichen dafür, dass das GmbH-Gesetz den Bezugsrechtsausschluss im Rahmen des genehmigten Kapitals grundsätzlich in Betracht zieht. Folglich scheint es jedenfalls nicht von vornherein ausgeschlossen, ebenjenen Bezugsrechtsausschluss auf Fälle der Kapitalerhöhung gegen Sacheinlagen zu begrenzen. Dabei werden jedoch zwei maßgebliche Punkte übersehen. Zum einen müsste konsequenterweise nicht nur die Ermächtigung zum Bezugsrechtsausschluss, sondern auch der Direktausschluss auf Fälle der Kapitalerhöhung gegen Sacheinlagen begrenzt werden. Im Rahmen des Direktausschlusses wird eine dahingehende Begrenzung jedoch nicht diskutiert. Zum anderen würde eine dahingehende Begrenzung den Anwendungsbereich des genehmigten Kapitals erheblich einschränken und somit dessen Regelungszweck, die Kapitalerhöhung

760 Siehe dazu C.III.4.b)bb)(4) Keine Beteiligung der Gesellschafter erforderlich, S. 168.

761 Von *Nietsch*, FS Schneider, S. 873, 887 fälschlicherweise als § 55a Abs. 2 GmbHG angegeben.

zu beschleunigen und zu flexibilisieren, gefährden. Zusätzlich erscheint bereits der Ausgangspunkt fragwürdig, die Möglichkeit des Bezugsrechtsausschlusses in den Sacheinlagen zulassenden § 55a Abs. 3 GmbHG hineinzulesen, ohne dass selbiger darin überhaupt erwähnt wird.

Auch im Rahmen der Ausschlussermächtigung ist jedenfalls eine teilweise Übertragung der *Siemens/Nold*-Entscheidung vorzugswürdig.[762] Demnach sind im Zeitpunkt der Erteilung der Ausschlussermächtigung keine konkreten Tatsachen des künftigen Vorhabens erforderlich. Wie bereits im Rahmen des Direktausschlusses im Ermächtigungsbeschluss spricht dafür insbesondere die andernfalls drohende Beeinträchtigung der durch das genehmigte Kapital bezweckten Flexibilität der Kapitalbeschaffung.[763] Schließlich wäre die Schaffung eines genehmigten Kapitals inklusive Ausschlussermächtigung sonst ausgeschlossen, wenn das künftige Vorhaben noch nicht näher umrissen ist. Soll das genehmigte Kapital nach dem Willen der Gesellschafter jedoch insbesondere solchen Zwecken dienen, die den Ausschluss des Bezugsrechts durch die Geschäftsführung erfordern, bliebe ihnen die Möglichkeit der Schaffung eines genehmigten Kapitals zur Erreichung ebenjener Zweck verwehrt. Dies beeinträchtigt die Funktionsfähigkeit und den Zweck des genehmigten Kapitals, welches gerade zukünftige, ungewisse Kapitalerhöhungen zu ermöglichen und zu flexibilisieren beabsichtigt.[764] So ist mit der flexibilitätsbeschränkenden Wirkung gerade das Hauptbedenken des Bundesgerichtshofs gegen seine bisherige *Holzmann*-Rechtsprechung auch im GmbH-Recht für die Übertragung der *Siemens/Nold*-Maßstäbe anzuführen.[765]

Dass eine Übertragung der *Siemens/Nold*-Rechtsprechung im Falle der Ausschlussermächtigung jedenfalls weniger Bedenken hervorruft als im Falle des

---

762 So auch MünchKommGmbHG/*Lieder* § 55a Rn. 70 a. E., 67 f.; Scholz/*Priester*, GmbHG, § 55a Rn. 38; Ulmer/*Casper*, GmbHG, § 55a Rn. 33; BeckOK GmbHG/*Ziemons* § 55a Rn. 59a; Rowedder/Schmidt-Leithoff/*Schnorbus*, GmbHG, § 55a Rn. 27; Ring/Grziwotz/*Herrler*, GmbHG, § 55a Rn. 35; *Lieder*, DNotZ 2010, 655, 673 f.; *Schnorbus/Donner*, NZG 2009, 1241, 1244; *Priester*, GmbHR 2008, 1177, 1182. Wohl auch *Kindler*, FS Hoffmann-Becking, S. 669, 675 f.

763 Dies zugebend auch *Cramer*, GmbHR 2009, 406, 411.

764 Gegen eine Beeinträchtigung der Funktionsfähigkeit des genehmigten Kapitals unter Hinweis auf die im Rahmen der GmbH regelmäßig schnelle Einberufung der Gesellschafterversammlung *Priester*, GmbHR 2008, 1177, 1182.

765 Siehe zu der flexibilitätsbeschränkenden Wirkung der *Holzmann*-Kriterien BGHZ 136, 133 (136). A. A. dagegen *Cramer*, GmbHR 2009, 406, 411, der die im Aktienrecht gegen die *Holzmann*-Entscheidung vorgebrachten Bedenken im GmbH-Recht nicht für gleichermaßen durchgreifend erachtet.

Direktausschlusses, wird auch durch einen vergleichenden Blick auf die Diskussion im Aktienrecht deutlich. Schließlich wird die *Siemens/Nold*-Entscheidung und der damit einhergehende Verzicht auf konkrete Anhaltspunkte der zukünftigen Maßnahme im Aktienrecht auf die Konstellation des Direktausschlusses begrenzt kritisiert. Die Ausschlussermächtigung sei dagegen gerade im Fall unbekannter Tatsachen der zweckmäßige Weg, um einen Bezugsrechtsausschluss zu ermöglichen.[766]

Für die Konstellation der Ausschlussermächtigung ist darüber hinaus ein weiteres Argument maßgeblich. Es widerspricht dem Sinn der Ermächtigung, wenn bereits im Zeitpunkt der Ermächtigungserteilung konkrete Tatsachen dafür vorliegen müssen, dass der Ermächtigte genötigt sein könnte, von ebenjener Ermächtigung Gebrauch zu machen.[767] Vielmehr ist es gerade Sinn und Zweck der Ermächtigung, einem Dritten die Entscheidungsgewalt generell zu übertragen, unabhängig davon, ob bestimmte Tatsachen vorliegen oder noch eintreten. Bereits die Erteilung der Ermächtigung von einer bestimmten Wahrscheinlichkeit der Ausnutzung abhängig zu machen erscheint über die Widersprüchlichkeit hinaus auch wenig praktikabel. Schließlich ist es gerade bei einem derart langen Ermächtigungszeitraum von fünf Jahren wie beim genehmigten Kapital nahezu unmöglich, die Wahrscheinlichkeit der Ausnutzung zu überblicken und zu bewerten.

Auch unter den Befürwortern einer Übertragung der *Siemens/Nold*-Rechtsprechung auf die Gesellschaft mit beschränkter Haftung ist der genaue Maßstab der materiellen Kontrolle jedoch umstritten. Liegen im Zeitpunkt der Ermächtigungserteilung bereits konkrete Tatsachen eines bestimmten anvisierten Vorhabens vor, wird vertreten, dass sie überhaupt keiner materiellen Kontrolle unterliege,[768] lediglich im wohlverstandenen Interesse der Gesellschaft liegen müsse,[769] den Gesellschaftszweck zu fördern geeignet sein müsse[770] oder gar verhältnismäßig im Sinne der *Kali+Salz*-Formel sein müsse[771]. Eine Verhältnismäßigkeitsprüfung im Sinne der *Kali+Salz*-Formel scheidet in der Konstellation der Ausschlussermächtigung jedenfalls aus. Schließlich wird anders als in der

766 So für die AG MünchKommAktG/*Bayer* § 203 Rn. 131 sowie *Natterer*, ZIP 2002, 1672, 1678.

767 Bork/Schäfer/*Arnold/Born*, GmbHG, § 55a Rn. 23.

768 Gehrlein/Ekkenga/Simon/*Bormann*, GmbHG, § 55a Rn. 35.

769 Ring/Grziwotz/*Herrler*, GmbHG, § 55a Rn. 35; Scholz/*Priester*, GmbHG, § 55a Rn. 38; *ders.*, GmbHR 2008, 1177, 1182.

770 MünchKommGmbHG/*Lieder* § 55a Rn. 70 a. E., 67 f.; *ders.*, DNotZ 2010, 655, 674.

771 *Trautmann*, S. 96.

Konstellation des Direktausschlusses in diesem Fall das Bezugsrecht noch nicht unmittelbar ausgeschlossen. Vielmehr werden lediglich die Geschäftsführer ermächtigt, dies in Zukunft tun zu können. Konsequenterweise bezieht sich die materielle Kontrolle folglich auf die Ermächtigung der Geschäftsführung und gerade nicht auf den Bezugsrechtsausschluss.[772] Die bloße Ermächtigung bereits einer Verhältnismäßigkeitsprüfung zu unterwerfen, obwohl gänzlich unklar ist, ob überhaupt von ihr Gebrauch gemacht wird, erscheint wenig überzeugend. Um das für die Gesellschafter einer personalistisch strukturierten Gesellschaft mit beschränkter Haftung besonders bedeutsame Bezugsrecht jedoch ausreichend zu schützen, sind an den Bezugsrechtsausschluss im GmbH-Recht höhere Anforderungen zu stellen als im Aktienrecht. Mithin ist es nicht ausreichend, dass der Bezugsrechtsausschluss lediglich im wohlverstandenen Interesse der Gesellschaft liegt. Sofern im Zeitpunkt der Ermächtigungserteilung konkrete Tatsachen der anvisierten Maßnahme vorliegen, besteht kein Bedürfnis von dem Maßstab der *Holzmann*-Entscheidung abzuweichen. Mithin müssen die konkreten Tatsachen der anvisierten Maßnahme ausreichend Anhaltspunkte bieten, damit es sich innerhalb der den Geschäftsführern eingeräumten Frist als notwendig und im Hinblick auf die Interessen der betroffenen Gesellschafter als vertretbar erweisen könnte, das Bezugsrecht auszuschließen.[773]

Liegen im Zeitpunkt der Ermächtigungserteilung dagegen noch keine konkreten Tatsachen vor, wird nahezu parallel zum Vorliegen konkreter Tatsachen vertreten, dass die Erteilung der Ermächtigung überhaupt keiner sachlichen Rechtfertigung unterliege,[774] lediglich im wohlverstandenen Interesse der Gesellschaft liegen müsse[775] oder bei einer abstrakt-generellen Betrachtung zur hinreichenden Wahrung des Gesellschaftsinteresses notwendig sein müsse[776]. Eine etwaige Prüfung der Verhältnismäßigkeit der Ermächtigungserteilung scheidet dagegen mangels ausreichender Tatsachengrundlage in diesem Fall aus. Erneut erfordert die personalistische Struktur der Gesellschaft mit beschränkter Haftung jedoch einen strengeren Maßstab als durch die *Siemens/Nold*-Entscheidung für die Aktiengesellschaft festgelegt. Vergleichbar mit der zuvor auf Grundlage des *Holzmann*-Maßstabs für den Fall konkreter Tatsachen aufgestellten Anforderung muss auch bei Fehlen derartiger Tatsachen zur Erteilung

---

772 So für die AG ausdrücklich Natterer, ZIP 2002, 1672, 1678.

773 So BGHZ 83, 319 (319).

774 Gehrlein/Ekkenga/Simon/*Bormann*, GmbHG, § 55a Rn. 35.

775 Ring/Grziwotz/*Herrler*, GmbHG, § 55a Rn. 35; Scholz/*Priester*, GmbHG, § 55a Rn. 38; *Trautmann*, S. 96; *Priester*, GmbHR 2008, 1177, 1182.

776 MünchKommGmbHG/*Lieder* § 55a Rn. 70 a. E., 67 f.; *ders.*, DNotZ 2010, 655, 674.

der Ausschlussermächtigung erforderlich sein, dass es sich innerhalb der den Geschäftsführern eingeräumten Frist als notwendig und im Hinblick auf die Interessen der betroffenen Gesellschafter vertretbar erweisen könnte, das Bezugsrecht auszuschließen. Diese Prüfung ist dabei mangels konkreter Tatsachen anhand der abstrakten Umschreibung des zukünftigen Vorhabens durchzuführen.

Bei einstimmiger Beschlussfassung der Gesellschafter ist die Erteilung der Ausschlussermächtigung dagegen keiner materiellen Kontrolle unterworfen, da vergleichbar mit der Situation bei Erteilung der Ausschlussermächtigung in der Gründungssatzung aufgrund der Einstimmigkeit kein aus Art. 14 Abs. 1 GG resultierendes Schutzbedürfnis der Minderheitsgesellschafter besteht.[777]

Mangels Börsenzugangs kann eine etwaige materielle Kontrolle im GmbH-Recht nicht in entsprechender Anwendung des im Aktienrecht in § 186 Abs. 3 S. 4 AktG vorgesehenen vereinfachten Bezugsrechtsausschlusses entfallen.[778]

b) Ausübung der Ausschlussermächtigung

Macht die Geschäftsführung im Zusammenhang mit der Ausnutzung des genehmigten Kapitals von ihrer Ausschlussermächtigung Gebrauch, schließt sie das Bezugsrecht der Gesellschafter aus. Da bisher lediglich die Ermächtigung Gegenstand der rechtlichen Überprüfung war, muss zu diesem Zeitpunkt nun der Beschluss der Geschäftsführung über den Bezugsrechtsausschluss bestimmten formellen und materiellen Anforderungen entsprechen.

aa) Formelle Anforderungen

Enthalten weder der Gesellschaftsvertrag noch die Geschäftsordnung für die Geschäftsführung spezielle Vorgaben für Geschäftsführungsbeschlüsse,[779] ist der formlose Beschluss über den Bezugsrechtsausschluss einstimmig zu fassen.[780] Der Zustimmung eines etwaig bestehenden Aufsichtsrats analog §§ 202 Abs. 3

---

777 So auch *Trautmann*, S. 92 f. Siehe dazu bereits ausführlich im Rahmen der Ausschlussermächtigung in der Gründungssatzung C.III.2.a) Erteilung der Ausschlussermächtigung, S. 133.

778 Siehe dazu bereits C.III.1.b)bb)(2) Kein vereinfachter Bezugsrechtsausschluss, S. 113 sowie MünchKommGmbHG/*Lieder* § 55a Rn. 68, § 55 Rn. 93; Scholz/*Priester*, GmbHG, § 55 Rn. 56; Baumbach/Hueck/*Zöllner/Fastrich*, GmbHG, § 55 Rn. 27 a. E.

779 MünchKommGmbHG/*Lieder* § 55a Rn. 71.

780 *Schnorbus/Donner*, NZG 2009, 1241, 1243 m. w. N.

S. 2, 204 Abs. 1 S. 2 AktG bedarf es nicht.[781] Die Geschäftsführung unterliegt jedoch den Weisungen der Gesellschafter.[782]

bb) Materielle Anforderungen

Materiell muss der Beschluss der Geschäftsführung über den Bezugsrechtsausschluss den Grenzen der Ermächtigungen entsprechen und sachlich gerechtfertigt sein. Darüber hinaus haben die Geschäftsführer den Gesellschaftern vorab Bericht über die beabsichtigte Kapitalerhöhung unter Ausnutzung der Ausschlussermächtigung zu erstatten.

(1) Grenzen der Ermächtigung

Sowohl die Ermächtigung zur Kapitalerhöhung[783] als auch die Ermächtigung zum Bezugsrechtsausschluss können von den Geschäftsführern einzuhaltende Vorgaben für die genehmigte Kapitalerhöhung unter Bezugsrechtsausschluss enthalten. Die Ausschlussermächtigung kann beispielsweise vorsehen, dass das Bezugsrecht nur zur Erreichung eines bestimmten Zwecks ausgeschlossen werden darf.[784]

(2) Sachliche Rechtfertigung

Wie bereits bei der Erteilung der Ausschlussermächtigung in der Gründungssatzung[785] bedarf die Entscheidung der Geschäftsführer über die Ausnutzung der Ermächtigung auch im Falle derer nachträglichen Erteilung der sachlichen Rechtfertigung im Sinne der *Kali+Salz*-Formel.[786] Mithin muss ein im Interesse

---

781 MünchKommGmbHG/*Lieder* § 55a Rn. 34 f. m. w. N.

782 MünchKommGmbHG/*Lieder* § 55a Rn. 72. Siehe zur umstrittenen Weisungsbefugnis im Rahmen des genehmigten Kapitals bereits C.III.1.b)bb)(3)(a) Weisungsrecht im Rahmen des genehmigten Kapitals, S. 115.

783 Die Ermächtigung zur Kapitalerhöhung kann beispielsweise Vorgaben über einen bestimmten Ausgabe- oder Mindestbetrag sowie Anzahl und Nennbeträge der neuen Geschäftsanteile enthalten oder die genehmigte Kapitalerhöhung lediglich zur Erreichung bestimmter Zwecke zulassen. Siehe dazu und zu möglichen weiteren Vorgaben der Ermächtigung MünchKommGmbHG/*Lieder* § 55a Rn. 24 ff.

784 *Lieder*, DNotZ 2010, 655, 675.

785 Siehe dazu C.III.2.b)bb)(2) Sachliche Rechtfertigung, S. 137.

786 MünchKommGmbHG/*Lieder* § 55a Rn. 72; Gehrlein/Ekkenga/Simon/*Bormann*, GmbHG, § 55a Rn. 47; *Terbrack*, DNotZ 2012, 917, 925; *Lieder*, DNotZ 2010, 655, 675; *Herrler*, DNotZ 2008, 903, 913; im Ergebnis ähnlich, mangels Akzeptanz eines gesetzlichen Bezugsrechts jedoch die Einhaltung des Gleichbehandlungsgrundsatzes und der Treuepflicht fordernd Rowedder/Schmidt-Leithoff/*Schnorbus*, GmbHG, § 55a Rn. 27; *ders.*/*Donner*, NZG 2009, 1241, 1244.

der Gesellschaft liegender sachlicher Grund für den Bezugsrechtsausschluss vorliegen und ebenjener Bezugsrechtsausschluss zur Erreichung des mit ihm verfolgten Zwecks geeignet, erforderlich und verhältnismäßig sein.[787] Aufgrund des im Rahmen der personalistisch strukturierten Gesellschaft mit beschränkter Haftung besonders bedeutsamen Bezugsrechts ist eine Lockerung dieses Prüfungsmaßstabs, wie sie im Aktienrecht im Anschluss an die *Siemens/Nold*-Entscheidung diskutiert wird, nicht auf diese Gesellschaftsform zu übertragen.[788]

Der von *Priester* darüber hinaus geforderten Begrenzung auf Situationen, die ein rasches Handeln der Geschäftsführung im Interesse der Gesellschafter erfordern,[789] ist nicht zu folgen. Den Gesellschaftern andernfalls die Möglichkeit geben zu müssen, die Kapitalmaßnahme im Wege der ordentlichen Kapitalerhöhung selbständig durchzuführen und dabei über den Ausschluss ihres Bezugsrechts zu entscheiden, liefe im Ergebnis auf einen Vorrang der ordentlichen bzw. eine Subsidiarität der genehmigten Kapitalerhöhung hinaus. Ein dahingehendes Verhältnis der beiden Kapitalerhöhungsverfahren widerspricht jedoch zum einen dem Zweck des genehmigten Kapitals, eine schnelle, flexible und kostengünstige Kapitalbeschaffung zu ermöglichen[790] und ist zum anderen in keiner Weise in den Gesetzgebungsmaterialien angelegt[791].

Mangels Börsenzugangs kann die sachliche Rechtfertigung im GmbH-Recht nicht in entsprechender Anwendung des im Aktienrecht in § 186 Abs. 3 S. 4 AktG vorgesehenen vereinfachten Bezugsrechtsausschlusses entfallen.[792]

(3) Vorabberichterstattung

Die Geschäftsführung ist verpflichtet, die Gesellschafter vor der Ausnutzung der Ermächtigung zum Ausschluss des Bezugsrechts mittels eines Vorabberichts zu informieren.[793] Dies mag zwar zu einer Beeinträchtigung der Geschwindigkeit

787 BGHZ 71, 40 (46).

788 Siehe dazu im Rahmen des Direktausschlusses in der Gründungssatzung bereits C.III.1.b)bb)(1) Sachliche Rechtfertigung, S. 110.

789 Scholz/*Priester*, GmbHG, § 55a Rn. 38; *ders.*, GmbHR 2008, 1177, 1182.

790 Bericht des Rechtsausschusses, BT-Drucks. 16/9737, S. 50, 56.

791 So auch *Schnorbus/Donner*, NZG 2009, 1241, 1244.

792 Siehe dazu bereits C.III.1.b)bb)(2) Kein vereinfachter Bezugsrechtsausschluss, S. 113 sowie MünchKommGmbHG/*Lieder* § 55a Rn. 68, § 55 Rn. 93; Scholz/*Priester*, GmbHG, § 55 Rn. 56; Baumbach/Hueck/*Zöllner/Fastrich*, GmbHG, § 55 Rn. 27 a. E.

793 MünchKommGmbHG/*Lieder* § 55a Rn. 73; Baumbach/Hueck/*Zöllner/Fastrich*, GmbHG, § 55a Rn. 14; Gehrlein/Ekkenga/Simon/*Bormann*, GmbHG, § 55a Rn. 49;

und Flexibilität der Kapitalerhöhung und damit des Normzwecks des § 55a GmbHG führen[794], ist aber zu Gunsten der überwiegenden Interessen der Gesellschafter an der Wahrung des Bezugsrechts bzw. dessen nur rechtmäßigen Ausschlusses und der Überprüfbarkeit der Rechtmäßigkeit grundsätzlich hinzunehmen. Es bleibt den Gesellschaftern jedoch unbenommen, zugunsten der Geschwindigkeit der Kapitalerhöhung auf das Erfordernis des Vorabberichts zu verzichten.[795] Um den Gesellschaftern die Möglichkeit zu bieten, sich auf Grundlage des Berichts ein ausreichend klares Bild über den beabsichtigten Bezugsrechtsausschluss und dessen Rechtmäßigkeit zu verschaffen und gegebenenfalls darauf reagieren zu können, ist im Anschluss an den Vorabbericht eine Wartefrist von drei Werktagen einzuhalten.[796]

Zur dogmatischen Herleitung der Vorabberichterstattungspflicht lässt sich wie bereits erläutert auch außerhalb der Gründungssituationen nicht auf eine analoge Anwendung des § 186 Abs. 4 S. 2 i. V. m. § 203 Abs. 1 S. 1, Abs. 2 S. 2 AktG zurückgreifen.[797] Schließlich regelt § 186 Abs. 4 S. 2 AktG lediglich die Berichterstattung vor dem Ermächtigungsbeschluss.[798] Die im Aktienrecht vorgetragene Herleitung aus einer „richtig verstandenen „entsprechenden" Anwendung des § 186 Abs. 4 S. 2 AktG in *analoger* Anwendung der §§ 203 Abs. 1 S. 1, Abs. 2 S. 2 AktG"[799] lässt sich ebenfalls nicht auf das GmbH-Recht übertragen. Schließlich bedarf es nach hier vertretener Ansicht im GmbH-Recht bereits im Zeitpunkt des Ermächtigungsbeschlusses einer strengeren materiellen Kontrolle als im Aktienrecht und somit eines ausführlichen, diese Kontrolle überprüfenden

---

Saenger/*Inhester*, GmbHG, § 55a Rn. 30 a. E. sowie Fn. 21; Ring/Grziwotz/*Herrler*, GmbHG, § 55a Rn. 36; *Nietsch*, FS Schneider, S. 873, 888; *Eggert*, GmbHR 2014, 856, 862 f.; *Lieder*, ZGR 2010, 868, 906 f.; *ders.*, DNotZ 2010, 655, 675 ff.; *Cramer*, GmbHR 2009, 406, 409.

794 *Lieder*, ZGR 2010, 868, 904 f., 907.

795 Siehe dazu bereits C.III.1.b)bb)(3)(b)(dd) Stellungnahme, S. 125.

796 Siehe dazu erneut bereits C.III.1.b)bb)(3)(b)(dd) Stellungnahme, S. 125 sowie *Eggert*, GmbHR 2014, 856, 862, der „wenige Tage" ausreichen lässt sowie Gehrlein/Ekkenga/Simon/*Bormann*, GmbHG, § 55a Rn. 43, der die Wartefrist auf den seiner Ansicht nach erforderlichen Vorabbericht vor der Ausnutzung des genehmigten Kapitals ebenfalls auf drei Werktage beziffert.

797 Siehe dazu bereits C.III.3.b)bb)(2) Vorabberichterstattung, S. 153. A. A. MünchKommGmbHG/*Lieder* § 55a Rn. 73; *ders.*, DNotZ 2010, 655, 675 f.; *ders.*, ZGR 2010, 868, 906 sowie *Kindler*, FS Hoffmann-Becking, S. 669, 676, die jedoch jeweils fälschlicherweise auf § 186 Abs. 4 S. 2 i. V. m. § 202 Abs. 1 S. 1, Abs. 2 S. 2 AktG abstellen.

798 MünchKommAktG/*Bayer* § 203 Rn. 157.

799 MünchKommAktG/*Bayer* § 203 Rn. 158.

Berichts, sodass bereits die dieser Herleitung zugrunde liegende auszugleichende inhaltliche Entleerung dieses Berichts fehlt.

(4) Keine Beteiligung der Gesellschafter erforderlich

Sofern ein etwaiger Zustimmungsvorbehalt[800] oder ein etwaiges Widerspruchsrecht[801] nicht individuell in Satzung oder Ermächtigungsbeschluss geregelt sind, bedarf es keiner weiteren Beteiligung der Gesellschafter. Ein genereller Zustimmungsvorbehalt widerspricht zum einen dem Charakter der Ermächtigung und ist zum anderen geeignet, die von der genehmigten Kapitalerhöhung bezweckte Beschleunigung und Flexibilisierung und damit den Normzweck des § 55a GmbHG zu beeinträchtigen.[802] Ein generelles Widerspruchsrecht beeinträchtigt zwar Geschwindigkeit und Flexibilität der Kapitalerhöhung weniger, schränkt jedoch das Ermessen der Geschäftsführer unnötig ein und ist zum Schutze der Gesellschafterinteressen weder gut geeignet noch erforderlich.[803]

5. Einheitliche Anwendung auf alle Gesellschaftstypen

Die zuvor für die einzelnen Konstellationen aufgestellten Voraussetzungen sind auf alle Gesellschaften in der Gesellschaftsform der Gesellschaft mit beschränkter Haftung anzuwenden, unabhängig von der konkreten Ausgestaltung der einzelnen Gesellschaften. Dies gilt insbesondere auch für Gesellschaften dieser Gesellschaftsform, die entgegen des legislatorischen Leitbildes und der mehrheitlichen rechtstatsächlichen Ausgestaltung kapitalistisch strukturiert sind.

Die Charakterisierung der Gesellschaft mit beschränkter Haftung als personalistisch strukturiert basiert auf einer typisierenden Betrachtung ihres legislatorischen Leitbildes und ihrer mehrheitlichen rechtstatsächlichen Ausgestaltung. Diese Zuordnung diente insbesondere dazu, die an den Bezugsrechtsausschluss zu stellenden Anforderungen mit Blick auf die typische Gesellschaft mit beschränkter Haftung angemessen und interessengerecht aufzustellen. Dies zeigt

---

800 Siehe zur Möglichkeit eines Zustimmungsvorbehalts *Wicke*, GmbHG, § 55a Rn. 13; *Nietsch*, FS Schneider, S. 873, 888; *Lieder*, ZGR 2010, 868, 908. Beachte jedoch *Klett*, GmbHR 2008, 1312, 1315, die selbst in diesem Fall eine Prüfung dahingehend für erforderlich hält, „ob die Zustimmung nicht bereits mit dem Ermächtigungsbeschluss vorweggenommen werden sollte". A. A. *Trautmann*, S. 53 ff., der die Zulässigkeit eines solchen Zustimmungsvorbehalts wohl auf genannte Einzelfälle beschränken will.

801 Siehe zum Widerspruchsrecht *Nietsch*, FS Schneider, S. 873, 888 f.

802 *Lieder*, ZGR 2010, 868, 908; *Klett*, GmbHR 2008, 1312, 1315.

803 Siehe dazu insgesamt bereits C.III.1.b)bb)(4) Keine Beteiligung der Gesellschafter erforderlich, S. 132.

sich nicht zuletzt an der regelmäßigen Berücksichtigung der personalistischen Struktur im Rahmen der Herausarbeitung der maßgeblichen Anforderungen an den Bezugsrechtsausschluss. Diese typisierende Charakterisierung darf dagegen nicht dahingehend missverstanden werden, dass alle Gesellschaften mit beschränkter Haftung tatsächlich personalistisch strukturiert seien oder dass die aufgestellten Voraussetzungen nur auf die tatsächlich personalistisch strukturierten Gesellschaften anzuwenden seien.

Wie bereits im Rahmen des Einflusses der typologischen Unterscheidung auf die Rechtsanwendung generell festgestellt, ist das für die jeweilige Gesellschaftsform maßgebliche Recht auf alle Gesellschaftstypen einheitlich anzuwenden.[804] Dafür sprechen insbesondere die Abgrenzungsschwierigkeiten der Typusbegriffe sowie die Rechtssicherheit. Dabei kann es auch keinen Unterschied machen, ob es um die Rechtsanwendung einer für die entsprechende Gesellschaftsform maßgeblichen Norm oder die Anwendung für die Gesellschaftsform maßgeblichen ungeschriebenen Rechts geht. Auch die ungeschriebenen Anforderungen an den Bezugsrechtsausschluss im Rahmen des genehmigten Kapitals müssen vor dem Hintergrund der Rechtssicherheit einheitlich für alle Gesellschaften mit beschränkter Haftung unabhängig von deren typischer oder atypischer Gestaltung gelten. Dies gilt umso mehr, als die meisten dieser Anforderungen aufgrund des Minderheitenschutzes zwingenden Charakters sind. Lediglich auf das Erfordernis des Vorabberichts kann von den Gesellschaftern zugunsten der Geschwindigkeit der Kapitalerhöhung verzichtet werden.[805]

---

804 Siehe dazu bereits A.II.3. Einfluss der typologischen Unterscheidung auf die Rechtsanwendung, S. 34.

805 Siehe dazu bereits C.III.1.b)bb)(3)(b)(dd) Stellungnahme, S. 125.

D. Bezugsrechtsausschluss im KGaA-Recht

Das auf die Kommanditgesellschaften auf Aktien anwendbare Recht bestimmt sich nach § 278 Abs. 2 und 3 AktG und ist normativ in den Spezialnormen der §§ 279 bis 290 AktG, dem ersten Buch des Aktiengesetzes (§§ 1 bis 277 AktG) sowie dem zweiten Abschnitt des zweiten Buches des Handelsgesetzbuches (§§ 161 bis 177a HGB) geregelt. Hinsichtlich der Frage, welche gesetzlichen Regelungen auf einen bestimmten Sachverhalt anzuwenden sind, ergibt sich aus § 278 Abs. 2 und 3 AktG, dass zunächst festzustellen ist, ob die Spezialnormen der §§ 279 bis 290 AktG eine besondere Regelung für den in Frage stehenden Sachverhalt enthalten oder nicht. Ist dies nicht der Fall, ist zu untersuchen, ob eines der in § 278 Abs. 2 AktG genannten Rechtsverhältnisse betroffen ist, sodass die entsprechende Regelung aus dem zweiten Abschnitt des zweiten Buches des Handelsgesetzbuches anzuwenden wäre. Ist keines der dort genannten Rechtsverhältnisse betroffen, gelten „im Übrigen" nach § 278 Abs. 3 AktG die Vorschriften des ersten Buches des Aktiengesetzes sinngemäß.[806]

Hinsichtlich des Bezugsrechtsausschlusses ist vorab festzustellen, dass die Spezialnormen der §§ 279 bis 290 AktG weder Regelungen zum Bezugsrecht der Kommanditaktionäre noch zu dessen Ausschluss enthalten. Daher ist im Folgenden zu untersuchen, ob und ggf. woraus den Kommanditaktionären ein Bezugsrecht zusteht bzw. wonach ein etwaiger Bezugsrechtsausschluss zu beurteilen ist.

I. Bezugsrecht

Das Bezugsrecht ist das subjektive Recht der Kommanditaktionäre, im Falle einer Kapitalerhöhung einen ihrem Anteil am Grundkapital entsprechenden Teil der neuen Aktien übernehmen zu können.[807] Es garantiert den bisherigen Gesellschaftern im Falle einer Kapitalerhöhung den Erhalt des Stimmrechts- und Wertanteils ihrer Beteiligung und somit den Erhalt der relativen

---

806 Siehe zur Verweisungstechnik und der Prüfungsabfolge des § 278 Abs. 2 und 3 AktG Bürgers/Körber/*Förl/Fett*, AktG, § 278 Rn. 4 f.

807 MünchKommAktG/*Schürnbrand* § 186 Rn. 1; *Schmidt*, Gesellschaftsrecht, § 29, III., 2., d); *Nagel/Wittkowski*, Die Kommanditgesellschaft auf Aktien (KGaA), § 2 Rn. 167. Siehe zu den Grundlagen des Bezugsrechts auch bereits B.II.1. Bezugsrecht, S. 70.

Herrschaftsverhältnisse innerhalb der Gesellschaft und schützt gegen eine Verwässerung des Aktienkurses.[808]

Dieses Recht der Kommanditaktionäre zum Bezug der neuen Aktien betrifft weder das Verhältnis der Komplementäre untereinander, noch das der Komplementäre zu der Gesamtheit der Kommanditaktionäre bzw. zu Dritten und somit keines der in § 278 Abs. 2 AktG genannten Rechtsverhältnisse. Vielmehr betrifft das Bezugsrecht lediglich die Kommanditaktionäre selbst bzw. deren Rechtsverhältnis zu „ihrer" Gesellschaft, an der sie nach der Kapitalerhöhung weitere Anteile halten. Das gesetzliche Bezugsrecht der Kommanditaktionäre bezieht sich dabei lediglich auf die Erhöhung des Grundkapitals. Im Falle der Schaffung neuer oder der Erhöhung bestehender Komplementäranteile steht den Kommanditaktionären dagegen kein Bezugsecht auf die neu geschaffenen Komplementäranteile zu.[809] Den Komplementären steht folgerichtig – sofern sie nicht zugleich Kommanditaktionäre sind und selbst dann nur in ihrer Stellung als Kommanditaktionäre und gerade nichts als Komplementäre – mangels Beteiligung an dem in Aktien zerlegten Grundkapital der Gesellschaft umgekehrt auch kein Bezugsrecht hinsichtlich der geschaffenen Kommanditaktien zu.[810] Somit kann auch nicht aus einem vermeintlichen Recht der Komplementäre zum Bezug der neuen Kommanditaktien ein Rechtsverhältnis des § 278 Abs. 2 AktG betroffen sein.

Das gesetzliche Bezugsrecht der Kommanditaktionäre folgt schließlich aus § 278 Abs. 3 i. V. m. (§ 203 Abs. 1 S. 1,) § 186 Abs. 1 AktG.[811] Dass den Kommanditaktionären einer Kommanditgesellschaft auf Aktien ebenso wie den Aktionären einer Aktiengesellschaft und den Gesellschaftern einer Gesellschaft mit beschränkter Haftung ein gesetzliches Bezugsrecht zusteht, ist auch interessengerecht. Schließlich haben die Kommanditaktionäre im Falle einer Kapitalerhöhung das gleiche berechtigte und schutzwürdige Interesse an der Wahrung ihrer anteilsmäßigen Beteiligung wie die Gesellschafter der anderen Kapitalgesellschaften. Hinzu tritt, dass bereits im Rahman der Gesellschaft mit beschränkter Haftung festgestellt wurde, dass gerade die Gesellschafter typischerweise personalistisch strukturierter Gesellschaften – zu denen die Kommanditgesellschaft

---

808 MünchKommAktG/*Schürnbrand* § 186 Rn. 2 f.; *Schmidt*, Gesellschaftsrecht, § 29, III., 2., d). Siehe auch die beispielhafte Erläuterung des Verwässerungseffektes auf den Aktienkurs bei *Hirte*, Kapitalgesellschaftsrecht, Rn. 6.28.

809 Münch. Hdb. GesR IV/Herfs § 80 Rn. 4 m. w. N.

810 Münch. Hdb. GesR IV/Herfs § 80 Rn. 10; *Nagel/Wittkowski*, Die Kommanditgesellschaft auf Aktien (KGaA), § 2 Rn. 163 a. E., 167.

811 Heidel/*Wichert*, AktG, § 278 Rn. 58; Hölters/*Müller-Michaels*, AktG, § 278 Rn. 19; *Nagel/Wittkowski*, Die Kommanditgesellschaft auf Aktien (KGaA), § 2 Rn. 167.

auf Aktien wie zuvor aufgezeigt zählt[812] – ein umso größeres Interesse an der Berücksichtigung ihrer dahingehenden Interessen haben.

II. Bezugsrechtsausschluss

Ebenso wie das Bezugsrecht selbst betrifft auch dessen Ausschluss grundsätzlich nur die Kommanditaktionäre, deren Bezugsrecht ausgeschlossen wird sowie deren Rechtsverhältnis zu „ihrer" Gesellschaft. Konsequenterweise ist gemäß § 278 Abs. 3 AktG auch auf den Ausschluss des Bezugsrechts der Kommanditaktionäre das erste Buch des Aktiengesetzes sinngemäß anwendbar, sodass das Bezugsrecht gemäß § 278 Abs. 3 i. V. m. (§ 203 Abs. 1 S. 1,) § 186 Abs. 3 AktG ausgeschlossen werden kann.[813]

In der Literatur zur Kommanditgesellschaft auf Aktien findet der Bezugsrechtsausschluss nahezu ausschließlich im Rahmen der Umwandlung von Komplementäranteilen in Kommanditaktien Berücksichtigung. In diesem Zusammenhang wird vereinzelt vertreten, dass die Zulässigkeit des Bezugsrechtsausschlusses jedenfalls für diese besondere Situation nicht nach § 278 Abs. 3 i. V. m. § 186 Abs. 3 AktG, sondern gemäß § 278 Abs. 2 AktG nach dem Recht der Kommanditgesellschaft und somit den §§ 161 bis 177a HGB zu beurteilen ist.[814] *Mertens* und *Cahn* führen zur Begründung aus, dass schließlich das Rechtsverhältnis des durch den Bezugsrechtsausschluss begünstigten Komplementärs zu den Kommanditaktionären betroffen sei.[815]

Darüber hinaus ist zu beachten, dass das Recht des Komplementärs zur Umwandlung seiner Sondereinlage häufig durch die Kommanditaktionäre in der Satzung eingeräumt wird.[816] Damit haben sich die Kommanditaktionäre verpflichtet, das Grundkapital auf Verlangen des Komplementärs zu erhöhen, um diesem die Umwandlung zu ermöglichen.[817] Diese satzungsmäßige Verpflichtung

---

812 Siehe zur typischerweise personalistischen Struktur der Kommanditgesellschaft auf Aktien bereits A.III.2. Die Kommanditgesellschaft auf Aktien, S. 45.

813 So im Ergebnis auch *Nagel/Wittkowski*, Die Kommanditgesellschaft auf Aktien (KGaA), § 2 Rn. 167.

814 Kölner Kommentar zum AktG/*Mertens/Cahn* § 281 Rn. 30. Im Ergebnis ähnlich Münch. Hdb. GesR IV/Herfs § 80 Rn. 14; Schütz/Bürgers/Riotte/*Fett*, Die KGaA, § 7 Rn. 26 f., denen zufolge der Bezugsrechtsausschluss im Falle der Umwandlung zwar nach Aktienrecht zu beurteilen, die sachliche Rechtfertigung durch das satzungsmäßige Recht auf Umwandlung jedoch vorgezeichnet sei.

815 Kölner Kommentar zum AktG/*Mertens/Cahn* § 281 Rn. 30.

816 Schütz/Bürgers/Riotte/*Fett*, Die KGaA, § 7 Rn. 18.

817 Schütz/Bürgers/Riotte/*Fett*, Die KGaA, § 7 Rn. 26 f.

der Gesamtheit der Kommanditaktionäre gegenüber dem Komplementär betrifft das Verhältnis zwischen dem Komplementär und den Kommanditaktionären und unterliegt gemäß § 278 Abs. 2 AktG dem Recht der Kommanditgesellschaft. Dies führt auch dazu, dass mangels Anwendbarkeit des Aktienrechts und insbesondere des § 187 Abs. 2 AktG eine dahingehende Verpflichtung überhaupt erst wirksam möglich ist.[818]

Den Bezugsrechtsausschluss im Falle der Umwandlung deshalb gemäß § 278 Abs. 2 AktG nach dem Recht der Kommanditgesellschaft beurteilen zu wollen ist jedoch zu kurz gegriffen und differenziert nicht ausreichend. Die Umwandlung von Komplementäranteilen in Kommanditaktien berührt schließlich sowohl personengesellschaftsrechtliche als auch aktienrechtliche Aspekte.[819] Sie besteht aus zwei miteinander verknüpften „Elementen", erstens der Herabsetzung oder Auflösung der Sondereinlage des Komplementärs und zweitens der Erhöhung des Grundkapitals gegen Sacheinlage unter Ausschluss des Bezugsrechts der Kommanditaktionäre.[820]

Die generelle Existenz des Rechts auf Umtausch ist von der Frage zu unterscheiden, wie dieses Recht umgesetzt wird. Das Recht auf Umtausch betrifft freilich die Rechtsbeziehung des Komplementärs zu den Kommanditaktionären und ist dementsprechend nach § 278 Abs. 2 AktG dem Recht der Kommanditgesellschaft unterworfen. Die zur Durchsetzung dieses Rechts erforderliche Kapitalerhöhung betrifft dagegen ebendieses Rechtsverhältnis nicht, sodass sie gemäß § 278 Abs. 3 AktG nach dem Aktienrecht durchzuführen ist.[821] Dazu stehen neben der ordentlichen auch die genehmigte und die – hier zu vernachlässigende – bedingte Kapitalerhöhung zur Verfügung. Sofern das Grundkapital im Wege der ordentlichen oder genehmigten Kapitalerhöhung erhöht wird, ist der Ausschluss des Bezugsrechts der Kommanditaktionäre erforderlich.[822] Im

---

818 Großkomm. AktG/*Assmann/Sethe* § 278 Rn. 190; Münch. Hdb. GesR IV/*Herfs* § 80 Rn. 14; Schütz/Bürgers/Riotte/*Fett*, Die KGaA, § 7 Rn. 27. A. A. dagegen Kölner Kommentar zum AktG/*Mertens/Cahn* § 281 Rn. 28 m. w. N., die auf die Kapitalerhöhung insgesamt abstellen und durch selbige die Gesellschaft selbst und das Verhältnis zu den Kommanditaktionären betroffen sehen, sodass die Verpflichtung zur Kapitalerhöhung gemäß § 278 Abs. 3 i. V. m. § 187 Abs. 2 AktG nicht möglich sei.

819 Schütz/Bürgers/Riotte/*Fett*, Die KGaA, § 7 Rn. 21.

820 Münch. Hdb. GesR IV/Herfs § 80 Rn. 13 m. w. N.

821 Übereinstimmend Großkomm. AktG/*Assmann/Sethe* § 278 Rn. 190; Kölner Kommentar zum AktG/*Mertens/Cahn* § 281 Rn. 29; Münch. Hdb. GesR IV/*Herfs* § 80 Rn. 14.

822 Kölner Kommentar zum AktG/*Mertens/Cahn* § 281 Rn. 30.

Rahmen des Bezugsrechtsausschlusses ist sodann unklar, ob dieser auch im Falle der Umwandlung sachlich gerechtfertigt sein muss und inwieweit die satzungsmäßige Zusicherung der Umwandlung eine etwaige sachliche Rechtfertigung beeinflusst. Dies lässt sich jedoch an entsprechender Stelle im Rahmen der an den Bezugsrechtsausschluss zu stellenden Anforderungen zweckmäßiger behandeln.[823]

Damit wurde grundsätzlich festgestellt, dass auf den Bezugsrechtsausschluss im Rahmen der Kommanditgesellschaften auf Aktien – auch im Falle der Umwandlung des Komplementäranteils in Kommanditaktien – entsprechend § 278 Abs. 3 AktG Aktienrecht sinngemäß anwendbar ist. Nachfolgend wird sodann der Frage nachzugehen sein, ob die im Rahmen des Aktienrechts – insbesondere durch die Rechtsprechung – entwickelten Grundsätze unverändert auch im Recht der Kommanditgesellschaften auf Aktien gelten oder aufgrund der regelmäßig personalistischen Struktur dieser Gesellschaft Modifikationen bedürfen.

III. Anforderungen an den Bezugsrechtsausschluss

Die nachfolgende Darstellung der an den Bezugsrechtsausschluss im Rahmen der Kommanditgesellschaft auf Aktien zu stellenden Anforderungen fasst – abweichend von der bei der Gesellschaft mit beschränkter Haftung – die möglichen Konstellationen zusammen. Insofern werden die Anforderungen an den in der Gründungssatzung enthaltenen Direktausschluss und an die darin enthaltene Ausschlussermächtigung sowie an den im satzungsändernden Ermächtigungsbeschluss enthaltenen Direktausschluss bzw. an die darin enthaltene Ausschlussermächtigung jeweils zusammen behandelt. Dies dient neben der Begrenzung des Umfangs der Darstellung insbesondere der Vermeidung von Wiederholungen, da die jeweils zusammengefassten Konstellationen ähnlichen Anforderungen unterliegen.

1. Regelung in der Gründungssatzung

Wie bei der Aktiengesellschaft und der Gesellschaft mit beschränkter Haftung können auch bei der Kommanditgesellschaft auf Aktien bereits in der Gründungssatzung Regelungen zum Bezugsrechtsausschluss im Rahmen des genehmigten Kapitals getroffen werden. Neben der Möglichkeit des Direktausschlusses durch die Gesellschafter selbst (§ 278 Abs. 3 i. V. m. §§ 203 Abs. 1 S. 1, 186 Abs. 3 S. 1 AktG) steht dazu auch die Ausschlussermächtigung zur Verfügung (§ 278

823 Siehe daher ausführlich unter D.III.1.b)bb)(1) Sachliche Rechtfertigung, S. 179.

Abs. 3 i. V. m. § 203 Abs. 2 S. 1 AktG). Da im Rahmen der Kommanditgesellschaft auf Aktien entsprechend § 283 Nr. 12 AktG die für den Vorstand der Aktiengesellschaft geltenden Vorschriften sinngemäß für die persönlich haftenden Gesellschafter gelten, werden die Komplementäre im Rahmen des genehmigten Kapitals nicht nur zur Erhöhung des Grundkapitals ermächtigt, sondern im Falle der Ausschlussermächtigung auch zum Ausschluss des Bezugsrechts der Kommanditaktionäre.

a) Gründungssatzung

Wird bereits in der Gründungssatzung ein genehmigtes Kapital geschaffen und in diesem Zusammenhang das Bezugsrecht ausgeschlossen bzw. eine Ausschlussermächtigung erteilt, unterliegen diese Maßnahmen keinen für den Bezugsrechtsausschluss besonderen Voraussetzungen. Hinsichtlich etwaiger formeller Voraussetzungen findet insbesondere § 278 Abs. 3 i. V. m. § 186 Abs. 3 S. 2–4, Abs. 4 AktG keine Anwendung, da sich dieser ersichtlich auf einen satzungsändernden Beschluss bezieht.[824] Es sei jedoch darauf hingewiesen, dass ein mit dem genehmigten Kapital verbundener Direktausschluss gemäß § 278 Abs. 3 i. V. m. §§ 203 Abs. 1, 186 Abs. 3 S. 1 AktG zwingend bereits in der Ermächtigung zur Kapitalerhöhung enthalten sein muss. Ein Ausschluss des Bezugsrechts durch die Gesellschafter selbst ist damit nach Schaffung des genehmigten Kapitals in der Gründungssatzung nicht mehr möglich.[825] Hingegen ist eine Ermächtigung der Komplementäre, das im Zusammenhang mit dem in der Gründungssatzung enthaltenen genehmigten Kapital bestehende Bezugsrecht auszuschließen, auch nachträglich möglich.[826] Die unterschiedliche Behandlung der beiden Konstellationen des Direktausschlusses und der Ausschlussermächtigung vermag zwar nicht zu überzeugen, ist aufgrund der eindeutigen Gesetzessystematik des § 278 Abs. 3 i. V. m. §§ 203 Abs. 1, 186 Abs. 3 S. 1 AktG bzw. § 203 Abs. 2 AktG jedoch hinzunehmen.

Da die Aufstellung der Satzung einen inhaltlich übereinstimmenden Willen aller Gesellschafter (sowohl der Kommanditaktionäre als auch der Komplementäre) erfordert (vgl. § 280 Abs. 2 AktG), besteht unter dem Gesichtspunkt des

---

824 So für die AG MünchKommAktG/*Bayer* § 203 Rn. 85; Hölters/*v. Dryander/Niggemann*, AktG, § 203 Rn. 14.

825 Siehe zur gleichen Rechtslage im GmbH-Recht bereits C.III.1.a) Ausschlussentscheidung, S. 106.

826 Siehe zur gleichen Rechtslage im GmbH-Recht bereits C.III.4.a)aa) Formelle Anforderungen, S. 156.

Schutzes einzelner Gesellschafter auch kein Bedürfnis nach weiteren formellen oder materiellen Anforderungen.[827] Dem berechtigten Interesse der Gesellschafter an einem hinreichenden Schutz ihres Bezugsrechts kann vielmehr auch durch die Inhaltskontrolle im Zeitpunkt der Ausnutzung des genehmigten Kapitals unter Ausschluss des Bezugsrechts durch die Komplementäre nachgekommen werden.[828]

Soweit im Rahmen der Gesellschaft mit beschränkter Haftung vereinzelt unter Hinweis auf die fehlende Kontrolle eines Aufsichtsrats sowie die einschneidendere Bedeutung des Bezugsrechts für deren Gesellschafter bereits im Zeitpunkt der Gründungssatzung eine sachliche Rechtfertigung für erforderlich gehalten wird,[829] wurde dem schon dort widersprochen.[830] Im Falle der Kommanditgesellschaft auf Aktien kommt hinzu, dass diese, anders als die Gesellschaft mit beschränkter Haftung, durchaus einen obligatorischen Aufsichtsrat hat (vgl. §§ 285 Abs. 1 S. 2 Nr. 1, 287 AktG). Obgleich dieser eine andere Stellung hat als der Aufsichtsrat in der Aktiengesellschaft, obliegt auch ihm die Überwachung der zur Geschäftsführung befugten Komplementäre gemäß § 278 Abs. 3 i. V. m. § 111 Abs. 1 AktG.[831] Zwar fehlen dem Aufsichtsrat einer Kommanditgesellschaft auf Aktien im Vergleich zu dem der Aktiengesellschaft eigene Einwirkungsrechte im Falle einer nicht ordnungsgemäßen Geschäftsführung.[832] Er kann und muss in diesem Fall jedoch eine außerordentliche Hauptversammlung einberufen, seine Bedenken auf selbiger vortragen und etwaige Abhilfemaßnahmen (Entziehung der Geschäftsführungsbefugnis, Ausschließung etc.) anregen.[833] Insofern besteht im Rahmen der Kommanditgesellschaft auf Aktien durchaus eine – wenn auch im Vergleich zur Aktiengesellschaft geschwächte – Kontrolle der Komplementäre bei der Ausnutzung des genehmigten Kapitals unter Ausschluss des Bezugsrechts. Darüber hinaus ist im Falle der Kommanditgesellschaft auf

---

827 Hinsichtlich der materiellen Anforderung der sachlichen Rechtfertigung auch *Wichert*, S. 180. Siehe zur AG MünchKommAktG/Bayer § 203 Rn. 85; Hüffer/*Koch*, AktG, § 203 Rn. 9.

828 So für die GmbHG auch *Lieder*, DNotZ 2010, 655, 670.

829 Scholz/*Priester*, GmbHG, § 55a Rn. 35 ff.; *ders.*, GmbHR 2008, 1177, 1182 sowie *Cramer*, GmbHR 2009, 406, 411.

830 Siehe dazu bereits C.III.1.a) Ausschlussentscheidung, S. 106.

831 MünchKommAktG/*Perlitt* § 287 Rn. 37; Münch. Hdb. GesR IV/*Herfs* § 79 Rn. 54, 63 f.; Schütz/Bürgers/Riotte/*Fett*, Die KGaA, § 5 Rn. 482 ff.

832 MünchKommAktG/*Perlitt* § 287 Rn. 46; Münch. Hdb. GesR IV/*Herfs* § 79 Rn. 63; Schütz/Bürgers/Riotte/*Fett*, Die KGaA, § 5 Rn. 485.

833 MünchKommAktG/*Perlitt* § 287 Rn. 46.

Aktien zu berücksichtigen, dass das Bezugsrecht der Kommanditaktionäre und gerade nicht ein etwaiges Bezugsrecht der Komplementäre betroffen ist. Im Rahmen der Klassifizierung der Kommanditgesellschaft auf Aktien als im Grundsatz personalistisch strukturierte Gesellschaft wurde jedoch bereits festgestellt, dass die personalistische Prägung gerade aus der starken Stellung des Komplementärs erwächst.[834] Die Kommanditaktionäre sind dagegen eher Ausdruck des kapitalistischen Elements der Kommanditgesellschaft auf Aktien, da sie hauptsächlich der Beisteuerung des notwenigen Kapitals dienen. Insofern ist im Rahmen der Kommanditgesellschaften auf Aktien schon zu hinterfragen, ob das Bezugsrecht für die Kommanditaktionäre tatsächlich – in gleichem Maße wie für die Gesellschafter einer Gesellschaft mit beschränkter Haftung – größere Bedeutung als für die Aktionäre einer Aktiengesellschaft hat.

b) Komplementärbeschluss

Hingegen sind im Zeitpunkt der Ausnutzung des bezugsrechtsfrei geschaffenen genehmigten Kapitals bzw. der Ausnutzung der Ausschlussermächtigung durch die Komplementäre sowohl formelle als auch materielle Anforderungen an einen wirksamen Bezugsrechtsausschluss zu beachten.

aa) Formelle Anforderungen

Gemäß § 283 Nr. 12 AktG gelten die für den Vorstand der Aktiengesellschaft geltenden Vorschriften über die Ausgabe von Aktien bei genehmigtem Kapital sinngemäß für die persönlich haftenden Gesellschafter der Kommanditgesellschaft auf Aktien. Obwohl die Kapitalerhöhung durch das genehmigte Kapital zu einer Maßnahme der Geschäftsführung wird,[835] finden gerade nicht die Vorschriften des Handelsgesetzbuches über die Kommanditgesellschaft gemäß § 278 Abs. 2 AktG – wie sonst bei Sachverhalten zur Geschäftsführung bzw. zur Vertretung der Gesellschaft – Anwendung.

Formell muss der Beschluss der Komplementäre, das bezugsrechtsfrei geschaffene genehmigte Kapital auszunutzen bzw. das genehmigte Kapital auszunutzen und das Bezugsrecht der Kommanditaktionäre auszuschließen, mithin gemäß § 77 Abs. 1 S. 1 AktG einstimmig gefasst werden, sofern Satzung oder Geschäftsordnung des Vorstands nicht gemäß § 77 Abs. 1 S. 2 Hs. 1 AktG Abweichendes

834 Siehe dazu bereits A.III.2.a) Legislatorisches Leitbild, S. 48.
835 Siehe für die AG MünchKommAktG/*Bayer* § 202 Rn. 86.

regeln. Gemäß § 283 Nr. 12 i. V. m. § 204 Abs. 1 S. 2 Hs. 2 AktG bedarf der Beschluss darüber hinaus der Zustimmung des Aufsichtsrats.[836]

bb) Materielle Anforderungen

In materieller Hinsicht bedarf die Ausnutzung des bezugsrechtsfreien genehmigten Kapitals bzw. der Ausschlussermächtigung der sachlichen Rechtfertigung.[837]

(1) Sachliche Rechtfertigung

Ebenso wie im GmbH- und Aktienrecht ist auch bei der Kommanditgesellschaft auf Aktien zum Schutz der Kommanditaktionäre vor rechtswidrigen Ausschlüssen ihres Bezugsrechts und somit Eingriffen in ihre mitgliedschaftliche Stellung eine sachliche Rechtfertigung des Bezugsrechtsausschlusses erforderlich.[838] Über § 278 Abs. 3 AktG gelten die zum Aktienrecht entwickelten Grundsätze auch für die Kommanditgesellschaft auf Aktien.[839] Im Falle des Direktausschlusses hat der Komplementär entsprechend der zum Aktienrecht ergangenen *Siemens/Nold*-Entscheidung des Bundesgerichtshofs demnach „im Rahmen seines unternehmerischen Ermessens sorgfältig zu prüfen, ob der allein ihm bekannte vollständige Sachverhalt die Durchführung des Hauptversammlungsbeschlusses, der den Ausschluß des Bezugsrechts der Aktionäre umfaßt, im Gesellschaftsinteresse rechtfertigt“[840]. Im Falle der Ausschlussermächtigung hat der Komplementär in gleicher Weise „in eigener Verantwortung zu prüfen, ob aus unternehmerischer Sicht der Ausschluß des Bezugsrechts der Aktionäre im Interesse der Gesellschaft liegt.“[841]

---

836 So ohne Normanbindung und bezugsrechtsunabhängig für jede Ausnutzung eines genehmigten Kapitals auch *Nagel/Wittkowski*, Die Kommanditgesellschaft auf Aktien (KGaA), § 2 Rn. 171. Für die Ausnutzung der Ausschlussermächtigung ergibt sich dies unmittelbar aus § 204 Abs. 1 S. 2 Hs. 2 AktG. Für die Ausnutzung des bezugsrechtsfreien genehmigten Kapitals findet § 204 Abs. 1 S. 2 Hs. 2 AktG entsprechend Anwendung, siehe zur AG MünchKommAktG/*Bayer* § 204 Rn. 23 a. E.

837 Siehe ohne Differenzierung zwischen Regelungen in der Gründungssatzung oder im Ermächtigungsbeschluss und ausdrücklich auch nur für die Ausnutzung der Ausschlussermächtigung *Wichert*, S. 178 f. sowie *Krug*, AG 2000, 510, 513 f.

838 *Wichert*, S. 177.

839 So auch Schütz/Bürgers/Riotte/*Fett*, Die KGaA, § 7 Rn. 13; *Wichert*, S. 180.

840 BGHZ 136, 133 (139).

841 BGHZ 136, 133 (139).

Im Rahmen des Aktienrechts bleibt unklar, ob der Bundesgerichtshof den Maßstab der sachlichen Rechtfertigung damit abweichend von der *Kali+Salz*-Formel dahingehend absenken wollte, dass es künftig keiner Erforderlichkeits- und Verhältnismäßigkeitsprüfung mehr bedarf.[842] Dafür spricht neben der Wortwahl „im Interesse der Gesellschaft liegen" auch die Tatsache, dass anders als in den vorherigen Entscheidungen keine ausdrückliche Bezugnahme auf die *Kali+Salz*-Formel erfolgte. Eindeutig ist die Wortwahl des Bundesgerichtshofs jedoch nicht.[843] Schließlich wird die Formulierung „im Interesse der Gesellschaft liegen" nicht konsequent durchgehalten, sondern wechselt für die Vorstandsentscheidung im Falle des Direktausschlusses dahingehend, die Durchführung des Hauptversammlungsbeschlusses müsse „im Gesellschaftsinteresse gerechtfertigt" sein. Wenn hier auch nicht von einer sachlichen Rechtfertigung gesprochen wird zeigt dies dennoch, dass das „im Interesse der Gesellschaft liegen" auch lediglich eine sprachliche Verkürzung der Rechtfertigungserfordernisse darstellen könnte.[844] Eindeutig gegen einen Verzicht auf die Verhältnismäßigkeitsprüfung spricht der Vergleich mit der ordentlichen Kapitalerhöhung. Schließlich ist nicht ersichtlich, wieso gerade im Rahmen des genehmigten Kapital geringere Anforderungen an den Bezugsrechtsausschluss zu stellen sein sollen, während im Rahmen der ordentlichen Kapitalerhöhung weiterhin eine sachliche Rechtfertigung im Sinne der *Kali+Salz*-Formel für erforderlich gehalten wird.[845] Diese Differenzierung leuchtet umso weniger ein, wenn man bedenkt, dass die Kontrollmöglichkeiten der Aktionäre beim genehmigten Kapital ohnehin schon eingeschränkter sind.[846] Bereits im Rahmen der Ausführungen zum Aktienrecht wurde daher festgestellt, dass insgesamt die besseren Gründe für eine Beibehaltung des Maßstabs der *Kali+Salz*-Formel für die sachliche Rechtfertigung sprechen.

Für die Kommanditgesellschaft auf Aktien gilt dies über § 278 Abs. 3 AktG ebenfalls.[847] Die Entscheidung der Komplementäre, das bezugsrechtsfreie genehmigte Kapital auszunutzen bzw. von der Ausschlussermächtigung Gebrauch

---

842 Siehe dazu bereits B.II.2.a)bb) Ausübungsentscheidung der Geschäftsführung, S. 76.

843 *Cahn*, ZHR 163 (1999), 554, 572 f.

844 *Cahn*, ZHR 163 (1999), 554, 572.

845 MünchKommAktG/*Bayer* § 203 Rn. 116 sowie sich dem anschließend *Trautmann*, S. 92. Siehe zur sachlichen Rechtfertigung im Rahmen der ordentlichen Kapitalerhöhung auch MünchKommAktG/*Schürnbrand* § 186 Rn. 88 ff.

846 MünchKommAktG/*Bayer* § 203 Rn. 116.

847 So auch Schütz/Bürgers/Riotte/*Fett*, Die KGaA, § 7 Rn. 13.

zu machen, muss demnach entsprechend der *Kali+Salz*-Formel[848] einem im Interesse der Gesellschaft liegenden sachlichen Grund dienen und zur Erreichung des bezweckten Ziels geeignet, erforderlich und verhältnismäßig sein.[849]

Es fragt sich jedoch, ob dies auch im Falle des Bezugsrechtsausschlusses zugunsten des Komplementärs – insbesondere zur Umwandlung der Komplementäranteile in Kommanditaktien – gilt. In dieser besonderen Konstellation könnte die sachliche Rechtfertigung des Bezugsrechtsausschlusses aus zwei Gründen entfallen. Zum einen mangels Eingriffs in die Mitgliedschaftsrechte der Kommanditaktionäre, wenn denselben durch den Bezugsrechtsausschluss zugunsten der Komplementäre kein Nachteil droht. Zum anderen, weil das Rechtsverhältnis der begünstigten Komplementäre zu den Kommanditaktionären betroffen sein könnte und demnach gemäß § 278 Abs. 2 AktG das Recht der Kommanditgesellschaft und gerade kein Aktienrecht Anwendung findet bzw. dem Komplementär das Recht auf Umwandlung in der Satzung zugesichert wurde und den Komplementären deshalb ein Berufen auf ihr Bezugsrecht nicht möglich ist.

Zunächst ist festzustellen, dass die Schutzzwecke des Bezugsrechts der Kommanditaktionäre im Falle des Bezugsrechtsausschlusses zugunsten eines Komplementärs nur teilweise zum Tragen kommen.[850] Dem Schutz vor einer Verringerung des relativen Anteils am Gewinn- und Liquidationserlös durch das Bezugsrecht bedarf es in diesem Fall regelmäßig nicht. Da sowohl das in Aktien zerlegte Grundkapital als auch die Sondereinlagen der Komplementäre gemeinsam das Gesamtkapital bilden,[851] bleibt der Anteil der Kommanditaktionäre am Gesamtkapital durch die Umwandlung unverändert.[852] Da der Komplementäranteil den Kommanditaktien hinsichtlich der Gewinn- und Liquidationsansprüche durch Satzungsregelung regelmäßig gleichgestellt ist, droht den Kommanditaktionären auch diesbezüglich keine Einbuße.[853] Dagegen droht den Kommanditaktionären durch die Umwandlung freilich die Beeinträchtigung ihres Stimmrechts.[854] Schließlich steht den Komplementären ein solches nach der Umwandlung in Aktien zu, während sie vorher mit ihrem

848 BGHZ 71, 40 (46).
849 So jedenfalls für den Fall der Ausschlussermächtigung auch *Krug*, AG 2000, 510, 513 sowie *Wichert*, S. 178 f., wobei letzterer auf die *Holzmann*-Entscheidung abstellt.
850 *Krug*, AG 2000, 510, 511.
851 *Nagel/Wittkowski*, Die Kommanditgesellschaft auf Aktien (KGaA), § 2 Rn. 162.
852 *Krug*, AG 2000, 510, 511.
853 *Wichert*, S. 181 f.; *Krug*, AG 2000, 510, 511.
854 *Wichert*, S. 181 f.

Komplementäranteil kein Stimmrecht besaßen (vgl. § 285 Abs. 1 S. 1 AktG).[855] Nicht gänzlich auszuschließen ist letztlich eine finanzielle Beeinträchtigung des Anteils der Kommanditaktionäre in dem Fall, dass die neuen Anteile mit einem zu niedrigen Wert ausgegeben werden, wenn auch § 255 Abs. 2 AktG dem in gewissem Maße vorbeugt.[856] Im Ergebnis zeigt jedoch allein die Beeinträchtigung des Stimmrechts, dass es auch im Falle der Umwandlung einer sachlichen Rechtfertigung des Bezugsrechtsausschlusses zum Schutz der Kommanditaktionäre bedarf.[857]

Der Bezugsrechtsausschluss könnte im Falle der Umwandlung auch deshalb nicht dem Erfordernis der sachlichen Rechtfertigung unterworfen sein, weil selbige das Rechtsverhältnis der begünstigten Komplementäre zu den Kommanditaktionären betrifft und demnach gemäß § 278 Abs. 2 AktG das Recht der Kommanditgesellschaft und gerade nicht das Aktienrecht Anwendung findet. In diesem Zusammenhang ist auch zu berücksichtigen, dass die Kommanditaktionäre den Komplementären das Recht auf Umwandlung regelmäßig in der Satzung zugesichert haben und ihnen ein Berufen auf ihr Bezugsrecht dadurch versperrt sein könnte.

Soweit geltend gemacht wird, dass sich der Bezugsrechtsauschluss im Falle der Umwandlung gemäß § 278 Abs. 2 AktG nach dem Recht der Kommanditgesellschaft richtet,[858] wurde dies bereits im Rahmen des auf den Bezugsrechtsausschluss anwendbaren Rechts widerlegt.[859] Schließlich wird dabei nicht ausreichend zwischen dem Recht zur Umwandlung, welches das Rechtsverhältnis zwischen den Komplementären und den Kommanditaktionären betrifft und demnach gemäß § 278 Abs. 2 AktG nach dem Recht der Kommanditgesellschaft zu beurteilen ist, und der Durchsetzung dieses Rechts im Wege der Kapitalerhöhung unter Ausschluss des Bezugsrechts, welche die Gesellschaft insgesamt betrifft und demnach gemäß § 278 Abs. 3 AktG nach Aktienrecht zu beurteilen ist, differenziert.[860] Die Zulässigkeit des Bezugsrechtsausschlusses ist somit

---

855 *Krug*, AG 2000, 510, 511.

856 *Wichert*, S. 182.

857 *Wichert*, S. 182 f.; *Krug*, AG 2000, 510, 511.

858 So Kölner Kommentar zum AktG/*Mertens/Cahn* § 281 Rn. 30, der auch auf Schütz/Bürgers/Riotte/*Fett*, Die KGaA, § 7 Rn. 29 verweist, dessen Ausführungen sich jedoch auf die bedingte Kapitalerhöhung beziehen, bei der von vornherein kein Bezugsrecht besteht.

859 Siehe dazu bereits D.II. Bezugsrechtsausschluss, S. 173.

860 Vgl. Großkomm. AktG/*Assmann/Sethe* § 278 Rn. 190; Münch. Hdb. GesR IV/*Herfs* § 80 Rn. 14.

gemäß § 278 Abs. 3 i. V. m. (§ 203 Abs. 1 S. 1,) § 186 Abs. 3 AktG zu beurteilen. In Übereinstimmung damit geht die weit überwiegende Ansicht jedenfalls im Grundsatz davon aus, dass der Bezugsrechtsausschluss auch im Rahmen der Kommanditgesellschaft auf Aktien und auch bei der Umwandlung von Komplementäranteilen in Kommanditaktien der sachlichen Rechtfertigung bedarf.[861]

Die Auswirkungen einer etwaigen satzungsmäßigen Verpflichtung der Kommanditaktionäre zur Erhöhung des Grundkapitals auf die sachliche Rechtfertigung werden dagegen auch unter den Befürwortern einer sachlichen Rechtfertigung unterschiedlich beurteilt. Teilweise wird vertreten, dass die Verpflichtung zur Kapitalerhöhung die Rechtfertigung des Bezugsrechtsausschlusses bereits in sich trage.[862] Schließlich wäre es den Kommanditaktionären andernfalls möglich, sich der satzungsmäßigen Pflicht zur Kapitalerhöhung zu entziehen, indem sie sich auf ihr Bezugsrecht berufen.[863] Ein Gleichlauf des personengesellschaftsrechtlichen Rechts auf Umwandlung und dessen Durchsetzung könne nur hergestellt werden, wenn die korrespondierende Pflicht den Bezugsrechtsausschluss ohne Weiteres rechtfertigt und die Durchsetzung somit garantiert.

Die sachliche Rechtfertigung kann jedoch nicht allein aufgrund der satzungsmäßigen Verpflichtung zur Kapitalerhöhung durch die Kommanditaktionäre vorgezeichnet sein. Zum einen liefe eine Übertragung der Wertung der personenhandelsrechtlichen Beurteilung dieser Pflicht auf die aktienrechtlich zu beurteilende Kapitalerhöhung der erforderlichen Differenzierung dieser beiden Sachverhalte und somit der Wertung des § 278 AktG entgegen. § 278 AktG bezweckt schließlich, das anwendbare Recht für jeden Sachverhalt einzeln und unabhängig zu bestimmen. Eine Übertragung der Wertung aus dem Recht der Kommanditgesellschaft hinsichtlich des Rechts zur Umwandlung scheint zwar auf den ersten Blick überzeugend, um diesem Recht zu größtmöglicher Durchsetzbarkeit zu verhelfen, missachtet jedoch die Regelung des § 278 Abs. 3 AktG, den Bezugsrechtsausschluss ausschließlich nach aktienrechtlichen Maßstäben zu beurteilen. Zum anderen existiert dafür kein zwangsläufiges Bedürfnis. Bei Vorliegen eines sachlichen Grundes für die Umwandlung liegt selbige regelmäßig

861 Großkomm. AktG/*Assmann*/*Sethe* § 278 Rn. 190; Schütz/Bürgers/Riotte/*Fett*, Die KGaA, § 7 Rn. 26; *Krug*, AG 2000, 510, 512 ff. sowie hinsichtlich der genehmigten Kapitalerhöhung auch MünchKommAktG/*Perlitt* § 278 Rn. 392 und Münch. Hdb. GesR IV/*Herfs* § 80 Rn. 14.

862 Münch. Hdb. GesR IV/*Herfs* § 80 Rn. 14; Schütz/Bürgers/Riotte/*Fett*, Die KGaA, § 7 Rn. 26.

863 Schütz/Bürgers/Riotte/*Fett*, Die KGaA, § 7 Rn. 26.

im Interesse der Gesellschaft, sodass die sachliche Rechtfertigung kein Hindernis darstellt. Liegt ein dahingehendes Gesellschaftsinteresse an der Umwandlung nicht vor, sind die Komplementäre in ihrem Vertrauen auf die Durchsetzbarkeit ihres Rechts zur Umwandlung auch nicht schutzwürdig. Schließlich wäre es ihnen andernfalls möglich, ihr Recht auf Umwandlung unter Ausschluss des Bezugsrechts ohne Rücksicht auf die Interessen der Gesellschaft durchzusetzen. In diesem Fall erscheint es durchaus sachgerecht, dass sich die Komplementäre nicht auf die absolute Wirksamkeit ihres Rechts verlassen können.[864] Aus der Sicht der Kommanditaktionäre ist die Geltendmachung ihres Bezugsrechts zur Verhinderung der Umwandlung mithin nur möglich, wenn der Bezugsrechtsausschluss sachlich nicht gerechtfertigt erscheint. In diesem Fall ist an dem Berufen auf das Bezugsrecht jedoch auch bei einem satzungsmäßigen Recht zur Umwandlung nichts auszusetzen.

Folglich bedarf es auch im Falle der Umwandlung des Komplementäranteils in Kommanditaktien und auch bei einem satzungsmäßigen Recht dazu eines im Interesse der Gesellschaft liegenden sachlichen Grundes.[865] Dieser sachliche Grund ist regelmäßig aufgrund des mit der Umwandlung verfolgten Zwecks gegeben, liegt aber nicht schon in der Umwandlung selbst. Die Umwandlung und der damit verbundene Bezugsrechtsausschluss müssen vielmehr einem über den rein finanziellen Aspekt der Umwandlung hinausgehenden Gesellschaftsinteresse dienen.[866] Schließlich wird die Gesellschaft unabhängig von dem konkreten Sacheinlagegegenstand im Falle der Umwandlung – Kapitalkonto des Komplementärs[867] oder Forderung des Komplementärs aus seinem Kapitalkonto[868] – regelmäßig kein rein finanzielles Interesse an dieser Einlage haben, da die Kapitalerhöhung auch auf anderem, das Bezugsrecht wahrendem Wege durchgeführt werden kann.[869] Die bessere Kapitalausstattung durch die Umwandlung allein vermag den Bezugsrechtsausschluss mithin nicht zu

---

864 So auch Großkomm. AktG/*Assmann/Sethe* § 278 Rn. 192 a. E. hinsichtlich der Verlässlichkeit einer satzungsmäßigen Pflicht der Kommanditaktionäre, der Kapitalerhöhung zur Durchsetzung des Umwandlungsrechts zuzustimmen.

865 Großkomm. AktG/*Assmann/Sethe* § 278 Rn. 190; *Krug*, AG 2000, 510, 512 f. sowie für die genehmigte Kapitalerhöhung auch MünchKommAktG/*Perlitt* § 278 Rn. 392 f.

866 Großkomm. AktG/*Assmann/Sethe* § 278 Rn. 190 a. E.; *Krug*, AG 2000, 510, 512.

867 So Kölner Kommentar zum AktG/*Mertens/Cahn* § 281 Rn. 29; *Schlitt*, S. 152.

868 So Großkomm. AktG/*Assmann/Sethe* § 278 Rn. 189; MünchKommAktG/*Perlitt* § 278 Rn. 389; Münch. Hdb. GesR IV/*Herfs* § 80 Rn. 13; Schütz/Bürgers/Riotte/*Fett*, Die KGaA, § 7 Rn. 23; *Wichert*, S. 168. Unklar *Krug*, AG 2000, 510, 511, 512.

869 *Krug*, AG 2000, 510, 512.

rechtfertigen, zumal zu berücksichtigen ist, dass auch der Komplementäranteil bereits Teil des Gesamtkapitals der Kommanditgesellschaft auf Aktien ist. Vielmehr ist im Einzelfall zu prüfen, welches weitergehende Gesellschaftsinteresse mit der Umwandlung verfolgt wird. Regelmäßig im Interesse der Gesellschaft liegen beispielsweise Umwandlungsrechte für die Abgeltung von Abfindungsansprüchen und zur Vorbereitung von Beteiligungen oder Übernahmen.[870] Die Umwandlung dürfte regelmäßig auch dann im Interesse der Gesellschaft liegen, wenn der Komplementär nicht anders in der Gesellschaft gehalten werden kann.[871] Die mit der Umwandlung bezweckte Änderung der Mehrheitsverhältnisse wird dagegen in der Regel nicht im Interesse der Gesellschaft liegen.[872] Ebenso wird auch die Umwandlung zur Veräußerung der neuen Aktien über den Markt lediglich dem Interesse des Komplementärs und nicht demjenigen der Gesellschaft dienen.[873]

(2) Vereinfachter Bezugsrechtsausschluss

Der zuvor beschriebenen sachlichen Rechtfertigung bedarf es im Falle des sogenannten vereinfachten Bezugsrechtsausschlusses nicht. Gemäß § 278 Abs. 3 i. V. m. §§ 203 Abs. 1 S. 1, 186 Abs. 3 S. 4 AktG findet der vereinfachte Bezugsrechtsausschluss auch im Rahmen des genehmigten Kapitals der Kommanditgesellschaft auf Aktien Anwendung. Danach ist der Bezugsrechtsausschluss zulässig, wenn es sich um eine Barkapitalerhöhung handelt, die 10 % des Grundkapitals nicht übersteigt und bei der der Ausgabebetrag den Börsenpreis nicht wesentlich unterschreitet. Liegen diese Voraussetzungen vor, so bedarf es ausweislich der Gesetzesbegründung keiner sachlichen Rechtfertigungsgründe und insbesondere keiner Interessensabwägung zum Ausschluss des Bezugsrechts.[874]

Der vereinfachte Bezugsrechtsausschluss ist auf börsennotierte Kommanditgesellschaften auf Aktien zu übertragen, da die Schutzzwecke des Bezugsrechts in Fällen des vereinfachten Bezugsrechtsausschlusses auch bei dieser Gesellschaftsform nicht zum Tragen kommen. Zum einen droht kein Verlust des Einflusses der vom Bezugsrecht ausgeschlossenen Kommanditaktionäre, wenn

---

870 *Krug*, AG 2000, 510, 512.

871 Großkomm. AktG/*Assmann/Sethe* § 278 Rn. 190 a. E.

872 *Krug*, AG 2000, 510, 512; *Wichert*, AG 2000, 268, 273.

873 *Krug*, AG 2000, 510, 512.

874 Begründung Fraktionsentwurf, BT-Drucks. 12/6721, S. 5, 10. Siehe zum wissenschaftlichen Diskurs, ob es sich dabei um eine widerlegliche oder unwiderlegliche Vermutung handelt MünchKommAktG/*Schürnbrand* § 186 Rn. 137 m. w. N.

diese die Möglichkeit haben, ihren relativen Anteil am Grundkapital zu erhalten, indem sie die jungen Aktien über die Börse zukaufen. Zum anderen besteht nicht die Gefahr einer Wertverwässerung durch Kursverluste, wenn die jungen Aktien zumindest zum Börsenpreis ausgegeben werden bzw. ihr Ausgabebetrag selbigen nicht wesentlich unterschreitet.[875]

(3) Keine Vorabberichterstattungspflicht

Eine etwaige Pflicht des Vorstands, der Hauptversammlung über die bevorstehende Kapitalerhöhung unter Ausschluss des Bezugsrechts vorab Bericht zu erstatten, hat der Bundesgerichtshof im Aktienrecht jedenfalls für den Fall der Ausschlussermächtigung abgelehnt.[876] Dies entspricht insbesondere dem Zweck der flexibleren Kapitalerhöhung mittels des genehmigten Kapitals.[877] Da nicht ersichtlich ist, warum die Hauptversammlung vor Ausnutzung des durch sie selbst bezugsrechtsfrei geschaffenen genehmigten Kapitals vom Vorstand informiert werden müsste, wenn dies selbst dann nicht erforderlich ist, wenn erst der Vorstand das Bezugsrecht ausschließt, wird diese Rechtsprechung im Aktienrecht überzeugend auch auf den Fall des Direktausschlusses übertragen.[878] Erforderlich ist jedoch ein Bericht nach Ausnutzung des genehmigten Kapitals unter Ausschluss des Bezugsrechts, mittels dessen der Vorstand der Hauptversammlung über Einzelheiten des Vorgehens zu berichten und Rede und Antwort zu stehen hat.[879] Im Rahmen des GmbH-Rechts sind die Geschäftsführer nach hier vertretener Ansicht dagegen verpflichtet, den Gesellschaftern vorab Bericht zu erstatten.[880] Diese vom Aktienrecht abweichende Rechtslage fußt insbesondere auf der besonderen Bedeutung des Bezugsrechts für die Gesellschafter der typischerweise personalistisch strukturierten Gesellschaft mit beschränkter Haftung sowie dem Erfordernis des Vorabberichts für eine effektive Durchsetzung des Weisungsrechts der GmbH-Gesellschafter.

---

875 Siehe zur Begründung des vereinfachten Bezugsrechtsausschlusses im Aktienrecht Begründung Fraktionsentwurf, BT-Drucks. 12/6721, S. 5, 10.

876 BGHZ 164, 241 (244).

877 BGHZ 164, 241 (246 f.).

878 Hüffer/*Koch*, AktG, § 203 Rn. 11a a. E.; Hölters/*v. Dryander/Niggemann*, AktG, § 203 Rn. 21.

879 So für die AG BGHZ 164, 241 (244); BGHZ 136, 133 (140).

880 Siehe dazu ausführlich im Rahmen der Konstellation des Direktausschlusses in der Gründungssatzung C.III.1.b)bb)(3)(b)(dd) Stellungnahme, S. 125 sowie für die Konstellation der Ausschlussermächtigung in der Gründungssatzung C.III.2.b)bb)(3) Vorabberichterstattung, S. 138.

Im Recht der Kommanditgesellschaften auf Aktien ist ein Vorabbericht über die bevorstehende Kapitalerhöhung unter Ausschluss des Bezugsrechts in Übereinstimmung mit der aktienrechtlichen Rechtsprechung nicht erforderlich. Andernfalls würde die vom genehmigten Kapital bezweckte Beschleunigung und Flexibilisierung der Kapitalerhöhung gefährdet. Die dagegen im GmbH-Recht vorgebrachten Bedenken schlagen bei der Kommanditgesellschaft auf Aktien nicht gleichermaßen durch. Zum einen besteht bei der Kommanditgesellschaft auf Aktien im Gegensatz zur Gesellschaft mit beschränkter Haftung keine Weisungsgebundenheit der für die Ausnutzung des genehmigten Kapitals und für den Bezugsrechtsausschluss zuständigen Komplementäre. Gerade die im GmbH-Recht bestehende Weisungsbefugnis der Gesellschafter erfordert jedoch deren vorherige Information durch den Vorabbericht der Geschäftsführung, damit die Gesellschafter mittels ihres Weisungsrechts auf die Geschäftsführung einwirken können. Zum anderen weist das Bezugsrecht für die Kommanditaktionäre nicht dieselbe Bedeutung auf wie für die GmbH-Gesellschafter. Zwar ist das Bezugsrecht auch für die Kommanditaktionäre in ihrer Funktion als Kapitalgeber freilich wie für die Aktionäre der Aktiengesellschaft von großer Bedeutung und wird daher nicht ohne Grund als „mitgliedschaftliches Grundrecht“[881] oder „eines der wirtschaftlich wichtigsten Mitgliedschaftsrechte“[882] bezeichnet. Eine aufgrund der personalistischen Struktur ihrer Gesellschaft derart herausragende Bedeutung wie für die Gesellschafter einer Gesellschaft mit beschränkter Haftung hat das Bezugsrecht für die Kommanditaktionäre jedoch nicht. Schließlich sind die Kommanditaktionäre als Kapitalgeber wie bereits ausgeführt Ausdruck des kapitalistischen Elements der Kommanditgesellschaft auf Aktien, während die GmbH-Gesellschafter die personalistische Struktur selbst prägen. Der Vollständigkeit halber sei jedoch erwähnt, dass die Komplementäre – wie der Vorstand der Aktiengesellschaft – nach Ausnutzung des genehmigten Kapitals unter Ausschluss des Bezugsrechts auf der nächsten Hauptversammlung über Einzelheiten des Vorgehens zu berichten und Rede und Antwort zu stehen haben.

2. Regelung in satzungsänderndem Ermächtigungsbeschluss

Wird das genehmigte Kapital nicht bereits in der Gründungssatzung geschaffen, kann auch im Recht der Kommanditgesellschaften auf Aktien die nachträgliche Schaffung eines genehmigten Kapitals und eine damit verbundene Regelung zum Bezugsrechtsausschluss durch Satzungsänderung erfolgen. Hinsichtlich des

881 Großkomm. AktG/Wiedemann § 186 Rn. 56.
882 Begründung Regierungsentwurf, BT-Drucks. IV/171, S. 92, 194.

Bezugsrechtsausschlusses stehen wie bei den Regelungen in der Gründungssatzung die Möglichkeiten des Direktausschlusses (§ 278 Abs. 3 i. V. m. §§ 203 Abs. 1 S. 1, 186 Abs. 3 S. 1 AktG) bzw. der Ermächtigung der Komplementäre zum Ausschluss (§ 278 Abs. 3 i. V. m. § 203 Abs. 2 S. 1 AktG) zur Verfügung. Da die Ausschlussermächtigung anders als der Direktausschluss nicht bereits in der Ermächtigung zur Erhöhung des Grundkapitals enthalten sein muss,[883] gelten die nachfolgenden Anforderungen hinsichtlich der Ausschlussermächtigung sowohl für die bereits im Ermächtigungsbeschluss enthaltene Ausschlussermächtigung als auch für die nachträgliche Erteilung einer auf ein bereits bestehendes genehmigtes Kapital bezogenen Ausschlussermächtigung.

a) Hauptversammlungsbeschluss

Im Zeitpunkt des Hauptversammlungsbeschlusses sind sowohl formelle als auch materielle Anforderungen an einen wirksamen Direktausschluss bzw. eine wirksame Erteilung der Ausschlussermächtigung zu stellen.

aa) Formelle Anforderungen

Die im Zeitpunkt des Hauptversammlungsbeschlusses an den Direktausschluss bzw. die Erteilung der Ausschlussermächtigung zu stellenden Anforderungen sind im Wesentlichen identisch. Hinsichtlich der formellen Anforderungen gilt dies trotz der unterschiedlichen Verweise in dem gemäß § 278 Abs. 3 AktG maßgeblichen § 203 Abs. 1 und 2 AktG. So verweist § 203 Abs. 2 S. 2 AktG für die Ausschlussermächtigung anders als § 203 Abs. 1 S. 1 AktG für den Direktausschluss zwar nicht auf § 186 Abs. 3 AktG, aufgrund der Anwendung des inhaltsgleichen allgemeinen § 202 Abs. 2 S. 2, 3 AktG sind an die Erteilung der Ausschlussermächtigung jedoch weitestgehend die gleichen formellen Anforderungen zu stellen.

Hinsichtlich der erforderlichen Mehrheit ist in beiden Fällen neben der einfachen Stimmenmehrheit des § 278 Abs. 3 i. V. m. § 133 Abs. 1 AktG eine Mehrheit von drei Viertel des vertretenen Grundkapitals erforderlich (§ 278 Abs. 3 i. V. m. §§ 203 Abs. 1 S. 1, 186 Abs. 3 S. 2 AktG; § 278 Abs. 3 i. V. m. § 202 Abs. 2 S. 2 AktG). Da mit dem Hauptversammlungsbeschluss die Satzung der Kommanditgesellschaft auf Aktien geändert wird, bedarf der Beschluss gemäß § 285 Abs. 2 S. 1 AktG der Zustimmung der persönlich haftenden Gesellschafter.[884]

---

883 Siehe dazu bereits D.III.1.a) Gründungssatzung, S. 176.

884 So Münch. Hdb. GesR IV/*Herfs* § 79 Rn. 39 allgemein zu satzungsändernden Beschlüssen sowie Schütz/Bürgers/Riotte/*Fett*, Die KGaA, § 7 Rn. 13 und *Nagel/*

Darüber hinaus sind weitere etwaige satzungsmäßige Voraussetzungen einzuhalten (§ 278 Abs. 3 i. V. m. §§ 203 Abs. 1 S. 1, 186 Abs. 3 S. 3 AktG; § 278 Abs. 3 i. V. m. § 202 Abs. 2 S. 3 AktG).

Da sowohl § 278 Abs. 3 i. V. m. § 203 Abs. 1 S. 1 AktG als auch § 278 Abs. 3 i. V. m. § 203 Abs. 2 S. 2 AktG auf § 186 Abs. 4 AktG verweisen, müssen sowohl der beabsichtigte Bezugsrechtsausschluss als auch die beabsichtigte Ermächtigung der Komplementäre zum Bezugsrechtsausschluss den dort genannten Anforderungen entsprechen. Mithin müssen die beabsichtigten Maßnahmen gemäß § 186 Abs. 4 S. 1 AktG im Rahmen der Einberufung der Hauptversammlung ausdrücklich und ordnungsgemäß bekanntgemacht werden. Des Weiteren haben die Komplementäre der Hauptversammlung gemäß § 186 Abs. 4 S. 2 AktG einen schriftlichen Bericht über die Gründe der beabsichtigten Maßnahme zugänglich zu machen.

Der einzige Unterschied zwischen den formellen Anforderungen an den Direktausschluss und denen an die Ausschlussermächtigung besteht in den Zeitpunkten, in denen die jeweilige Regelung getroffen werden kann. Während die Ausschlussermächtigung jederzeit möglich ist und somit auch hinsichtlich eines bereits bestehenden genehmigten Kapitals erteilt werden kann, muss der Direktausschluss gemäß § 278 Abs. 3 i. V. m. §§ 203 Abs. 1 S. 1, 186 Abs. 3 S. 1 AktG im Ermächtigungsbeschluss enthalten sein und somit bereits im Zeitpunkt der Schaffung des genehmigten Kapitals erfolgen. Dass diese unterschiedliche Behandlung nicht zu überzeugen vermag, wurde bereits im Rahmen der Ausführungen zum GmbH-Recht festgestellt.[885] Nicht anders verhält es sich im Recht der Kommanditgesellschaften auf Aktien. Schließlich ist auch hier nicht ersichtlich, weshalb die Gesellschafter ihr Bezugsrecht eines bestehenden genehmigten Kapitals nicht selbst nachträglich ausschließen dürfen, die Geschäftsführung dazu aber ermächtigen können. Da die Gesetzessystematik jedoch eindeutig ist, wird dies auch im Recht der Kommanditgesellschaften auf Aktien so hinzunehmen sein.

bb) Materielle Anforderungen

Hinsichtlich der materiellen Voraussetzungen ist zunächst festzustellen, dass der Bundesgerichtshof in der *Siemens/Nold*-Entscheidung für das Aktienrecht

---

Wittkowski, Die Kommanditgesellschaft auf Aktien (KGaA), § 2 Rn. 170 jedenfalls für die Schaffung des genehmigten Kapitals unabhängig etwaiger Regelungen zum Bezugsrechtsausschluss.

885 Siehe dazu C.III.4.a)aa) Formelle Anforderungen, S. 156.

entschieden hat, dass entgegen der bisherigen *Holzmann*-Rechtsprechung weder für den Direktausschluss noch für die Ausschlussermächtigung konkrete Tatsachen der zukünftigen Maßnahme bereits im Zeitpunkt der Beschlussfassung der Hauptversammlung vorhanden sein müssen. Demnach reicht vielmehr aus, dass die Hauptversammlung ihre Entscheidung auf Grundlage einer abstrakten Umschreibung des zukünftigen Vorhabens trifft und anhand selbiger entscheidet, ob der Direktausschluss bzw. die Ausschlussermächtigung gerechtfertigt ist.[886] Dies ist auf das Recht der Kommanditgesellschaften auf Aktien zu übertragen.[887] Dafür spricht insbesondere der Zweck des genehmigten Kapitals, die Flexibilisierung der Kapitalerhöhung. Schließlich empfand der Bundesgerichtshof seine *Holzmann*-Rechtsprechung selbst als zu streng, nicht praktikabel und dem genehmigten Kapital die Flexibilität nehmend.[888]

Warum für das Recht der Kommanditgesellschaften auf Aktien davon abgewichen werden sollte ist nicht ersichtlich.[889] Die grundsätzlich personalistische Struktur der Kommanditgesellschaft auf Aktien erfordert jedenfalls keinen Rückgriff auf die *Holzmann*-Rechtsprechung. Zum einen ist zu berücksichtigen, dass – wie auch im Rahmen der ebenfalls grundsätzlich personalistisch strukturierten Gesellschaft mit beschränkter Haftung – im Zeitpunkt der Entscheidung der Hauptversammlung die Wahrung des Zwecks des genehmigten Kapitals im Vordergrund steht und der in diesem Zeitpunkt reduzierte Schutz des Bezugsrechts durch die Anforderungen im Zeitpunkt der Ausnutzung des genehmigten Kapitals ausgeglichen werden kann. Zum anderen ist im Fall der Kommanditgesellschaft auf Aktien zu berücksichtigen, dass das Bezugsrecht der Kommanditaktionäre betroffen ist. Diese sind Ausdruck des kapitalistischen Elements der Kommanditgesellschaft auf Aktien und prägen gerade nicht die personalistische Struktur der Gesellschaft. Insofern besteht im Rahmen der Kommanditgesellschaft auf Aktien nicht das gleiche hervorgehobene Bedürfnis der vom Bezugsrecht ausgeschlossenen Gesellschafter am Schutz ihres Bezugsrechts wie bei den Gesellschaftern der Gesellschaft mit beschränkter Haftung.

Sollten im Zeitpunkt des Hauptversammlungsbeschlusses nichtsdestotrotz bereits konkrete Tatsachen der zukünftigen Maßnahme bekannt sein, sind diese im Rahmen der materiellen Kontrolle selbstverständlich bereits zu berücksichtigen, um das Bezugsrecht der Komplementäre bestmöglich zu schützen.

---

886 BGHZ 136, 133 (140).

887 So jedenfalls für die Ausschlussermächtigung *Krug*, AG 2000, 510, 513; a. A. *Wichert*, S. 178, der ohne Begründung auf die *Holzmann*-Rechtsprechung abstellt.

888 BGHZ 136, 133 (136).

889 So aber *Wichert*, S. 178 ohne Begründung.

Für den Direktausschluss folgt daraus, dass das Bezugsrecht nur ausgeschlossen werden darf, wenn diese Tatsachen den Bezugsrechtsausschluss rechtfertigen.[890] Hinsichtlich des Maßstabs der sachlichen Rechtfertigung ist unter Rückgriff auf die *Kali+Salz*-Formel des Bundesgerichtshofs zu fordern, dass ein im Interesse der Gesellschaft liegender sachlicher Grund für den Bezugsrechtsausschluss existieren und ebenjener Bezugsrechtsausschluss zur Erreichung des mit ihm bezweckten Zieles geeignet, erforderlich und verhältnismäßig sein muss.[891] Für die Ausschlussermächtigung scheidet eine Verhältnismäßigkeitsprüfung des Bezugsrechtsausschlusses im Sinne der *Kali+Salz*-Formel dagegen aus. Schließlich wird das Bezugsrecht im Zeitpunkt der Erteilung der Ausschlussermächtigung noch nicht ausgeschlossen, sodass sich die materielle Kontrolle konsequenterweise auf die Ermächtigung der Geschäftsführung und gerade nicht auf den Bezugsrechtsausschluss bezieht[892]. Die bloße Ermächtigung bedarf dagegen allein deshalb keiner Verhältnismäßigkeitsprüfung, da gänzlich unklar ist, ob von ihr überhaupt Gebrauch gemacht wird. Vielmehr ist die materielle Kontrolle der Erteilung der Ausschlussermächtigung vor dem Hintergrund derer Zukunftsgerichtetheit zu bestimmen. Im Zeitpunkt der Erteilung der Ausschlussermächtigung ist mithin eine Prognose dahingehend erforderlich, dass die konkreten Tatsachen der anvisierten Maßnahme ausreichend Anhaltspunkte bieten, dass es sich innerhalb der den Geschäftsführern eingeräumten Frist als notwendig und im Hinblick auf die Interessen der betroffenen Gesellschafter als vertretbar erweisen könnte, das Bezugsrecht auszuschließen.[893]

Liegen im Zeitpunkt der Entscheidung der Hauptversammlung dagegen noch keine konkreten Tatsachen der zukünftigen Maßnahme vor, hat im Falle des Direktausschlusses die Prüfung, ob der Bezugsrechtsausschluss im Interesse der Gesellschaft gerechtfertigt ist, anhand der abstrakt umschriebenen Umstände stattzufinden.[894] Zwar ermöglicht die abstrakte Umschreibung mangels konkreter Tatsachen keine Verhältnismäßigkeitsprüfung des Bezugsrechtsausschlusses im Sinne der *Kali+Salz*-Formel, es ist jedoch eine Prüfung dahingehend möglich, ob der Bezugsrechtsausschluss unter Zugrundelegung der abstrakten Umschreibung des Vorhabens notwendig ist, um das Gesellschaftsinteresse zu wahren. Im Falle der Ausschlussermächtigung ist erforderlich, dass es sich auf Grundlage der abstrakten Umschreibung innerhalb der den Geschäftsführern eingeräumten

890 So für das Aktienrecht BGHZ 136, 133 (139).
891 So für das Aktienrecht BGHZ 71, 40 (46).
892 So für das Aktienrecht ausdrücklich Natterer, ZIP 2002, 1672, 1678.
893 So für das Aktienrecht BGHZ 83, 319 (319).
894 So für das Aktienrecht BGHZ 136, 133 (139).

Frist als notwendig und im Hinblick auf die Interessen der betroffenen Gesellschafter als vertretbar erweisen könnte, das Bezugsrecht auszuschließen.

Diese Grundsätze gelten auch im Falle des Bezugsrechtsausschlusses zugunsten der Komplementäre, der insbesondere bei der Umwandlung der Komplementäranteile in Kommanditaktien stattfindet.[895] Insofern ist wie soeben ausgeführt maßgeblich, ob bereits konkrete Tatsachen der Umwandlung bekannt sind oder nicht. Soweit *Krug* dagegen fordert, dass „zumindest konkrete Anhaltspunkte […] erkennbar sein müssen“[896], ist dem zu widersprechen. Dieses Erfordernis wurde zur Steigerung der Flexibilität der genehmigten Kapitalerhöhung gerade aufgegeben.

Im Falle des sogenannten vereinfachten Bezugsrechtsausschlusses bedarf es der vorgenannten materiellen Anforderungen gemäß § 278 Abs. 3 i. V. m. §§ 203 Abs. 1 S. 1, 186 Abs. 3 S. 4 AktG nicht. Schließlich kommen die Schutzzwecke des Bezugsrechts in diesen Fällen nicht zum Tragen.[897]

b) Komplementärbeschluss

Im Zeitpunkt des Beschlusses der Komplementäre über die Ausnutzung des bezugsrechtsfreien genehmigten Kapitals bzw. die Ausübung der Ermächtigung zum Bezugsrechtsausschluss sind ebenfalls formelle wie materielle Anforderungen zu beachten.

aa) Formelle Anforderungen

Vorbehaltlich abweichender Regelungen in der Satzung oder der Geschäftsordnung des Vorstands gemäß § 77 Abs. 1 S. 2 Hs. 1 AktG muss der Beschluss der Komplementäre, das bezugsrechtsfrei geschaffene genehmigte Kapital auszunutzen bzw. das genehmigte Kapital auszunutzen und das Bezugsrecht der Kommanditaktionäre auszuschließen, gemäß § 283 Nr. 12 i. V. m. § 77 Abs. 1 S. 1 AktG einstimmig gefasst werden. Gemäß § 283 Nr. 12 i. V. m. § 204 Abs. 1 S. 2 Hs. 2 AktG bedarf der Beschluss der Zustimmung des Aufsichtsrats.[898]

895 Siehe dazu bereits ausführlich unter D.III.1.b)bb)(1) Sachliche Rechtfertigung, S. 179.

896 *Krug*, AG 2000, 510, 513.

897 Siehe dazu bereits ausführlich unter D.III.1.b)bb)(2) Vereinfachter Bezugsrechtsausschluss, S. 185.

898 So ohne Normanbindung und bezugsrechtsunabhängig für jede Ausnutzung eines genehmigten Kapitals auch *Nagel/Wittkowski*, Die Kommanditgesellschaft auf Aktien (KGaA), § 2 Rn. 171. Für die Ausnutzung der Ausschlussermächtigung ergibt sich dies unmittelbar aus § 204 Abs. 1 S. 2 Hs. 2 AktG. Für die Ausnutzung des bezugsrechtsfreien

bb) Materielle Anforderungen

Materiell bedarf die Ausnutzung des bezugsrechtsfreien genehmigten Kapitals bzw. die Ausnutzung des genehmigten Kapitals unter Ausschluss des Bezugsrechts durch Ausübung der Ausschlussermächtigung der sachlichen Rechtfertigung.[899] Entsprechend der aktienrechtlichen Rechtslage muss der Bezugsrechtsausschluss auch im Recht der Kommanditgesellschaften auf Aktien gemäß der *Kali+Salz*-Formel einem im Interesse der Gesellschaft liegenden sachlichen Grund dienen und zur Erreichung des bezweckten Zieles geeignet, erforderlich und verhältnismäßig sein.[900] Derselbe Maßstab gilt auch im Falle der Umwandlung von Komplementäranteilen in Kommanditaktien. Schließlich kommen die Schutzzwecke des Bezugsrechts jedenfalls teilweise auch im Falle des Bezugsrechtsausschlusses zugunsten der Komplementäre zum Tragen. Darüber hinaus ist auch in diesem Fall nicht das Verhältnis der Komplementäre zur Gesamtheit der Kommanditaktionäre betroffen, sodass § 278 Abs. 2 AktG keine Anwendung findet. Vielmehr sind auch im Falle der Umwandlung gemäß § 278 Abs. 3 AktG die Vorschriften des ersten Buches über die Aktiengesellschaften maßgeblich.[901]

Da die Schutzzwecke des Bezugsrechts in den Fällen des vereinfachten Bezugsrechtsausschlusses nicht zum Tragen kommen, bedarf es bei börsennotierten Kommanditgesellschaften auf Aktien der zuvor beschriebenen sachlichen Rechtfertigung in diesen Fällen gemäß § 278 Abs. 3 i. V. m. §§ 203 Abs. 1 S. 1, 186 Abs. 3 S. 4 AktG nicht.[902]

In Übereinstimmung mit der aktienrechtlichen Rechtsprechung ist auch im Recht der Kommanditgesellschaften auf Aktien kein Vorabbericht der Komplementäre an die Kommanditaktionäre über die bevorstehende Kapitalerhöhung unter Ausschluss des Bezugsrechts erforderlich. Schließlich würde andernfalls die von dem Rechtsinstitut des genehmigten Kapitals bezweckte Beschleunigung und Flexibilisierung der Kapitalerhöhung gefährdet. Eine davon abweichende Beurteilung ist auch nicht aufgrund der im Rahmen des GmbH-Rechts

---

genehmigten Kapitals findet § 204 Abs. 1 S. 2 Hs. 2 AktG entsprechend Anwendung, siehe zur AG MünchKommAktG/*Bayer* § 204 Rn. 23 a. E.

899 Siehe ohne Differenzierung zwischen Regelungen in der Gründungssatzung oder im Ermächtigungsbeschluss und ausdrücklich auch nur für die Ausnutzung der Ausschlussermächtigung *Wichert*, S. 178 f. sowie *Krug*, AG 2000, 510, 513 f.

900 So für das Aktienrecht BGHZ 71, 40 (46).

901 Siehe dazu bereits ausführlich unter D.III.1.b)bb)(1) Sachliche Rechtfertigung, S. 179.

902 Siehe dazu bereits ausführlich unter D.III.1.b)bb)(2) Vereinfachter Bezugsrechtsausschluss, S. 185.

vorgebrachten Erwägungen angezeigt. Zum einen ist der Vorabbericht mangels Weisungsgebundenheit der Komplementäre bei der Kommanditgesellschaft auf Aktien nicht zur effektiven Durchsetzung eines Weisungsrechts erforderlich. Zum anderen ist das Bezugsrecht der Kommanditaktionäre betroffen, die anders als die GmbH-Gesellschafter die personalistische Struktur nicht selbst prägen, sondern vielmehr Ausdruck des kapitalistischen Elements der Kommanditgesellschaft auf Aktien sind. Das Bezugsrecht hat für sie daher regelmäßig keine derart herausragende Bedeutung wie für die Gesellschafter einer Gesellschaft mit beschränkter Haftung.[903]

3. Einheitliche Anwendung auf alle Gesellschaftstypen

Die vorgenannten Anforderungen an den Bezugsrechtsausschluss im Rahmen des genehmigten Kapitals sind auch im Recht der Kommanditgesellschaften auf Aktien auf alle Gesellschaftstypen dieser Rechtsform – unabhängig von deren konkreter Ausgestaltung – anzuwenden. Dafür sprechen insbesondere die Abgrenzungsschwierigkeiten der verschiedenen Gesellschaftstypen sowie die Rechtssicherheit.[904] Im Falle der Kommanditgesellschaft auf Aktien führt dies dazu, dass die im Vergleich zur Gesellschaft mit beschränkter Haftung weniger strengen, da dem Aktienrecht entsprechenden Anforderungen erst recht auch auf typische, da personalistisch strukturierte, Kommanditgesellschaften auf Aktien anzuwenden sind. Für atypische, kapitalistisch strukturierte Kommanditgesellschaften auf Aktien ist die Anwendung dieser weniger strengen Maßstäbe regelmäßig ohnehin interessengerechter.

---

903 Siehe dazu bereits ausführlich unter D.III.1.b)bb)(3) Keine Vorabberichterstattungspflicht, S. 186.

904 Siehe dazu bereits A.II.3. Einfluss der typologischen Unterscheidung auf die Rechtsanwendung, S. 34.

E. Zusammenfassung

1. Der Begriff der *personalistisch strukturierten* Kapitalgesellschaft zeichnet sich als Typusbegriff dadurch aus, dass er sich aus zahlreichen abstufbaren Merkmalen zusammensetzt. Die personalistisch strukturierte Kapitalgesellschaft ist durch eine im Vergleich zur Kapitalbeteiligung hervorgehobene Bedeutung des personalen Substrats gekennzeichnet. Die Personen der Gesellschafter sind das zentrale Element der Gesellschaft. Dieses Element wird durch die Wesensmerkmale einer auf Dauer angelegten geringen Gesellschafterzahl mit besonderer Beziehung untereinander und persönlicher Tätigkeit in der Gesellschaft sichtbar. Die Funktion des Gesellschaftsanteils als Kapitalbeteiligung rückt dagegen – auch aufgrund der regelmäßig geringen Kapitalisierung, die lediglich durch die Gesellschafter selbst stattfindet – in den Hintergrund.
2. Die Gesellschaft mit beschränkter Haftung und die Kommanditgesellschaft auf Aktien sind ihrem legislatorischen Leitbild sowie ihrer mehrheitlichen rechtstatsächlichen Ausgestaltung zufolge personalistisch strukturiert.
3. Das Rechtsinstitut des genehmigten Kapitals ermöglicht den Gesellschaftern einer Kapitalgesellschaft die Übertragung der Befugnis zur Erhöhung des Grund- bzw. Stammkapitals auf die Geschäftsführungsorgane der jeweiligen Gesellschaft.
4. Das Bezugsrecht garantiert den bisherigen Gesellschaftern im Falle einer Kapitalerhöhung den Erhalt des Stimmrechts- und Wertanteils ihrer Beteiligung und somit den Erhalt der relativen Herrschaftsverhältnisse innerhalb der Gesellschaft und schützt gegen eine Verwässerung des Aktienkurses. Auch den Gesellschaftern einer Gesellschaft mit beschränkter Haftung steht ein gesetzliches Bezugsrecht zu, obwohl dieses im GmbH-Recht nicht kodifiziert ist.
5. Das Bezugsrecht kann trotz seiner beachtlichen Bedeutung für die Gesellschafter unter bestimmen Voraussetzungen ausgeschlossen werden. Im Falle des genehmigten Kapitals kann dies entweder durch die Gesellschafter selbst in der Gründungssatzung oder in dem die Geschäftsführer zur Kapitalerhöhung ermächtigenden Ermächtigungsbeschluss erfolgen, oder durch die Geschäftsführung, die dazu entsprechend in der Gründungssatzung oder dem Ermächtigungsbeschluss ermächtigt wurde.
6. Im GmbH-Recht sind bei der Bestimmung der an den Bezugsrechtsausschluss zu stellenden Anforderungen vornehmlich der Zweck des genehmigten Kapitals auf der einen Seite und das aufgrund der personalistischen Struktur gesteigerte Interesse der GmbH-Gesellschafter an der Wahrung ihres Bezugsrechts

auf der anderen Seite gegeneinander abzuwägen. Das besondere Interesse der GmbH-Gesellschafter an ihrem Bezugsrecht sowie ihre Weisungsbefugnis gegenüber der Geschäftsführung führen dazu, dass die Geschäftsführung den Gesellschaftern vor der Ausnutzung des bezugsrechtsfreien genehmigten Kapitals bzw. der Ausübung ihrer Ermächtigung zum Bezugsrechtsausschluss Bericht zu erstatten hat. Der Bezugsrechtsausschluss bzw. die Ausnutzung des bezugsrechtsfreien genehmigten Kapitals müssen im Zeitpunkt der Entscheidung der Geschäftsführung darüber hinaus sachlich gerechtfertigt, d. h. verhältnismäßig sein. Aufgrund der personalistischen Struktur der Gesellschaft mit beschränkter Haftung sind mit Ausnahme entsprechender Bestimmungen in der Gründungssatzung bereits im Zeitpunkt des Direktausschlusses bzw. der Erteilung der Ausschlussermächtigung strenge materielle Anforderungen zu berücksichtigen.

7. Im Recht der Kommanditgesellschaften auf Aktien wirkt sich deren personalistische Struktur nicht grundlegend auf die an den Bezugsrechtsausschluss im Rahmen des genehmigten Kapitals zu stellenden Anforderungen aus. Ein Vorabberichtserfordernis ist zur Sicherung der Durchsetzung einer etwaigen Weisungsbefugnis nicht erforderlich, da die für die Ausnutzung des genehmigten Kapitals und für den Bezugsrechtsausschluss zuständigen Komplementäre gerade nicht weisungsgebunden sind. Im Rahmen der materiellen Kontrolle des Bezugsrechtsausschlusses ist zu berücksichtigen, dass das Bezugsrecht der Kommanditaktionäre betroffen ist, die aufgrund ihrer primären Funktion als Kapitalgeber gerade nicht die personalistische Struktur der Kommanditgesellschaft auf Aktien prägen und daher regelmäßig nicht dasselbe gesteigerte Interesses an der Wahrung ihres Bezugsrechts geltend machen können wie die Gesellschafter der Gesellschaft mit beschränkter Haftung.

Literaturverzeichnis

Ammenwerth, Michael (1997): *Die Kommanditgesellschaft auf Aktien (KGaA) – Eine Rechtsformalternative für personenbezogene Unternehmen?* Frankfurt am Main: Peter Lang GmbH. (zit. *Ammenwerth*, S. …)

Baumbach, Adolf; Hueck, Alfred (2013): *GmbHG – Gesetz betreffend die Gesellschaften mit beschränkter Haftung.* 20. Auflage. München: Verlag C.H. Beck oHG. (zit. Baumbach/Hueck/*Bearbeiter*, GmbHG, § … Rn. …)

Bayer, Walter; Hoffmann, Thomas; Lieder, Jan (2010): *Ein Jahr MoMiG in der Unternehmenspraxis – Rechtstatsachen zu Unternehmergesellschaft, Musterprotokoll, genehmigtes Kapital,* in GmbH-Rundschau 2010, S. 9–16. (zit. *Walter/Hoffmann/Lieder,* GmbHR 2010, 9, …)

Bericht über die Verhandlungen der Unternehmensrechtskommission (1980): Hrsg. vom Bundesministerium der Justiz. Köln: Verlag Dr. Otto Schmidt KG. (zit. *Unternehmensrechtskommission*, Rn. …)

Boesebeck, Ernst (1938): *Die „kapitalistische" Kommanditgesellschaft.* Frankfurt am Main: Brönner Verlag Breidenstein GmbH. (zit. *Boesebeck*, Die „kapitalistische" Kommanditgesellschaft, S. …)

Bork, Reinhard; Schäfer, Carsten (Hrsg.) (2015): *GmbHG – Kommentar zum GmbHG.* 3. Auflage. Köln: RWS Verlag Kommunikationsforum GmbH. (zit. Bork/Schäfer/*Bearbeiter*, GmbHG, § … Rn. …)

Bunnemann, Jan; Zirngibl, Nikolas (2008): *Auswirkungen des MoMiG auf bestehende GmbHs.* München: Verlag C.H. Beck oHG. (zit. Bunnemann/Zirngibl/*Bearbeiter* § … Rn. …)

Bunnemann, Jan; Zirngibl, Nikolas (2011): *Die Gesellschaft mit beschränkter Haftung in der Praxis.* 2. Auflage. München: Verlag C.H. Beck oHG. (zit. Bunnemann/Zirngibl/*Bearbeiter,* 2. Aufl., § … Rn. …)

Bürgers, Tobias; Körber, Torsten (Hrsg.) (2014): *Aktiengesetz.* 3. Auflage. Heidelberg: C.F. Müller Juristischer Verlag. (zit. Bürgers/Körber/*Bearbeiter,* AktG, § … Rn. …)

Cahn, Andreas (1999): *Pflichten des Vorstands beim genehmigten Kapital mit Bezugsrechtsausschluß*, in Zeitschrift für das gesamte Handelsrecht und Wirtschaftsrecht 163. Band (1999), S. 554–593. (zit. *Cahn*, ZHR 163 (1999), 554, …)

Canaris, Claus Wilhelm (1999): *Das Rangverhältnis der »klassischen« Auslegungskriterien an Standardproblemen aus dem Zivilrecht*, in Festschrift für Dieter Medicus, hrsg. von Volker Beuthien, Maximilian Fuchs, Herbert Roth, Gottfried Schiemann, Andreas Wacke, Köln: Carl Heymanns Verlag KG, S. 25–61.(zit. *Canaris,* FS Medicus, S. 25, …)

Cramer, Carsten (2009): *Das genehmigte Kapital der GmbH nach dem MoMiG*, in GmbH-Rundschau 2009, S. 406–412. (zit. *Cramer*, GmbHR 2009, 406, …)

Dorscheid, Peter (1984): *Austritt und Ausschluß eines Gesellschafters aus der personalistischen Kapitalgesellschaft. Eine rechtsvergleichende Untersuchung im deutschen und schweizerischen Aktien- und GmbH-Recht.* Zürich: Schulthess Polygraphischer Verlag AG. (zit. *Dorscheid*, S. …)

Drygala, Tim; Staake, Marco; Szalai, Stephan (2012): *Kapitalgesellschaftsrecht – Mit Grundzügen des Konzern- und Umwandlungsrechts.* Berlin, Heidelberg: Springer-Verlag GmbH. (zit. *Drygala/Staake/Szalai*, Kapitalgesellschaftsrecht, § … Rn. …)

Eggert, Frederick (2014): *Weisungsrecht und Vorabbericht beim genehmigten Kapital der GmbH*, in GmbH-Rundschau 2014, S. 856–863. (zit. *Eggert*, GmbHR 2014, 856, …)

Fischer, Robert (1953): *Das Recht der OHG als ergänzende Rechtsquelle zum GmbH-Gesetz*, in GmbH-Rundschau 1953, S. 131–137. (zit. *Fischer*, GmbHR 1953, 131, …)

Fleischer, Holger (2008): *Zur ergänzenden Anwendung von Aktienrecht auf die GmbH*, in GmbH-Rundschau 2008, S. 673–682. (zit. *Fleischer*, GmbHR 2008, 673, …)

Fleischer, Holger (2008): *Die Lückenausfüllung des GmbH-Rechts durch das Recht der Personengesellschaften*, in GmbH-Rundschau 2008, S. 1121–1130. (zit. *Fleischer*, GmbHR 2008, 1121, …)

Fleischer, Holger; Goette, Wulf (Hrsg.) (2015): *Münchener Kommentar zum Gesetz betreffend die Gesellschaft mit beschränkter Haftung – GmbHG, Band 1 §§ 1–34.* 2. Auflage. München: Verlag C.H. Beck oHG. (zit. MünchKommGmbHG/*Bearbeiter* § … Rn. …)

Fleischer, Holger; Goette, Wulf (Hrsg.) (2016): *Münchener Kommentar zum Gesetz betreffend die Gesellschaft mit beschränkter Haftung – GmbHG, Band 2 §§ 35–52.* 2. Auflage. München: Verlag C.H. Beck oHG. (zit. MünchKommGmbHG/*Bearbeiter* § … Rn. …)

Fleischer, Holger; Goette, Wulf (Hrsg.) (2016): *Münchener Kommentar zum Gesetz betreffend die Gesellschaft mit beschränkter Haftung – GmbHG, Band 3 §§ 53–85.* 2. Auflage. München: Verlag C.H. Beck oHG. (zit. MünchKommGmbHG/*Bearbeiter* § … Rn. …)

Friedwald, Rolf (1991): *Die personalistische Aktiengesellschaft.* Köln, Bonn, Berlin, München: Carl Heymanns Verlag KG. (zit. *Friedwald*, S. …)

Geßler, Ernst (1971): *Grundfragen der GmbH-Reform*, in Betriebs-Berater 1971, S. 665–670. (zit. *Geßler*, BB 1971, 665, …)

Gehrlein, Markus; Ekkenga, Jens; Simon, Stefan (Hrsg.) (2015): *GmbHG – Gesetz betreffend die Gesellschaften mit beschränkter Haftung, Kommentar.* 2. Auflage. Köln: Wolters Kluwer Deutschland GmbH. (zit. Gehrlein/Ekkenga/Simon/*Bearbeiter*, GmbHG, § … Rn. …)

Goette, Wulf; Habersack, Mathias (Hrsg.) (2016): *Münchener Kommentar zum Aktiengesetz Band 1 §§ 1–75.* 4. Auflage. München: Verlag C.H. Beck oHG/Verlag Franz Vahlen GmbH. (zit. MünchKommAktG/*Bearbeiter* § … Rn. …)

Goette, Wulf; Habersack, Mathias (Hrsg.) (2016): *Münchener Kommentar zum Aktiengesetz, Band 4 §§ 179–277.* 4. Auflage. München: Verlag C.H. Beck oHG/Verlag Franz Vahlen GmbH. (zit. MünchKommAktG/*Bearbeiter* § … Rn. …)

Goette, Wulf; Habersack, Mathias (Hrsg.) (2015): *Münchener Kommentar zum Aktiengesetz, Band 5 §§ 278–328, SpruchG, ÖGesAusG, Österreichisches Konzernrecht.* 4. Auflage. München: Verlag C.H. Beck oHG/Verlag Franz Vahlen GmbH. (zit. MünchKommAktG/*Bearbeiter* § … Rn. …)

Graf, Helmut A. (1992): *Die Kapitalgesellschaft & Co. KG auf Aktien – Gesichtspunkte der Unternehmensformwahl und Zulässigkeit der Gesellschaftsform.* Heidelberg: C.F. Müller Juristischer Verlag. (zit. *Graf*, S. …)

Grafmüller, Frank (1994): *Die Kommanditgesellschaft auf Aktien als geeignete Rechtsform für börsenwillige Unternehmen.* Frankfurt a. M.: Peter Lang GmbH. (zit. *Grafmüller*, S. …)

Grunewald, Barbara (1995): *Die Auslegung von Gesellschaftsverträgen und Satzungen,* in Zeitschrift für Unternehmens- und Gesellschaftsrecht 1995, S. 68–92. (zit. *Grunewald*, ZGR 1995, 68, …)

Hallstein, Walter (1938/39): *Die Gesellschaft mit beschränkter Haftung in den Auslandsrechten, verglichen mit dem deutschen Recht,* in Zeitschrift für ausländisches und internationales Privatrecht 1938/39, S. 341–451. Tübingen: Mohr Siebeck Verlag. (zit: *Hallstein*, RabelsZ 12, 341, …)

Hansen, Herbert (1995): *Der GmbH-Bestand stieg 1995 auf 650000 Gesellschaften an,* in GmbH-Rundschau 1995, S. 507–511. (zit. *Hansen*, GmbHR 1995, 507, …)

Heidel, Thomas (Hrsg.) (2014): *Aktienrecht und Kapitalmarktrecht.* 4. Auflage. Baden-Baden: Nomos Verlagsgesellschaft. (zit. Heidel/*Bearbeiter*, AktG, § … Rn. …)

Henssler, Martin; Strohn, Lutz (Hrsg.) (2016): *Gesellschaftsrecht.* 3. Auflage. München: Verlag C.H. Beck oHG. (zit. Henssler/Strohn/*Bearbeiter*, Gesetz, § … Rn. …)

Henze, Hartwig (2003): *Schranken für den Bezugsrechtsausschluss – Rechtsprechung des BGH im Wandel?,* in Zeitschrift für das gesamte Handelsrecht und Wirtschaftsrecht 167. Band (2003), S. 1–7. (zit. *Henze*, ZHR 167 (2003), 1, …)

Herrler, Sebastian (2008): *Aktuelles zur Kapitalerhöhung bei der GmbH*, in Deutsche Notar-Zeitschrift 2008, S. 903–916. (zit. Herrler, DNotZ 2008, 903, …)

Hirte, Heribert (2016): *Kapitalgesellschaftsrecht.* 8. Auflage. Köln: RWS Verlag Kommunikationsforum GmbH. (zit. Hirte, Kapitalgesellschaftsrecht, Rn. …)

Hoffmann-Becking, Michael (Hrsg.) (2015): *Münchener Handbuch des Gesellschaftsrechts, Band 4 Aktiengesellschaft.* 4. Auflage. München: Verlag C.H. Beck oHG. (zit. Münch. Hdb. GesR IV/*Bearbeiter* § … Rn. …)

Hofmeister, Holger (2000): *Der Ausschluss des aktiengesetzlichen Bezugsrechts bei börsennotierten AG – Konsequenzen aus BGHZ 136, 133ff. – Siemens/Nold*, in Neue Zeitschrift für Gesellschaftsrecht 2000, S. 713–719. (zit. *Hofmeister*, NZG 2000, 713, …)

Hommelhoff, Peter (1990): *Die deutsche GmbH im System der Kapitalgesellschaften*, in Das System der Kapitalgesellschaften im Umbruch – ein internationaler Vergleich, hrsg. von Günter H. Roth, Köln: Verlag Dr. Otto Schmidt KG, S. 26–61. (zit. *Hommelhoff*, Das System der Kapitalgesellschaften im Umbruch, S. 26, …)

Hommelhoff, Peter (1997): *Gestaltungsfreiheit im GmbH-Recht*, in Sonderheft 13 der Zeitschrift für Unternehmens- und Gesellschaftsrecht, S. 36–60. (zit. *Hommelhoff*, ZGR Sonderheft 13, 36, …)

Hopt, Klaus J.; Wiedemann Herbert (Hrsg.) (2006): *Aktiengesetz – Großkommentar, Band 6 §§ 150–220.* 4. Auflage. Berlin: Walter de Gruyter GmbH. (zit. Großkomm. AktG/*Bearbeiter* § … Rn. …)

Hopt, Klaus J.; Wiedemann Herbert (Hrsg.) (2013): *Aktiengesetz – Großkommentar, Band 8 §§ 278–310.* 4. Auflage. Berlin: Walter de Gruyter GmbH. (zit. Großkomm. AktG/*Bearbeiter* § … Rn. …)

Hölters, Wolfgang (Hrsg.) (2014): *Aktiengesetz.* 2. Auflage. München: Verlag C.H. Beck oHG/Verlag Franz Vahlen GmbH. (zit. Hölters/*Bearbeiter*, AktG, § … Rn. …)

Hueck, Alfred (1963): *Gedanken zur Reform des Aktienrechts und des GmbH-Rechts.* Berlin: Walter de Gruyter & Co. (zit. *Hueck*, S. …)

Hüffer, Uwe (2016): *Aktiengesetz.* 12. Auflage. München: Verlag C.H. Beck oHG. (zit. Hüffer/*Koch*, AktG, § … Rn. …)

Immenga, Ulrich (1970): *Die personalistische Kapitalgesellschaft.* Bad Homburg v. d. H: Athenäum Verlag. (zit. *Immenga*, S. …)

Jäggi, Peter (1958/59): *Ungelöste Fragen des Aktienrechts*, in Die Schweizerische Aktiengesellschaft, Zeitschrift für Rechts-, Steuer- und Wirtschaftsfragen der Aktiengesellschaften 31. Jahrgang (1958/59), S. 57–80. (zit. *Jäggi*, SAG 31 (1958/59), 57, …)

Kallmeyer, Harald (1994): *Die Kommanditgesellschaft auf Aktien – eine interessante Rechtsformalternative für den Mittelstand?*, in Deutsches Steuerrecht 1994, S. 977–982. (zit. *Kallmeyer*, DStR 1994, 977, ...)

Kerber, Markus (1998): Anmerkung zu BGH, Urteil vom 23.06.1997 – II ZR 132/93, in Deutsche Zeitschrift für Wirtschafts- und Insolvenzrecht 1998, S. 326–328. (zit. *Kerber*, DZWiR 1998, 326, ...)

Kindler, Peter (1998): *Bezugsrechtsausschluß und unternehmerisches Ermessen nach deutschem und europäischem Recht*, in Zeitschrift für Unternehmens- und Gesellschaftsrecht 1995, S. 35–68. (zit. *Kindler*, ZGR 1995, 35, ...)

Kindler, Peter (2008): *Grundzüge des neuen Kapitalgesellschaftsrechts – Das Gesetz zur Modernisierung des GmbH-Rechts und zur Bekämpfung von Missbräuchen (MoMiG)*, in Neue Juristische Wochenschrift 2008, S. 3249–3256. (zit. *Kindler*, NJW 2008, 3249, ...)

Kindler, Peter (2013) *Der Bezugsrechtsausschluss beim genehmigten Kapital in der GmbH*, in Festschrift für Michael Hoffmann-Becking, hrsg. von Gerd Krieger, Marcus Lutter, Karsten Schmidt, München: Verlag C.H. Beck oHG, S. 669–677. (zit. *Kindler*, FS Hoffmann-Becking, S. 669, ...)

Klausing, Friedrich (1937): *Gesetz über Aktiengesellschaften und Kommanditgesellschaften auf Aktien nebst Einführungsgesetz und „Amtlicher Begründung“.* Berlin: Carl Heymanns Verlag. (zit. *Klausing*, Gesetz über Aktiengesellschaften und Kommanditgesellschaften auf Aktien, S. ...)

Klausing, Friedrich (1940): *Die Neuordnung der Gesellschaft mit beschränkter Haftung – 2. Arbeitsbericht des „Ausschusses für Gesellschaften mit beschränkter Haftung“ der Akademie für Deutsches Recht.* Frankfurt am Main: Breidenstein Verlagsgesellschaft. (zit. *Klausing*, 2. Arbeitsbericht, S. ...)

Kleinherne, Heribert J. (1989): *Erscheinungsformen und Gestaltungsmöglichkeiten personenbezogener Aktiengesellschaften unter besonderer Berücksichtigung der neueren rechtstatsächlichen Entwicklung.* Berlin. (zit. *Kleinherne*, S. ...)

Klett, Sabine (2008): *Das genehmigte Kapital bei der GmbH – Praxisfragen zu Hintergrund und Verfahren des neuen § 55a GmbHG*, in GmbH-Rundschau 2008, S. 1312–1316. (zit. *Klett*, GmbHR 2008, 1312, ...)

Koller, Arnold (1967): *Grundfragen einer Typuslehre im Gesellschaftsrecht.* Freiburg (Schweiz): Universitätsverlag Freiburg Schweiz. (zit. *Koller*, S. ...)

Kornblum, Udo; Hampf, Thorsten; Naß, Nicole (2000): *Neue württembergische Rechtstatsachen zum Unternehmens und Gesellschaftsrecht*, in GmbH-Rundschau 2000, S. 1240–1251. (zit. Kornblum/Hampf/Naß, GmbHR 2000, 1240, ...)

Krug, Tobias M. (2000): *KGaA-Gestaltung: Umwandlung von Komplementäranteilen in Aktien*, in Die Aktiengesellschaft 2000, S. 510–515. (zit. *Krug*, AG 2000, 510, ...)

Lieder, Jan (2010): *Grund- und Zweifelsfragen des genehmigten Kapitals der GmbH*, in Deutsche Notar-Zeitschrift 2010, S. 655–683. (zit. Lieder, DNotZ 2010, 655, …)

Lieder, Jan (2012): *Kurzkommentar zum Beschluss des OLG München vom 23.1.2012, Az. 31 Wx 457/11*, in Entscheidungen zum Wirtschaftsrecht 2012, S. 113–114. (zit. Lieder, EWiR 2012, 113, …)

Limbach, Jutta (1966): *Theorie und Wirklichkeit der GmbH – Die empirischen Normaltypen der GmbH und ihr Verhältnis zum Postulat von Herrschaft und Haftung*. Berlin: Duncker & Humblot. (zit. *Limbach*, S. …)

Lips, Jörg; Randel, Thierry; Werwigk, Claudius (2008): *Das neue GmbH-Recht – Ein Überblick*, in Deutsches Steuerrecht 2008, S. 2220–2227. (zit. *Lips/Randel/Werwigk*, DStR 2008, 2220, …)

Lutter, Marcus; Hommelhoff, Peter (Hrsg.) (2012): *GmbH-Gesetz – Kommentar*. 18. Auflage. Köln: Verlag Dr. Otto Schmidt KG. (zit. Lutter/Hommelhoff/*Bearbeiter*, *GmbHG*, § … Rn. …)

Martens, Klaus-Peter (1970): *Mehrheits- und Konzernherrschaft in der personalistischen GmbH. Zugleich ein Beitrag zur Abgrenzung von Vertragsgesellschaft und Körperschaft*. Köln: Verlag Dr. Otto Schmidt KG. (zit. *Martens*, S. …)

Martens, Klaus-Peter (1992): *Der Ausschluß des Bezugsrechts*, in: Zeitschrift für Wirtschaftsrecht 1992, S. 1677–1697. (zit. *Martens*, ZIP 1992, 1677, …)

Michalski, Lutz (Hrsg.) (2010): *Kommentar zum Gesetz betreffend die Gesellschaften mit beschränkter Haftung (GmbH-Gesetz), Band I Systematische Darstellungen §§ 1–34 GmbHG*. 2. Auflage. München: Verlag C.H. Beck oHG. (zit. Michalski/*Bearbeiter*, GmbHG, § … Rn. …)

Michalski, Lutz (Hrsg.) (2010): *Kommentar zum Gesetz betreffend die Gesellschaften mit beschränkter Haftung (GmbH-Gesetz), Band 2 §§ 35–85 GmbHG §§ 1–4 EGGmbHG*. 2. Auflage. München: Verlag C.H. Beck oHG. (zit. Michalski/*Bearbeiter*, GmbHG, § … Rn. …)

Nagel, Sibilla; Wittkowski, Ansas (2012): *Die Kommanditgesellschaft auf Aktien (KGaA) – Rechtsform für Mittelstand und Familienunternehmen*. Wiesbaden: Gabler Verlag (zit. *Nagel/Wittkowski*, Die Kommanditgesellschaft auf Aktien (KGaA), § … Rn. …)

Natterer, Joachim (2002): *Sachkontrolle und Berichtspflicht beim genehmigten Kapital – Nold/Siemens abermals auf dem Weg durch die Instanzen?*, in Zeitschrift für Wirtschaftsrecht 2002, S. 1672–1679. (zit. *Natterer*, ZIP 2002, 1672, …)

Nietsch, Michael (2011): *Die Flexibilisierung der Kapitalaufnahme bei der GmbH – Überlegungen zur Einführung des genehmigten Kapitals (§ 55a GmbHG) und der Kapitalerhöhung bis zum Höchstbetrag*, in Festschrift für Uwe H. Schneider, hrsg. von Ulrich Burgard, Walther Hadding, Peter O. Mülbert, Michael Nietsch, Reinhard Welter, Köln: Verlag Dr. Otto Schmidt, S. 873–893. (zit. *Nietsch,* FS Schneider, S. 873, …)

Nitschke, Manfred (1970): *Die körperschaftlich strukturierte Personengesellschaft.* Bielefeld: Gieseking Verlag GmbH. (zit. *Nitschke*, Die körperschaftlich strukturierte Personengesellschaft, S. …)

Norden, Eberhard (1991): *Bezugsrecht und GmbH.* Tübingen. (zit. *Norden,* S. …)

Ott, Walter (1972): *Die Problematik einer Typologie im Gesellschaftsrecht, dargestellt am Beispiel des schweizerischen Aktienrechts.* Bern: Verlag Stämpfli & Cie AG. (zit. *Ott*, S. …)

Paulick, Heinz (1954): *Die eingetragene Genossenschaft als Beispiel gesetzlicher Typenbeschränkung. Zugleich ein Beitrag zur Typenlehre im Gesellschaftsrecht.* Tübingen: Mohr Siebeck Verlag. (zit. *Paulick*, S. …)

Priester, Hans-Joachim (1980): *Das gesetzliche Bezugsrecht bei der GmbH*, in Der Betrieb 1980, S. 1925–1932. (zit. *Priester*, DB 1980, 1925, …)

Priester, Hans-Joachim (2008): *Genehmigtes Kapital bei der GmbH*, in GmbH-Rundschau 2008, S. 1177–1183. (zit. *Priester*, GmbHR 2008, 1177, …)

Priester, Hans Joachim (2012): *Anmerkung zu OLG München, Beschluss vom 23.01.2012 - 31 Wx 457/11*, in GmbH-Rundschau 2012, S. 331–332. (zit. *Priester,* GmbHR 2012, 331, …)

Priester, Hans-Joachim; Mayer, Dieter; Wicke, Hartmut (Hrsg.) (2012): Münchener Handbuch des Gesellschaftsrechts, Band 3 Gesellschaft mit beschränkter Haftung. 4. Auflage. München: Verlag C.H. Beck oHG. (zit. Münch. Hdb. GesR III/*Bearbeiter* § … Rn. …)

Raiser, Thomas; Veil, Rüdiger (2015): *Recht der Kapitalgesellschaften.* 6. Auflage. München: Verlag Franz Vahlen GmbH. (zit. *Raiser/Veil,* Kapitalgesellschaftsrecht, § … Rn. …)

Reichert, Jochem; Winter, Martin (1992): *Vinkulierungsklauseln und gesellschafterliche Treupflicht*, in Festschrift 100 Jahre GmbH-Gesetz, hrsg. von Marcus Lutter, Peter Ulmer, Wolfgang Zöllner, Köln: Verlag Dr. Otto Schmidt, S. 209–243. (zit. *Reichert/Winter,* FS GmbHG, S. 209, …)

Reichsjustizamt (1896): *Entwurf eines Handelsgesetzbuches mit Ausschluß des Seehandelsrechts nebst Denkschrift.* Berlin: I. Guttentag. (zit: HGB-Denkschrift, S. …)

Renaud, Werner (2010): *Genehmigtes Kapital und Befugnis zur Satzungsänderung bei der GmbH,* in Zeitschrift für die Notarpraxis 2010, S. 203–207. (zit. *Werner,* ZNotP 2010, 203, …)

Roth, Günter; Altmeppen, Holger (2015): *Gesetz betreffend die Gesellschaften mit beschränkter Haftung (GmbHG) – Kommentar.* 8. Auflage. München: Verlag C.H. Beck oHG. (zit. Roth/Altmeppen/*Bearbeiter*, GmbHG, § … Rn. …)

Rowedder, Heinz; Schmidt-Leithoff (Hrsg.) (2013): *Gesetz betreffend die Gesellschaften mit beschränkter Haftung (GmbHG) – Kommentar.* 5. Auflage. München: Verlag Franz Vahlen GmbH. (zit. Rowedder/Schmidt-Leithoff/*Bearbeiter*, GmbHG, § … Rn. …)

Saenger, Ingo; Aderhold Lutz; Lenkaitis, Karlheinz; Speckmann, Gerhard (Hrsg.) (2011): *Handels- und Gesellschaftsrecht – Praxishandbuch.* 2. Auflage. Baden-Baden: Nomos Verlagsgesellschaft. (zit. Saenger/Aderhold/Lenkaitis/Speckmann/*Bearbeiter*, Handels- und Gesellschaftsrecht, § … Rn. …)

Saenger, Ingo; Inhester, Michael (Hrsg.) (2013): *GmbH-Gesetz – Handkommentar.* 2. Auflage. Baden-Baden: Nomos Verlagsgesellschaft. (zit. Saenger/Inhester/*Bearbeiter*, GmbHG, § … Rn. …)

Schlitt, Michael (1999): *Die Satzung der Kommanditgesellschaft auf Aktien.* München: C.H. Beck'sche Verlagsbuchhandlung. (zit. *Schlitt*, S. …)

Schmidt, Karsten (2002): *Gesellschaftsrecht.* 4. Auflage. Köln: Carl Heymanns Verlag. (zit. *Schmidt*, Gesellschaftsrecht, …)

Schnorbus, York; Donner, Kirsten (2009): *Das genehmigte Kapital bei der GmbH – der neue § 55a GmbHG in der Praxis*, in Neue Zeitschrift für Gesellschaftsrecht 2009, S. 1241–1246. (zit. *Schnorbus/Donner*, NZG 2009, 1241, …)

Scholz, Franz (Hrsg.) (2012): *Kommentar zum GmbH-Gesetz, I. Band §§ 1 – 34, Anh. § 13 Konzernrecht, Anh. § 34 Austritt und Ausschließung eines Gesellschafters.* 11. Auflage. Köln: Verlag Dr. Otto Schmidt KG. (zit. Scholz/*Bearbeiter*, GmbHG, § … Rn. …)

Scholz, Franz (Hrsg.) (2014): *Kommentar zum GmbH-Gesetz, II. Band §§ 35 – 52, Anh. § 45 Gesellschafterversammlung und Gesellschafterkompetenzen in der GmbH & Co. KG.* 11. Auflage. Köln: Verlag Dr. Otto Schmidt KG. (zit. Scholz/*Bearbeiter*, GmbHG, § … Rn. …)

Scholz, Franz (Hrsg.) (2015): *Kommentar zum GmbH-Gesetz, III. Band §§ 53 – 85.* 11. Auflage. Köln: Verlag Dr. Otto Schmidt KG. (zit. Scholz/*Bearbeiter*, GmbHG, § … Rn. …)

Schubert, Werner (Hrsg.) (1985): *Entwurf des Reichsjustizministeriums zu einem Gesetz über die Gesellschaften mit beschränkter Haftung von 1939*, in Beiheft 58 der Zeitschrift für das gesamte Handelsrecht und Wirtschaftsrecht. Heidelberg: Verlagsgesellschaft Recht und Wirtschaft mbH. (zit. *Schubert*, ZHR-Beiheft 58, S. …)

Schüppen, Matthias; Schaub, Bernhard (Hrsg.) (2010): *Münchener Anwaltshandbuch Aktienrecht.* 2. Auflage. München: Verlag C.H. Beck oHG. (Schüppen/Schaub/*Bearbeiter,* MAH Aktienrecht, § … Rn. …)

Schütz, Carsten; Bürgers, Tobias; Riotte, Michael (Hrsg.) (2004): *Die Kommanditgesellschaft auf Aktien – Handbuch.* München: Verlag C.H. Beck oHG. (zit. Schütz/Bürgers/Riotte/*Bearbeiter,* Die KGaA, § … Rn. …)

Sethe, Rolf (1996): *Die personalistische Kapitalgesellschaft mit Börsenzugang – Die reformierte KGaA als Mittel zur Verbesserung der Eigenkapitalausstattung deutscher Unternehmen.* Köln: Verlag Dr. Otto Schmidt KG. (zit. *Sethe,* S. …)

Spindler, Gerald; Stilz, Eberhard (Hrsg.) (2015): *Kommentar zum Aktiengesetz, Band 2 §§ 150–410, IntGesR, SpruchG, SE-VO.* 3. Auflage. München: Verlag C.H. Beck oHG. (zit. Spindler/Stilz/*Bearbeiter,* AktG, § … Rn. …)

Terbrack, Christoph (2012): *Schlafender Riese oder Papiertiger? Eine Bestandsaufnahme zum genehmigten Kapital bei der GmbH im Lichte der aktuellen Rechtsprechung,* in Deutsche Notar-Zeitschrift 2012, S. 917–930. (zit. *Terbrack,* DNotZ 2012, 917, …)

Tettinger, Peter W. (2003): *Materielle Anforderungen an den Bezugsrechtsausschluß – Normative Vorgaben für den gerichtlichen Minderheitenschutz und seine Grenzen.* Baden-Baden: Nomos Verlagsgesellschaft. (zit. *Tettinger,* S. …)

Trautmann, Oliver (2012): *Das genehmigte Kapital der GmbH.* Göttingen: Sierke Verlag. (zit. *Trautmann,* S. …)

Ulmer, Peter; Habersack, Mathias; Winter, Martin (Hrsg.) (2013): *Gesetz betreffend die Gesellschaften mit beschränkter Haftung (GmbHG) – Großkommentar, Band I Einleitung; §§ 1 bis 28.* 2. Auflage. Tübingen: Mohr Siebeck Verlag. (zit. Ulmer/*Bearbeiter,* GmbHG, § … Rn. …)

Ulmer, Peter; Habersack, Mathias; Winter, Martin (Hrsg.) (2010): *Gesetz betreffend die Gesellschaften mit beschränkter Haftung (GmbHG) – Großkommentar, Ergänzungsband MoMiG.* Tübingen: Mohr Siebeck Verlag. (zit. Ulmer/*Bearbeiter,* GmbHG, § … Rn. …)

Wachter, Thomas (2008): *GmbH-Reform: Auswirkungen auf die Gründung einer „klassischen" GmbH,* in Zeitschrift für die notarielle Beratungs- und Beurkundungspraxis 2008, S. 361–386. (zit. *Wachter,* NotBZ 2008, 361, …)

Westermann, Harm Peter (1970): *Vertragsfreiheit und Typengesetzlichkeit im Recht der Personengesellschaften.* Berlin, Heidelberg: Springer-Verlag GmbH. (zit. *Westermann,* S. …)

Wichert, Joachim (1999) *Die Finanzen der Kommanditgesellschaft auf Aktien.* Frankfurt am Main: Peter Lang GmbH. (zit: *Wichert,* S. …)

Wichert, Joachim (2000): *Die GmbH & Co. KG nach dem Beschluß BGHZ 134, 392*, in Die Aktiengesellschaft 2000, S. 268–276. (zit. *Wichert*, AG 2000, 268, ...)

Wicke, Hartmut (2016): *Gesetz betreffend die Gesellschaften mit beschränkter Haftung (GmbHG).* 3. Auflage. München: Verlag C.H. Beck oHG. (*Wicke*, GmbHG, § ... Rn. ...)

Wiedemann, Herbert (1977): *Die Auslegung von Satzungen und Gesellschaftsverträgen*, in Deutsche Notar-Zeitschrift Sonderheft 1997: „75 Jahre Deutsche Notar-Zeitschrift", S. 99–111. (zit. *Wiedemann*, DNotZ Sonderheft 1977, 99, ...)

Wieland, Karl (1921): *Handelsrecht. I. Band Das kaufmännische Unternehmen und die Handelsgesellschaften.* München, Leipzig: Verlag von Duncker & Humblot. (zit. *Wieland*, Erster Band, S. ...)

Wilhelm, Jan (2009): *Kapitalgesellschaftsrecht.* 3. Auflage. Berlin: De Gruyter Rechtswissenschaften Verlags-GmbH. (zit. *Wilhelm*, Kapitalgesellschaftsrecht, Rn. ...)

Windbichler, Christine (2013): *Gesellschaftsrecht.* 23. Auflage. München: Verlag C.H. Beck oHG. (zit. *Windbichler*, Gesellschaftsrecht, § ... Rn. ...)

Winter, Martin (1988): *Mitgliedschaftliche Treubindung im GmbH-Recht – Rechtsformspezifische Aspekte eines allgemeinen gesellschaftsrechtlichen Prinzips.* München: C.H. Beck'sche Verlagsbuchhandlung. (zit. *Winter*, S. ...)

Wohlmann, Herbert (1968): *Die Treuepflicht des Aktionärs. Die Anwendung eines allgemeinen Rechtsgrundsatzes auf den Aktionär.* Zürich: Verlag P.G. Keller. (zit. *Wohlmann*, S. ...)

Ziemons, Hildegard; Jaeger, Carsten (Hrsg.) (2016): *Beck'scher Online-Kommentar GmbHG.* 26. Edition, Stand 15.01.2016. (zit. BeckOK GmbHG/*Bearbeiter* § ... Rn. ...)

Zöllner, Wolfgang (Hrsg.) (1995): *Kölner Kommentar zum Aktiengesetz, Band 5/1 §§ 179–240 mit Nachtrag zum Gesetz von 2. August 1994.* 2. Auflage. Köln, Berlin, Bonn, München: Carl Heymanns Verlag KG. (zit. Kölner Kommentar zum AktG/*Bearbeiter* § ... Rn. ...)

Zöllner, Wolfgang (Hrsg.) (2004): *Kölner Kommentar zum Aktiengesetz, Band 5/3 §§ 262–290.* 2. Auflage. Köln, Berlin, München: Carl Heymanns Verlag KG. (zit. Kölner Kommentar zum AktG/*Bearbeiter* § ... Rn. ...)

www.ingramcontent.com/pod-product-compliance
Ingram Content Group UK Ltd.
Pitfield, Milton Keynes, MK11 3LW, UK
UKHW021234031026
15588UKWH00001B/73

9 783631 697610